雁苑文丛·甘肃文旅高质量发展研究系列

高亚芳◎主编

# 全域旅游

## 高质量发展路径与实践

基于甘肃省张掖市甘州区的案例研究

杨雪梅　王军　牛瑞雪　温倩◎著

中国经济出版社
CHINA ECONOMIC PUBLISHING HOUSE
·北京·

**图书在版编目（CIP）数据**

全域旅游高质量发展路径与实践：基于甘肃省张掖市甘州区的案例研究 / 杨雪梅等著 . -- 北京 ：中国经济出版社，2025. 3. --ISBN 978-7-5136-8035-6

Ⅰ. F592. 742. 4

中国国家版本馆 CIP 数据核字第 2024MJ1445 号

责任编辑　郭国玺
责任印制　李　伟
封面设计　任燕飞工作室

**出版发行**　中国经济出版社
**印 刷 者**　天津嘉恒印务有限公司
**经 销 者**　各地新华书店
**开　　本**　710mm×1000mm　1/16
**印　　张**　22
**字　　数**　345 千字
**版　　次**　2025 年 3 月第 1 版
**印　　次**　2025 年 3 月第 1 次
**定　　价**　98. 00 元
**广告经营许可证**　京西工商广字第 8179 号

**中国经济出版社** **网址** http：//epc. sinopec. com/epc/ **社址** 北京市东城区安定门外大街 58 号 **邮编** 100011
本版图书如存在印装质量问题，请与本社销售中心联系调换（联系电话：010-57512564）

本书为
甘肃省教育厅高校教师创新项目（2025B-254）
兰州文理学院博士科研启动经费（202103）资助项目
兰州文理学院出版基金资助项目
兰州文理学院学术文库成果

# 总 序

文化和旅游融合发展是以习近平同志为核心的党中央立足党和国家事业全局、把握文化和旅游发展规律作出的战略决策，也是文化强国战略的重要内容和中国式现代化的重要抓手，更是将文化和旅游业打造成支柱产业的必然要求。自从2018年原文化部和原国家旅游局组建文化和旅游部以及2019年党的十九大报告提出我国经济发展进入高质量发展新阶段以来，文旅融合高质量发展成为当前我国学界和政界共同关注的重要课题和热点问题。把文化旅游业培育成为支柱产业，其实质就是发展美学经济，增强文化软实力，提升经济发展硬实力，充分激发人民群众的文化自信，积极投身建设“美丽中国”的伟大实践。近年来，全国各地通过一系列改革创新举措，让文旅资源“活”起来、业态“多”起来、消费“热”起来，把文旅资源大省打造成文旅强省，为经济发展注入强劲动能。新的时代背景下，充分发挥旅游业关联性强、辐射面大的独特优势，全面推动“文旅+”“+文旅”等旅游新产品新场景新业态的发展，将文化内涵、文化价值融入旅游产业链各环节，促进地区旅游发展和特色文化传播，实现旅游业态价值升级已成为时代之需和人民之盼，同时也是构建产业发展新模式以及培育新质生产力的重要抓手。

作为文化旅游资源大省，甘肃省近年来在文旅产业发展上取得了显著成效，省委、省政府先后出台了《关于加快建设旅游强省的意见》《甘肃省人民政府办公厅关于大力促进全省文化旅游产业提质增效的意见》等重要文件，召开甘肃省文化旅游发展大会，成立甘肃省文旅产业发展领导小组，加大资金投入，推动文旅资源的产品化，完善文旅产业发展保障体系，加快文旅产业的“出圈”营销，着力构建现代化的文旅产业体系，并将其作为甘肃省战略性支柱产业。甘肃省以壮阔大气的山川和历史的诗意，迎接了党的十八大以来习近平总书记的三次调研和视察。特别是2024年9月，习近平总书记视察甘肃时明确提出，要“促进文化和旅游深度融合，把文化旅游业打造成支柱产业”。但是，要实现这一目标，目前仍面临着文旅产业结构优化升级、产业发展质效提升、产业发展路径创新等多重考验，与其他省份相比仍有较大提升空间。如何高效推动文旅资源的活化利用，加快文旅产业的转型升级，促进旅游地居民增收，实现文化产业与旅游产业深度融合与高质量发展，已成为甘肃省必须面对的战略性、研究性课题。

兰州文理学院是甘肃省首批向应用技术型大学转型发展试点院校之一，也是甘肃省唯一一所聚焦文旅学科专业建设的应用型大学，是省政府旅游智库秘书处所在单位，有2011协同创新中心——甘肃省全域旅游协同创新中心、文旅产业高质量发展研究院等省级科研平台和9个文旅产业服务基地。兰州文理学院旅游学院作为极具特色的旅游专业学院，始终是甘肃省实现文旅强省战略的前沿阵地之一。多年来，旅游学院各位教师深耕陇原大地，对甘肃文旅产业发展面临的诸多问题与挑战进行了广泛而深入的调查研究，在服务甘肃省文旅产业发展方面进行了积极的探索，特别是在乡村旅游、文化旅游、生态旅游、旅游资源开发利用与旅游规划等方面做出了一系列价值高、应用性强的研究成果，为甘肃省及各市州县区的旅游业发展提供了有力的智力支持和理论指导。秉持打造高水平文旅研究团队、提升高校服务地方旅游业发展能力、加快研究成果转化利用的理念，兰州文理学院旅游学院积极开展甘肃文旅产业高质量发展专项研究，编制了“雁苑文丛·甘肃文旅高质量发展研究系列”图书（以下简称丛书）。

丛书聚焦于甘肃文旅产业高质量发展的核心议题，涵盖茶文化、非遗文化、全域旅游、乡村振兴等研究领域，探讨地方文化、非物质文化遗产的价值阐释和创新性发展，“两山”理论视域下的价值实现最大化，“两创”方针指引下的文旅高质量发展和乡村振兴等问题，由多名长期从事旅游教学科研工作的专家、学者和中青年学术骨干共同完成。丛书首批推出4部学术著作，情况如下：《地域性文化旅游融合发展研究：以甘肃康县茶文化为例》，从茶文化的起源、茶文化与旅游业的融合发展等视角提出了甘肃康县茶文化与旅游高质量融合发展的具体策略；《全域旅游高质量发展路径与实践：基于甘肃省张掖市甘州区的案例研究》，从乡村振兴与全域统筹视角总结出甘州区乡村旅游的开发模式与亮点经验，为同类地区乡村旅游开发提供理论与实践借鉴；《非物质文化遗产传承与保护：以甘肃非遗代表性项目为例》，从专家和传承人的视角概述了甘肃代表性非遗项目的价值阐释和创新性发展，深入探讨甘肃非物质文化遗产的传承与保护问题；《黄河流域旅游业高质量发展研究》，从文旅产业高质量发展角度出发，分析了包括甘肃省在内的黄河流域各省市文旅产业发展水平的时空演变、影响因素及对策建议。另两部学术著作将陆续推出。

丛书依托兰州文理学院旅游学院优势学科，立足陇原大地，坚持综合研究与专题研究相结合、旅游传统产业与新兴产业相结合、学术问题与现实问题相结合，客观解读文旅产业高质量发展重大议题，科学把握文旅融合高质量发展新趋势，深度探讨文旅产业高质量发展新思路，力求全面刻画甘肃省文旅产业及细分领域的高质量发展路径，旨在为读者正确理解甘肃省文旅产业高质量发展提供综合、细化、动态、比较的视角，为各级政府、旅游企业的相关决策提供参考和借鉴。整体而言，丛书主要有三大特点：一、聚焦产业发展实际，成果落地性强；二、凸显旅游专题特色，专题研究系统深入；三、多学科交叉融合，共创研究新成果。

丛书的完成离不开兰州文理学院的大力支持，离不开旅游学院领导的重视和指导，更离不开各位专家学者的倾力付出。在此，我们一并表示衷心的感谢！

丛书即将付梓，笔者虽已尽心尽力，但书中难免有不足和疏漏之处，敬请读者批评指正。

2024 年 12 月于兰州文理学院

# 序

中国西部广袤的疆土上，拥有着让人惊叹的自然美景和丰富的人文景观，而在西部青藏高原和蒙古高原交会处，古丝绸之路南北两线、“居延古道”交会点更有一个神秘的去处，这里拥有绿洲、荒漠、戈壁三大生态系统，集雪山冰川、森林草原、丹霞地貌、田畴沃野、候鸟湿地、荒漠沙丘等多种地貌于一体，这就是已有5000余年历史的甘肃省张掖市甘州区。

甘州区历史文化厚重，从夏商到春秋战国时期，先后有羌、西戎、狄等少数民族居住；西汉武帝建张掖郡，后北凉沮渠蒙逊建都于此，至西魏废帝三年（537年）改为甘州，因城内甘泉遍地，泉水清冽甘甜而得名。隋唐在甘州设立交市，西夏在甘州发迹崛起。元世祖忽必烈设甘州（今张掖）为甘肃行中书省省会，“甘肃省”的“甘”即源于此。甘州在清朝时是甘肃提督统军驻地，地理位置险要，历来为兵家必争之地。

如今，在祁连山脚下的广袤土地上，甘州区依托厚重的历史文化和丰富的旅游资源，抢抓文旅发展机遇，扩大业态产品供给，先后被评为全国旅游标准化试点城市、省级全域旅游示范区、省级乡村旅游示范区。隋代木塔、明代钟楼、西夏大佛寺等名胜古迹传承着历史文脉，展现出甘州区不同历史时期的时代风貌和文化内涵，构成独特的文化理念。因此，甘州既是一座名副其实的古城，又是甘肃华夏文明传承创新区——丝绸之路文化发展带的重要节点、“一带一路”甘肃黄金段陇海兰新经济带上的重要节点城市和新亚欧大陆桥的黄金节点，引来游客无数。

甘州区结合自身文化资源、生态资源和社会资源，持续开发乡村旅游产品，坚持以游兴村、以游强镇、以游富民，加快推进村镇变景区、农舍变旅舍、农民变旅游从业人员，全面提升乡村旅游发展的质量和水平，改善乡村旅游发展的基础条件，提高乡村旅游整体接待水平和服务质量，全面开展全省乡村振兴示范区创建工作，与全省、全国同步，全面实现农业强、农村美、农民富。

“不望祁连山上雪，错把甘州当江南”，美丽乡村带动型全域旅游高质量发展新画卷正在甘州大地上洋洋洒洒地铺展开，城乡统筹发展，宜居、宜业、宜游、宜商、宜学、宜养的“六宜”城市建设与和美乡村建设事业共同成就了文化和生态并驾齐驱的甘州旅游。“文化甘州”品的是故事与情怀，“生态甘州”游的是豪迈与秀美，“乡遇甘州”让游客感受甘州农家的质朴和西部粗犷的风情。甘州区已成为甘肃省生态文旅融合发展的“排头兵”，而其发展的路径模式与实践经验也必将为全国各地，特别是为西部地区文旅资源高效开发、合理利用和旅游业高质量发展提供颇具代表的经验分享和案例借鉴。

希望本书能让读者了解甘州、走进甘州、倾听甘州、借鉴甘州。

李锐

# 目　录

## 第一篇　全域旅游理论体系与政策解读

## 第二篇　甘州区全域旅游实践路径



## 第三篇　乡村旅游赋能乡村振兴

# 第一篇
# 全域旅游理论体系与政策解读

# 第一章　全域旅游基本理论

## 第一节　全域旅游发展背景

改革开放以来，我国经济社会发展已由短缺型社会进入富足型社会，由生产型经济过渡到消费型经济，由以定居为主的生活形态演化到以定居、移居并行的生活形态，这些变化势必会催生全新的消费形态。旅游消费成为消费型经济、富足型社会、移居生活形态的重要表征。随着人们可自由支配时间和可自由支配收入的增加、移动性的增强以及信息技术的发展，旅游已经成为一种常态化的生活方式，由社会生活的非必需品变成必需品。传统的旅游发展只是社会部分群体的贵族消费，如今旅游已经发展为社会几乎所有群体的大众消费。在我国经济社会快速深入发展的背景下，无论是旅游消费的规模还是旅游消费的质量，无论是旅游消费的理念还是旅游消费的形式，无论是旅游消费的广度还是旅游消费的深度，都已发生了迅速而深刻的变化。为了满足多元化的消费需求，适应经济社会高质量发展，全域旅游应时而生，以一种更深内涵、更高质量、更远目标的模式来统领未来旅游业的发展。

### 一、全域旅游的提出

2008 年，绍兴市委、市政府首次提出发展“全域旅游”。2015 年 8 月，全国旅游工作会议首次提出发展“全域旅游”的战略部署。2015 年 8 月，原国家旅游局发布了《关于开展“国家全域旅游示范区”创建工作的通知》

(旅发〔2015〕182号)。2015年11月，中央财经领导小组会议召开，其中很多政策与文旅产业息息相关。2016年1月，全国旅游工作会议谋划“十三五”和全域旅游发展思路。2016年2月，原国家旅游局公布了首批创建“国家全域旅游示范区”名单。2016年7月，习近平总书记在宁夏调研时指出，“发展全域旅游，路子是对的，要坚持走下去”，将全域旅游上升到前所未有的高度，给旅游界以极大的鼓舞。2017年3月，时任国务院总理李克强在2017年政府工作报告中明确提出，要“完善旅游设施和服务，大力发展乡村、休闲、全域旅游”。这是“全域旅游”首次被写入政府工作报告，并被列为2017年政府工作报告的十二个新词之一，再次说明政府对全域旅游工作的重视。2017年也是全域旅游发展的关键之年，习近平总书记在党的十九大报告中指出，“把人民对美好生活的向往作为奋斗目标”，而旅游就是“美好生活”的重要组成部分，旅游已从少数人的奢侈品发展成为人民群众大众化的日常消费，成为人民群众“美好生活”的重要内容。全域旅游则是落实“美好生活”的重要抓手。全域旅游之所以会成为国家战略，因其契合我国经济发展的阶段需求，全域旅游强调“共建共享”的理念，作为供给侧结构性改革之举，与大数据的碰撞融合，必然撬动旅游业态变化以及旅游产品的创新与优化。

### （一）全域旅游是落实国家新发展理念的产业实践模式

全域旅游是旅游行业全面贯彻党的十八届五中全会提出的新发展理念的战略载体，发展全域旅游的战略意义超越旅游本身。在新发展阶段，生产力布局的途径、观点和方法等正在发生深刻变革。随着旅游业规模越来越大、功能越来越综合、辐射带动面越来越宽、综合影响力越来越大、优势越来越凸显，推进全域旅游发展实际上已经成为各地新的整体战略选择，越来越多的地方政府把旅游业作为支柱产业甚至是主导产业，将全域旅游作为整体提升区域发展水平的战略。通过抓旅游促进生态文明建设、促进新型城镇化、促进新农村建设、促进民生改善、促进改革开放，将抓旅游作为稳增长、调结构、促就业、减贫困、惠民生的重要领域。因此，“创新、协调、绿色、开放、共享”的新发展理念，无论是经济方面的创新、协调，抑或是生态方面的绿色，还是社会方面的开放、共享，新发展理念都与全国旅游工作会议提出的全域旅游发展战略有密切的引领与承载关系。可以说，新发展理念是全域旅游的引领性指针，全域旅游是贯彻新发展理念的综合载体。

### （二）全域旅游是践行现代旅游业高质量发展的新途径

习近平总书记在党的十九大报告中指出：“我国经济已由高速增长阶段转向高质量发展阶段，正处在转变发展方式、优化经济结构、转换增长动力的攻关期。”我国社会的主要矛盾已经转化为人民日益增长的美好生活需要和不平衡不充分的发展之间的矛盾。中央经济工作会议也提出，我国经济发展已进入新时代，基本特征就是我国经济已由高速增长阶段转向高质量发展阶段，中国特色社会主义进入了新时代，这是我国发展新的历史方位。我国经济高质量发展，是能够更好地满足人民日益增长的美好生活需要的发展，是体现“创新、协调、绿色、开放、共享”新发展理念的发展，也应是生产要素投入少、资源配置效率高、资源环境成本低、经济社会效益好的发展。2022 年 1 月 20 日，文化和旅游部在印发的《“十四五”旅游业发展规划》中共有 11 处提到了“高质量”、10 处提到了“优质”，在规划中，高质量发展理念成为一条主线贯穿始终，涉及优质发展、文旅融合、智慧旅游、生态绿色、空间布局、业态融合、全域发展、供给优化、治理能力、主客共享等多个方面。面对“百年未有之大变局”，如何实现高质量发展成为旅游学界和业界共同关心的话题。高质量发展是一个持续改进、不断完善、多元开放的动态过程。对于高质量发展的命题，各相关利益方都会有各自的利益诉求和目标预期。因此，高质量发展必然涉及多个维度、多个层面、多个目标的博弈均衡。

### （三）全域旅游是区域产业转型升级融合带动的新载体

全域旅游不仅是实现旅游业自身全面高质量发展的模式，而且具有很强的融合带动功能。全域旅游能够有力地带动和促进区域内的相关产业乃至经济社会的发展。党的十九大报告从全局和战略高度，明确提出实施乡村振兴工程，要按照产业兴旺、生态宜居、乡风文明、治理有效、生活富裕的总要求，建立健全城乡融合发展体制机制和政策体系，加快推进农业农村现代化。党的十九届五中全会进一步提出，要全面实施乡村振兴战略，强化以工补农、以城带乡，推动形成工农互促、城乡互助、协调发展、共同繁荣的新型工农城乡关系，加快农业农村现代化。全面推进乡村振兴，仅凭乡村自身的力量是不够的，需要借助工业的强力、城市的优势、相关行业的动能。全域旅游能够高效整合乡村资源，发挥乡村优势，带动乡村一二三产业深度融合发展，推动乡村文明建设和社会进步，为乡村振兴提供一条有效途径和一种新型模式，以此更好地实现党的二十大报告提出的“坚持以文塑旅、以旅彰文，推进文化和旅游深度融合发展”的新格局。

## 二、全域旅游的内涵

什么是全域旅游？很多人认为，全域旅游是之前的区域旅游和整体战略结合的升级版，是单一的旅游景点和目的地以地域扩展的一个方式，是一个地区的整体旅游规划及整合营销的结合，是一个地区的旅游产业链协作和产业升级的途径。2018 年，国家统计局发布了《关于印发〈国家旅游及相关产业统计分类（2018）〉的通知》，通知将旅游及相关产业分为旅游业和旅游相关产业两大部分。根据国务院有关文件指导，以《国民经济行业分类》（GB/T 4754—2011）为基础，以国际标准为参考，把旅游及相关产业分为 11 个大类、27 个中类、67 个小类，基本上对应了大旅游的发展，也基本形成了全域旅游的概念。

随着相关理论研究的深入和实践的创新，目前大家较为公认的概念中，全域旅游是指在一定区域内，以旅游业为优势产业，通过对区域内经济社会资源尤其是旅游资源、相关产业、生态环境、公共服务、体制机制、政策法规、文明素质等进行全方位、系统化的优化提升，实现区域资源有机整合、产业融合发展、社会共建共享，以旅游业带动和促进经济社会协调发展的一种新的区域协调发展理念和模式。

## 三、全域旅游的发展历程

### （一）概念提出阶段（2008—2012年）

2008—2012年是全域旅游研究概念提出的萌芽阶段。有关全域旅游的学术研究成果数量不多，学理性的讨论也较少，更多的是全域旅游的启蒙思想，尚未建立理论体系。2008年，浙江绍兴市委、市政府提出“全城旅游”发展战略，启动全城旅游区总体规划招标，上海奇创旅游咨询运营机构中标。2009年，江苏《昆山市旅游业发展总体规划》提出“全域旅游，全景昆山”。2010年，四川大邑县发展全域旅游的高端形态，启动全域旅游休闲度假战略规划。2011年，《杭州市“十二五”旅游休闲业发展规划》中创新性地提出了旅游全域化战略，浙江桐庐提出“全域旅游”的全新理念。2012年，四川甘孜州委明确提出，实施全域旅游发展战略；山东蓬莱、日照五莲县等县域将“全域旅游”确立为发展方向，山东沂水县确立“建设全景沂水、发展全域旅游”发展战略；湖南资兴市推进旅游业由“区域旅游”向“全域旅游”转变。

### （二）地方试点探索阶段（2013—2014年）

2013—2014年是我国全域旅游试点的探索阶段。2013年，厉新建等学者深入剖析了全域旅游并首次给出明确的定义解读。厉新建从目的地的角度将全域旅游解释为：各行业积极融入其中，各部门齐抓共管，全城居民共同参与，充分利用目的地全部的吸引物要素，为前来旅游的游客提供全过程、全时空的体验产品，从而全面地满足游客全方位的体验需求。同时，他将全域旅游理念系统地总结为“四新八全”。吕俊芳将全域旅游通俗地定义为全部区域一体化发展旅游，认为全域旅游是一种现代整体发展观念，需要突破景区局限，让区域建设、环境保护、交通运输、餐饮服务等各个方面服务于旅游发展大局，形成全域一体的旅游品牌形象。由此可以看出，吕俊芳从“域”

的角度出发，认为全域旅游是把一个行政区当作一个旅游景区，是旅游产业的全景化、全覆盖，是资源优化、空间有序、产品丰富、产业发达的科学的系统旅游。总之，厉新建和吕俊芳分别从“全”和“域”的角度，对全域旅游概念进行了阐述，自此全域旅游概念基本形成，其内涵强调未来发展理念的重心是旅游目的地理念及旅游经济理念，认为必须提供全过程、全时空的体验产品给游客，继而全面满足游客的全方位体验需求，即为全域旅游。该概念一经提出，各省市开始纷纷抢滩试点，将发展理念落实为行动对策和产业实践，大胆探索全域旅游发展的实施路径，为之后国内全域旅游的相关研究提供了重要参考。宁夏回族自治区明确提出要“发展全域旅游，创建全域旅游示范区，把全区作为一个旅游目的地打造”；桐庐成为浙江省全域旅游专项改革试点县；诸城市被列为山东省全域旅游试点市；重庆市渝中区启动《全域旅游规划》。2014 年，五莲县、临沂市、莱芜市、滕州市、沂水县成为山东省全域化旅游改革试点地区；河南省郑州市人民政府发布《关于加快全域旅游发展的意见》。

### （三）国家示范推进阶段（2015 年至今）

自 2015 年起，国内全域旅游的发展开始全面进入国家示范建设阶段，有关全域旅游的研究也随之增多并呈爆发之势。这个阶段全域旅游的发展主要是受政府政策导向作用的影响。2015 年，原国家旅游局下发了《关于开展“国家全域旅游示范区”创建工作的通知》，通知指出：“在 2000 多个县中，每年以 10%的规模来创建。2015 年要推进 200 个县实现全域旅游，3 年 600 个县实现全域旅游。”2016 年 2 月和 11 月，先后有两批共 500 个国家全域旅游示范区的创建名单公布。2017 年，全域旅游作为当年的重点工作任务之一被列入政府工作报告中。2019 年 9 月，按照全域旅游工作的整体部署，文化和旅游部启动了首批国家全域旅游示范区创建单位验收认定工作。全国共有 71 家创建单位被认定为首批国家全域旅游示范区。此次验收认定的整体通过率约为 74%，其中，13 个省（区、市）的验收认定通过率为 100%，13 个省（区、市）的通过率为 66%，另外有 6 个省（区、市）的通过率为 33%。

首批国家全域旅游示范区名单包括北京市延庆区、天津市蓟州区、河北省秦皇岛市北戴河区、山西省晋中市平遥县、江苏省南京市秦淮区、安徽省六安市霍山县、湖北省恩施土家族苗族自治州恩施市、湖南省张家界市武陵源区、贵州省六盘水市盘州市等共71个区县和单位，值得一提的是，甘肃省酒泉市敦煌市也成功入选。2020年12月，文化和旅游部组织开展了第二批国家全域旅游示范区验收认定工作。在各地初审验收的基础上，综合会议评审、现场检查结果，并经公示，决定将北京市昌平区等97家单位认定为国家全域旅游示范区，其中甘肃省平凉市崆峒区和嘉峪关市两地上榜。至此，全域旅游已经从一般的旅游规划概念转变为地方产业政策，由部门倡导上升到国家战略，全国各地、多部门联动制定多项政策来着力推动全域旅游的发展和实现。

## 第二节　全域旅游发展理念

全域旅游是供给侧结构性改革中我国旅游产业的又一次创新发展。这一概念是基于将近40年来我国旅游产业已经形成的发展基础，结合新时代下消费市场呈现出来的全民旅游、个人游、自驾游等特征，以及旅游产业在经济社会发展中发挥着越来越大的综合带动作用而提出的。全域旅游是一种综合化的发展模式，需要从错综复杂的发展表象中，剥离出其内在的规律，方能构建出科学的全域旅游发展体系。全域旅游是旅游空间全域化、旅游产业全域化、旅游受众全域化、旅游设施全域化、旅游文化全域化等旅游全覆盖的一种发展模式，除空间上的地域全域化外，还包含与旅游相关的其他行业领域以及部门与社会，较好地统筹了旅游产业与旅游事业的协调发展。全域旅游强调全景化体验、全时化消费、全业化融合、全民化共享，全景是吸引游客，全时是留住游客，全业是提升产业，全民是构建和谐社会。

## 一、全域旅游核心理念

一是全地域，整合地域范围内的全部吸引物要素，将整个地域作为一个旅游目的地来打造。二是全领域，充分发挥旅游业的带动作用，形成农业围绕旅游增价值，工业围绕旅游出产品，服务业围绕旅游成规模的泛旅游产业格局。三是全要素，不仅要完善食、住、行、游、购、娱传统旅游要素，还要培育商、养、学、闲、情、奇新兴旅游要素，带给游客完美的旅游体验。四是全方位，从单一景点景区建设，破除壁垒，实现多规合一，公共服务一体化，旅游监管全覆盖，实现产品营销与目的地推广的有效结合。五是全过程，实现游客整个旅行中的全程化服务。为游客打造食有特色、住有选择、行之方便、游之尽兴、购之丰富、娱之快乐的完美之旅，为游客带来商务、养生、研学休闲、情感、探奇等多元化的“旅游盛宴”。六是全行业，充分调动各行各业对旅游发展的积极性，找到自己的位置，做什么，如何做，都要围绕旅游业。七是全时间，实现全年旅游，春、夏、秋、冬各有特色，淡季不淡，旺季更旺。八是全社会，引导社会各个层面，调动社会大众的积极性、主动性、创造性，实现全民共同参与，出谋献策，建言出力，都来投入建设旅游。九是全产业，创新业态，促进一二三产业融合，与地域文化融合，与特色资源融合，与大网络空间融合，力求在泛旅游发展的黄金时代赢取主动，谋求产业转型新跨越。十是全空间，以旅游为导向整合资源，全新资源利用，所有地方而不是单独景区旅游，最终实现从小旅游格局向大旅游格局转变。

全域旅游发展就是把一个旅游区域当作一个全景式、全覆盖的大旅游圈来看待，是资源优化、空间有序、产品丰富、产业发达的科学的系统旅游。其打破了行政分割，作为一个整体统一规划，以区域统筹、科学布局促进旅游空间形态完善与结构优化，形成处处是旅游，各行业都为旅游服务的发展格局。可以将其发展模式归纳为：以生态环境保护为前提，以特色文化挖掘下的吸引物构建为核心，以资源整合及产业融合为手段，以城市休闲功能提升为支撑，以基础设施与公共服务的完善为保障，从而构建起特色鲜明、产业融合、城乡互动、全民参与、整体受益的发展架构。该架构包含五大全域化层面和四大核心构建。五大全域化层面，即旅游空间全域化、旅游产业全域化、旅游受众全域化、旅游设施全域化、旅游文化全域化；四大核心构建，即吸引游客的全景化体验、留住游客的全时化消费、提升产业的全业化融合、构建和谐社会的全民化共享（见图 1-1）。

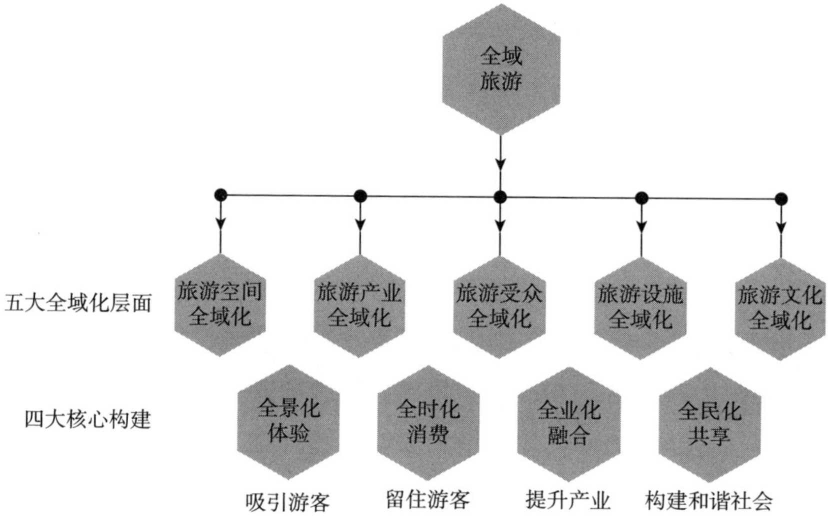


**图 1-1　全域旅游概念**

## 二、全域旅游的意义

全域旅游是国家旅游供给侧结构性改革的出路。2016 年 1 月 11 日，汪洋在国务院旅游工作部际联席会议上强调：大力促进旅游供给侧结构性改革，推动我国旅游业发展迈上新台阶。而对于旅游行业的供给侧，则包含着一个区域的酒店、景区、餐厅、车队、旅行社等与旅游行业相关的企业及其服务和产品。其未来发展，则要根据市场和目标客源的需要，相互结合、统一协作，方能以更好的营销方式和服务水平来适应终端市场的需求。这就是全域旅游的目的与意义所在，当然也更好地诠释了旅游供给侧结构性改革的方向。

推进全域旅游是我国新阶段旅游发展战略的再定位，是一场具有深远意义的变革。从景点旅游模式过渡到全域旅游模式，具体要实现九大转变。

**（一）从单一景点景区建设和管理向综合目的地统筹发展的转变**

破除景点景区内外的体制壁垒和管理围墙，实行多规合一，公共服务一体化，旅游监管全覆盖，实现产品营销与目的地推广的有效结合。旅游基础设施和公共服务建设，从景点景区拓展到全域。例如，从景点景区和城市的旅游“厕所革命”拓展为景点景区内外、城乡一体推进的全面“厕所革命”。

**（二）从“门票经济”向产业经济转变**

实行分类改革。公益性景区要实行低价或免费开放，市场性投资开发的景点景区门票价格也要限高，遏制景点景区门票价格上涨过快势头，打击乱涨价和价格欺诈行为，从旅游过度依赖门票收入的阶段“走出来”。从产业发展角度而言，全域旅游是一个全产业融合、全资源融合、全民融合的大融合产业。做全域旅游，其实就是做一个淡化门票的大景区，做一个精品的旅游目的地。

**（三）从封闭式管理体制向导游依法自由有序流动的开放式管理转变**

实现导游执业的法治化和市场化，这是旅游服务供给侧结构性改革的重要举措，标志着我国导游旅行社管理体制的重大突破，真正理顺了导游与旅行社、旅游市场的关系，确立了导游与旅行社在行业中的角色与地位，推动了导游和旅行社从行政化、非流动、封闭式管理向法治化、市场化管理转变，有利于从根本上整治市场乱象，建立良好的旅游市场秩序。

**（四）从粗放低效旅游向精细高效旅游转变**

正如王洁平研究员所说，供给侧结构性改革应该树立“精品意识”，无论是旅游景区、旅游饭店，还是乡村旅游、休闲街区，都要致力于打造精品，追求精致，讲究精美，从数量型走向质量型。精品就是有效供给，精致就是供给水平，精美就是引导消费，说到底就是要提高旅游供给侧的创新能力。加大供给侧结构性改革，增加有效供给，引导旅游需求，实现旅游供求的积极平衡。

### （五）从封闭的旅游自循环向开放的“旅游+”融合发展方式转变

加大旅游与农业、林业、工业、商贸、金融、文化、体育、医药等产业的融合力度，形成综合新产能。正如有人所说的，旅游产业是综合性产业，不单是文旅部门一家的事。只有把旅游与农业、交通、康养、生态等紧密联系起来，“宜融则融、能融尽融”，才能实现从封闭的旅游自循环向开放的“旅游+”融合发展方式转变，带来更大的综合效益。

### （六）从旅游企业单打独享向社会共建共享转变

充分调动各方发展旅游的积极性，以旅游为导向整合资源，强化企业社会责任，推动建立旅游发展共建共享机制。共建基础设施，共建生态环境，共建全域旅游，共享美好生活。发动群众参与全域旅游建设，让群众分享全域旅游“红利”，才能将旅游业真正发展成为人民群众满意的现代服务业，才能尽快实现从旅游大国到旅游强国的新跨越。

### （七）从治安管理、社会管理向全域旅游依法治理转变

旅游、公安、工商、物价、交通等部门各司其职。首先，要完善旅游法律规范体系，将经过实践检验符合全域旅游实践发展的政策规范上升为法律规范。其次，要强化综合治理，推动旅游执法工作。旅游市场秩序的治理，必须多部门联动。要全国“一盘棋”、区域治理、地市为主；要客源地与目的地共同治理；要组团社与地接社联动治理；要线上、线下同时治理；要旅行社与导游一体治理；要企业与从业者协同治理；要法律应用、市场化手段、行政管理联合治理。最后，还要加强旅游法治的理论研究。旅游法治的发展离不开实践与理论的良性互动。当前，旅游行业蓬勃发展，但是专门从事旅游法学研究的学术机构和团体还较少。

### （八）从部门行为向党政统筹推进转变

形成综合产业综合抓的局面。积极顺应综合产业综合抓的特点，建立旅游市场综合管理机制，健全旅游投诉和服务质量监督机制，完善行业管理标准和自律机制，构建旅游市场主体退出机制，制定旅游市场监管责任清单，推进旅游警察、旅游工商分局、旅游巡回法庭等建设，加强和规范事中、事后监管。理顺旅游资源管理体制机制，破除区域壁垒，实现资源有效整合，更好地发挥市场在资源配置中的决定性作用，做到统一规划、整体开发、综合利用、利益共享，实现资源保护、管理、经营相辅相成、相得益彰。

### （九）从国际合作向全域接待的国际交流合作转变

我国旅游业积极贯彻开放发展理念，创新思维，勇于担当，主动作为，不断加大国际旅游市场开发力度，提升旅游国际合作层次，从景点景区接待国际游客向全域接待国际游客、全方位、多层次国际交流合作转变，最终实现从小旅游格局向大旅游格局转变。这是区域发展走向成熟的标志，是旅游业提质增效和可持续发展的客观要求，也是世界旅游发展的共同规律和大趋势，代表着现代旅游业发展的新方向。

## 第三节　全域旅游理论研究

2013 年，厉新建等从概念内涵上提出“全域旅游”这一提法，并搭建了全域旅游的基本框架，对全域旅游的内涵进行界定，由此形成了当前较为普适的全域旅游概念解释。厉新建等主要通过“四新八全”来诠释全域旅游的内涵要求，即“新”的产品观、市场观、资源观、产业观以及“全”的要素、部门、行业、过程、方位、时空、游客、社会。之后，关于全域旅游的理论研究逐渐深入。2017 年，梁学成等从转变旅游产业发展方式和增强旅游幸福感两个角度来解析全域旅游中的“全”行业、部门、要素、时空、主体和管理“六全”。但张辉等认为，不应从“全”的角度来认识全域旅游，而应从“域”的角度来理解，即强调“域的旅游完备”，主要包括要素、空间、产业和管理等“域”在内的场域的完备。杨振之等指出，全域旅游要充分考虑各地旅游发展能力和经济社会发展阶段，从三个阶段去理解和发展全域旅游，即党政“一把手”统筹阶段、落实公共福利供给和统筹旅游休闲发展阶段、跨区域构建旅游功能区阶段。

## 一、研究文献趋势分析

对知网（CNKI）期刊中文文献以“全域旅游”为主题词进行文献检索并整理分析可以看出，2007—2012 年国内关于全域旅游的文献较少，2013—2015 年全域旅游相关的文献数量逐渐增多，自 2015 年起，文献数量显著增加，尤其是 2018 年，有关全域旅游的文献年发表量突破了 1500 篇，2021 年更是达到近 1900 篇，如图 1-2 所示。

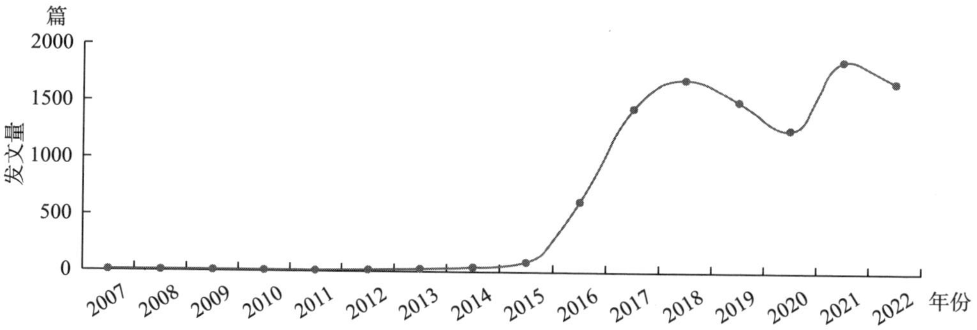


**图 1-2　国内“全域旅游”主题文献发表趋势**

研究的主题是分析研究领域的现状和发展趋势，并详细说明后续研究的主要内容和方向以及研究意义。通过 CNKI 的计量可视化分析（截至 2022 年 8 月 17 日），可获得全域旅游相关主题（共 30 个相关主题）及其发文量，如图 1-3 和图 1-4 所示。

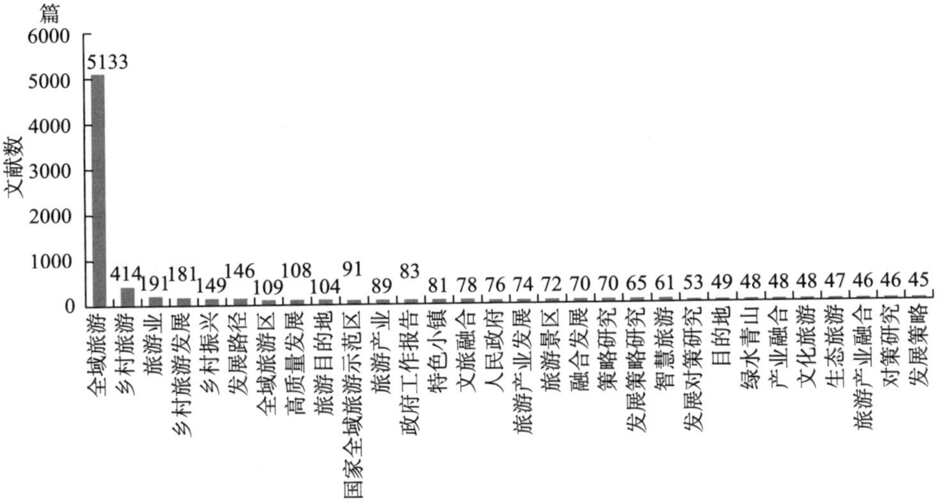


**图 1-3　国内全域旅游文献研究主题分布**

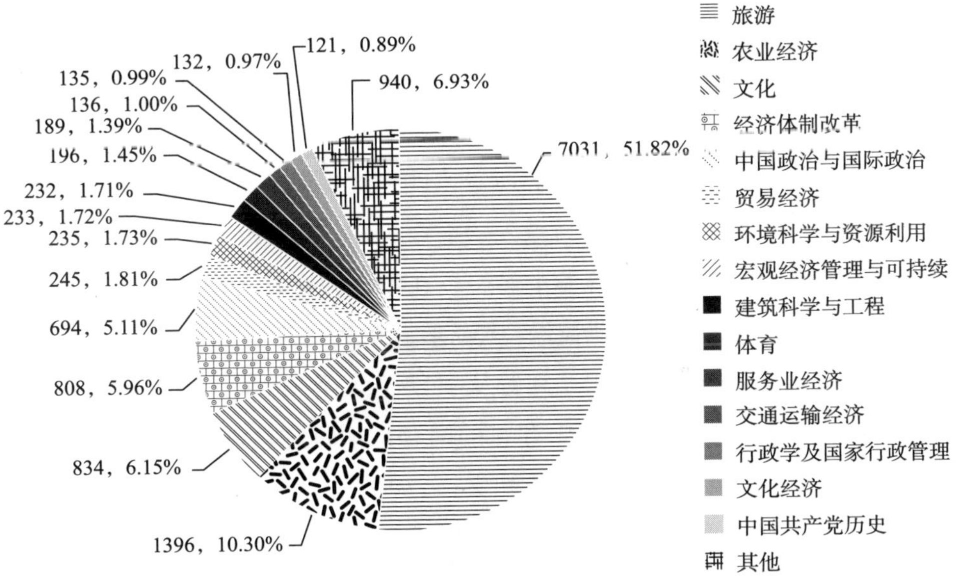


**图 1-4　国内全域旅游文献研究学科分布**

从图 1-3 和图 1-4 中可以看出，关于全域旅游的研究主要集中在三个方面：一是全域旅游发展的专题研究；二是全域旅游发展资源要素禀赋的研究；三是全域旅游发展的区域性和民族性研究。

## （一）全域旅游发展的专题研究

全域旅游概念涵盖面广，从主题和学科分布可以看出，全域旅游主题涉及生态旅游、观光旅游、智慧旅游、乡村旅游、扶贫旅游等。在新时代背景下，人们更注重旅游的可持续发展。

关于生态旅游的研究，林润泽从全域旅游的角度对生态旅游系统进行了纵向和横向比较，并从模块、特色、项目三个维度构建了生态旅游体系。王延辉认为，推动全域旅游的发展，需要加强生态旅游建设与管理，加强生态文化意识和保护，规范全区旅游活动的范围和程序，促进经济可持续发展。刘常洁从全域旅游角度出发，提出了相应的生态旅游开发战略，即优化空间设计，鼓励社区参与，创新营销方法，完善配套服务，促进产业一体化和互联互通，保护生态环境。朱万峰认为，在整个区域旅游业的建设和发展中，要把生态环境保护放在更加突出的位置，坚持生态基础，实现绿色增长：一是在总体规划中突出生态保护，二是立足整个景观的生态保护，三是在全体参与者中倡导生态保护。现阶段的“全域+生态”旅游发展，主要从构建体系、开发战略、增强意识、生态管理与建设等宏观层面入手。对于全域背景下的生态旅游，不仅要满足可持续发展需要，还应以特色景观为抓手，同时注重配套服务，注重休闲与体验的结合，在保证原有基本功能的基础上增设附加功能，以期实现附加功能最优、经济收益最大化。

关于观光旅游的研究，涂圣伟等从项目经营者、政府和旅游者的角度出发，提出了我国旅游农业发展中存在的问题：项目经营者和旅游者素质低；社会中介组织发展滞后；政府引导和支持力度弱。在此基础上，根据主体的行为提出了相应的对策和建议。马宝霞根据我国农业生态与地方文化的特点，从农业旅游集群和区域特色两个方面入手，提出必须加强农业旅游体验，形成多元化特征的休闲、娱乐和文化，制定相应的规划布局和政策，加大资金扶持力度，合理配置资源，从而为旅游业发展提供新渠道。李丽等从开发、人才、合作意识角度出发，分析了茶园旅游文化的发展现状，并针对该现状，从品牌、产业联动、资源整合、人才培养等方面提出了促进茶文化产业发展的对策。也有学者基于现有研究指出了“全域+观光”旅游面临的主要困境：旅游发展各阶段整体内生动力不足，亟须培育一批专业人才，构建综合协调管理机制，突破各阶段主体发展瓶颈，使旅游过程产业优、品牌优、文化优、人才优、环境优，力争未来打造集休闲、特色、体验于一体的全域观光旅游。

关于智慧旅游的研究，杨建容基于四川省甘孜藏族自治州发展智能旅游的必要性，从全域旅游的角度出发，对智慧旅游中智能服务、智能营销、智能管理等应用分别进行了分析。顾宇认为，推进智慧旅游是扬州旅游业建设的新方向和新路径，要建设一个兼顾游客、企业、民生的大数据平台，利用智慧旅游平台深度整合旅游资源，构建智慧旅游标准化信息平台，加快数据在旅游市场的应用。禤庆东等基于桂平市的全域旅游建设，提出了一系列智能旅游平台建设模式：购物中心 WAP、微信公众号、门户网站等智能服务系统。该系统能够满足旅游者对旅游公共服务的需求，对桂平市旅游业的发展具有积极意义。“全域+智慧”旅游利用大数据平台，深度开发智能一体化服务，打造智能全域化产业链，使全域旅游发展逐步趋向智能化、信息化、一体化、便捷化。

关于乡村旅游的研究，王馨颜提出，要合理有序规划乡村旅游，发展“乡村旅游+”的融合发展模式，加强品牌意识，创新乡村旅游产品建设，推动乡村旅游的跨越式发展。袁玲提出，桂林地区乡村旅游公共服务体系面临乡村旅游资源整合性差、基础设施不完善、公共服务提供者组合不充分等问题，认为乡村旅游公共服务体系的构建应重视各主体利益的协调、公共服务各环节的整体规划和优化。于法稳提出，发展乡村旅游存在先天性不足、经营不善、保障不足等问题，应从重视前期准备工作、加强乡村旅游建设、加强经营管理三个方面推动新时代乡村旅游的发展。在“全域+乡村”旅游的融合发展中，存在乡村基础设施差、配套服务不充分、资源利用率低等问题，需要加大资金投入，通过全域旅游助力乡村各方面的发展，充分拉动乡村经济发展，提升乡村品牌、管理、建设等，通过“全域+乡村”旅游，达到全域辐射带动的目的。

关于扶贫旅游的研究，杨德进等提出了我国旅游扶贫生态效益的六种路径：新技术旅游扶贫、负责任旅游扶贫、便利化旅游扶贫、针对性旅游扶贫、旅游扶贫全覆盖和优质旅游扶贫。陈炜等以全域旅游为视角，从空间、要素、产业和管理方面出发，系统构建青海民族地区贫困群体包容性旅游扶贫模式，促进全域旅游与旅游扶贫协调发展。文传浩等认为，区域性整体贫困和资源丰富贫困问题突出，从流域整体性、开放性和微观性的角度出发，构建旅游一体化发展的相应理论框架，提出扶贫新路径，重新审视流域复杂的多功能系统，实现流域精准扶贫和流域绿色发展。杨玉娇提出了全域旅游下井冈山的脱贫机制，即封闭旅游由流通向开放“旅游+”的转变机制，建立全域旅游人才制度，加强对脱贫群众的职业技能培训，实施精细高效的旅游教育和培训机制，全民参与，加强党的基层组织建设，将部门行为转变为政府统筹推进的旅游赋权机制，为扶贫返贫提供组织保障。现阶段的旅游扶贫是精准扶贫的一项重要举措，学者们主要从开发多元化扶贫路径入手，对区域贫困地区进行开放式精准施策，扶贫扶智并培育技能。但是，由于贫困问题由来已久，贫困地区经济水平严重落后，基础建设及各方面条件相对落后，短时间内无法看到显著成效。而扶贫是一项长期的工作，最主要的是防止返贫，这就需要在旅游扶贫开发进程中加大扶贫力度，使贫困地区整体联动，从当地群众思想、产业、资源、环境、基建等方面入手，稳步推进，实现永久性脱贫。

### （二）全域旅游发展资源要素禀赋的研究

全域旅游资源禀赋是招引旅游者来访的吸引力本源，是一个国家和地区赖以生存和发展的基本条件，旅游资源禀赋的价值与其收益成正比。艾楚楚在分析南昌旅游发展现状、趋势和存在问题的基础上，在全域旅游背景下，提出了通过构建“三圈四向”乡村旅游目的地体系，实现乡村旅游资源在南昌的一体化发展，建设乡村特色品牌旅游产品体系，建立一个区域性联动多集群的发展模式，完善从旅游向顶层设计的支撑体系。范晓慧等基于海南红色文化旅游发展滞后的现状，精准定位红色文化旅游资源的功能，并依据整体旅游开发理念设计高质量的开发方案，从而提高海南红色文化旅游资源的开发效率。李斯颖以国家非遗文化壮族“布洛陀”为例，提出对整个地区的布洛陀文化资源进行有效整合，挖掘本土文化并与其他产业融合，以旅游促发展，达成壮乡经济振兴、文化传承、生态改善的和谐共生局面。目前，学者对资源禀赋的研究主要以打造特色品牌为切入点，深度挖掘当地历史、文化、地理资源，打造当地特色品牌，形成区域竞争优势，以全域旅游带动当地产业链全面发展。

### （三）全域旅游发展的区域性和民族性研究

全域旅游区域主题包括县域旅游和区域旅游。张金梅从产业链的角度出发，认为县域旅游是一系列的经济产业链和体系，依托本土资源优势，促进地方经济发展。张河清等从旅游六要素入手，指出县域旅游是以当地资源特点、市场定位和旅游产品为核心，县政府、旅游部门和企业共同参与的经济系统体验服务，为游客提升旅游质量，集娱乐、旅游、住宿、购物、餐饮五大要素于一体。杨梅等从全域旅游视角出发，使用灰色关联法分析旅游和武隆区三次产业的相关性得出：旅游业和主导产业相关性最低，和第三产业相关性最高，并提出以全域旅游为抓手的包容性产业发展模式。首先，在产业升级中找出第一、第二、第三产业的定位，实现服务业与旅游业的融合发展，提升服务质量。其次，旅游业与制造业相互融合，加强旅游业对制造业的拉动，实现产业结构的转型升级。最后，采用优劣组合即“旅游+农业”，打造新型农业，提高农业附加值。王国华认为，在网络时代，新的地理观强调，运用人文精神分析的方法，从社会游戏规则的创新、人的发展和创造力出发，深挖工业遗产中丰富的人文精神，创新工业旅游的独特产品，使区域文化景观不断影响和美化自然景观。王威峰等认为，经济基础滞后和旅游产业发展基础滞后将成为旅游产业与城镇化建设耦合协调发展的制约因素，提高广西各市旅游产业与城镇化建设耦合协调发展水平还需较长的发展周期。区域旅游和县域旅游就是全域旅游的缩影，是全域旅游发展的着力点，两者是完全建立在全域旅游的基础之上的。现阶段，学者们对区域旅游主题的研究主要集中于区域内的产业联动、从自然人文到工业人文的全面深挖，以特色休闲体验吸引旅游消费者，带动区域内经济增长。

关于全域旅游民族性的研究，刘萍指出，要促进四川民族地区旅游经济的可持续发展，可采取打造特色旅游品牌、加快引进和培训合格人才、加大财政投入力度等措施，解决旅游经济中品牌薄弱、人才短缺、资金短缺等问题。杨惠基于民族地区甘孜州旅游面临要素保障不够、旅游特色商品开发不足、民族文化与旅游发展融合不够的现状，提出了发展旅游新兴业态即全域旅游，改善旅游基础设施建设和升级旅游特色商品，加强文旅融合的对策建议。童广路等认为，民族旅游地区面临基础设施不足、人员素质不高、产品单一、文化内涵发掘不足的问题，需要推进“旅游+”模式，实现行业互动；加强宣传和基础设施建设，提高人员质量。王换茹等从全域旅游视角出发，对黔东南州的旅游发展提出了旅游业态创新、政府主导、全球统筹、加强基础设施服务建设、营销方式创新等措施，从而促进区域旅游业可持续发展。王生鹏等提出，文化不是静态的，而是在不断重构中动态发展的。运用文化重构的方式，实现动态保护民族传统文化。刘文良等提出，要促进地域特色与民俗文化传承的全域新思路，让景点特色与文化创意相映成趣，将产品形态与地域符号有机融合，注重体验式旅游纪念品开发，文创设计融入“互联网+”思维。基于学者们全域旅游的民族性研究可以发现，全域旅游在民族性研究中扮演着推动者和保护者的角色。民族文化是一个地方旅游发展的核心竞争力，打造民族文化基因，传承传统民族文化景观，是民族地区全域旅游发展的新路径，有助于推动当地经济结构的转型升级，促进文化旅游和全域旅游的深度融合；提升创新力，是旅游发展的不竭动力。

## 二、主要理论研究层次

知网数据库检索结果表明，现有的全域旅游发展理论研究主要是从全域旅游的发展现状、发展路径、发展趋势、发展影响、发展建议五个方面展开的。

### （一）发展现状

有关全域旅游理论，学者们主要从宏观、微观层面对我国全域旅游发展现状进行研究。宏观层面的研究成果主要有：一是发现我国全域旅游示范区空间分布不均衡，表现为中东部密集，西部稀疏；旅游资源禀赋和交通区位是主要影响因素，经济发展水平在宏观和微观层面上影响强度不同。二是我国全域旅游发展水平稳步提升且东部地区领先，存在显著的全局空间自相关性和较为明显的交互影响关系，产业域发展稳定，空间域发展迅猛，管理域发展水平波动性比较明显。三是我国全域旅游实践现状是资源丰富地区升级，非传统旅游地区突围，区域内资源整合。微观层面的研究成果主要从乡村旅游开发能力、管理能力和乡村旅游发展环境质量三个方面构建全域乡村旅游综合评价指标体系，其中，乡村旅游开发能力和环境氛围是发展全域乡村旅游的重点。受旅游资源禀赋、产业发展水平、交通区位、开发和管理能力、经济发展水平、地理位置、环境质量、旅游氛围等多种因素的综合影响，我国全域旅游发展不均衡的问题可见一斑，一些乡村旅游、旅游综合体等区域性的全域旅游发展较好。对此，相对落后的地区还需学习先进经验，因地制宜。

### （二）发展路径

从发展路径来看，主要包括理念规划、发展要素供给、产业融合等推进全域旅游发展的路径。理念规划引领全域旅游发展：一是全域旅游发展要以转变传统旅游观念为切入点，以规划创新为抓手，以管理制度变革为核心，倡导共享经济理念。在发展要素供给中，全域旅游发展动力因素至关重要。现阶段，政府应在全域旅游发展的决策、调控和营销中发挥主导作用。二是在中国的发展环境下，行政动员与管理机制使全域旅游成为一项全国性的战略部署，但有必要运用市场逻辑，在市场内生动力的支撑下发展全域旅游。邢剑华等提出，通过激活存量、开发增量、串联旅游要素、打通交通体系、清除决策与服务信息障碍、完善管理系统六种路径来落实科技创新，推动全域旅游发展。三是产品和技术作为全域旅游推进的动力，是旅游产业打破现有束缚和制约、探索新体制机制的重要举措。科技、产品和技术是组成旅游市场的重要因素。可见，关于全域旅游发展动力源的两种观点是从经济研究中的政府和市场角度提出的，“看得见的手”和“看不见的手”要有机协作，才能把全域旅游推向更高、更远的地方。发展动力驱动发展资金、旅游人才、旅游资源等多种要素的有机融合，才能形成全域旅游。秦兆祥等研究了全域旅游的融资模式创新，提出发挥优势以优带面、立足特色融合发展、合理布局优化配置等建议。石培华也认为，要通过“旅游+”产生适应全域旅游特征的旅游形态，“+”出新的全域旅游生活形态。

### （三）发展趋势

全域旅游本身作为一种旅游发展状态，具有丰富的内涵。学者们提出了一些全域旅游的理想状态和应当实现的形态，指出了全域旅游未来的发展方向。有关全域旅游的发展趋势，杨振之认为，基于地理单元跨区域构建旅游功能区是国际共识，也应是全域旅游的高级发展模式。姜春燕等提出在乡村全域旅游中发展全产业链模式。赵黎光等提出，全域旅游带来的旅游业发展转型趋势是从“观光式旅游”向“体验式旅游”转型、从“门票经济”到“产业经济”拓展、从“以点带面”到“以面育点”整合。他还提出，全域旅游未来的研究趋势是加强理论研究深度，加强利益相关者和影响效应的研究，差异化发展和因地制宜研究，跨学科和定性与定量结合研究。可见，从研究的角度来看，全域旅游实践会朝着旅游产业更为综合、旅游体验更为深刻、旅游业与相关产业发展更为紧密的方向发展；全域旅游理论研究的发展趋势与旅游理论研究的发展趋势一致。

### （四）发展影响

与全域旅游实践涉及面广相对应的是，全域旅游发展影响的研究内容广泛。丰晓旭等认为，全域旅游涵盖一系列国外研究热点：以生命周期理论为基础的旅游目的地发展战略研究、旅游产业融合相关研究、目的地经济研究、旅游与社区关系研究、目的地文化影响研究、旅游目的地综合质量管理研究。在旅游目的地发展的影响研究方面，刘又堂认为，全域旅游视角下旅游目的地功能变化表现为规划开发、景观设计、服务保障、市场营销和产业融合全域化。在旅游产业融合的影响研究方面，侯玉霞等基于广西壮族自治区龙胜各族自治县全产业的交叉渗透、全产品的有效供给、全要素的整合重组、全市场需求驱动、全过程深度体验等提出了茶旅融合发展的策略。在目的地经济的影响研究方面，曹辉等认为，全域旅游可以促进县域经济转型发展；朱宝莉等认为，全域旅游与精准扶贫在发展目标和实现条件上存在内在逻辑一致性。在旅游与社区关系的影响研究方面，黄瓴等研究了全域旅游视角下的重庆合川草花街社区更新行动规划。在目的地文化影响的研究方面，王杏丹等认为，发展全域旅游将对民族地区的民族文化传统产生明显的文化涵化影响，且全域旅游文化涵化的正向影响将大于反向影响。在旅游目的地综合质量管理影响的研究方面，丰晓旭认为，全域旅游发展战略在产业域上强调产业综合质量的提升，在空间域上强调资源的共建共享，在管理域上强调综合治理能力的提升，在一定程度上可增强旅游产业的绿色属性，促进区域绿色发展水平的提升。可见，我国学者对全域旅游影响的研究较为丰富。全域旅游的发展不仅影响目的地旅游产业发展，而且对目的地的政治、经济、文化、社会、生态等产生着全方位的影响。与国外研究热点相比，我国全域旅游与游客需求变化和对旅游相关设施影响的研究较为匮乏。

### （五）发展建议

全域旅游发展实践方面，学者们的研究主要集中于对全域旅游管理和营销方面的建议。全域旅游发展管理方面，马海鹰等认为，全域旅游发展首在强化旅游综合协调体制机制；胡宇橙等提出，政府主导、综合监管、商家协作、全民监督是目前全域旅游发展理想的管理模式；曾博伟提出，应弱化全域旅游示范区中的量化指标，特别是相对数的量化指标。全域旅游营销方面，王帅辉等提出，要线上线下结合、全方位打造旅游形象，利用“旅游+”的机遇实施跨界营销，在政府主导下健全全域旅游产品营销体系，实施差异化营销模式；张仁汉提出实施“旅游+传媒”，在推动旅游宣传营销创新发展、促进文化旅游融合发展、提升旅游人才全面发展和增强智慧旅游应用发展四个方面助推全域旅游发展。在大量关于全域旅游发展的案例研究中，大多数学者都提出了有针对性的对策，其中不乏具有普遍适用性的建议。如葛继宏以杭州市淳安县为例，分析了国内湖泊型旅游目的地的发展经验和问题，提出全域旅游治理是一项系统过程，涉及政府、市场、社会的作用关系。周永博等以苏州吴江区为例，提出全域旅游目的地供需错配治理对策：加强制度供给，建立全域旅游目的地营销体系；提升公共服务，改善全域旅游目的地发展环境；优化产品结构，彰显全域旅游目的地文化价值。可以看出，有些学者的建议在一些全域旅游示范区中已付诸实施，一些具有超前性的建议仍需要根据具体旅游目的地的实际情况继续探索实施的可能性、路径及可能产生的影响。

## 第四节　全域旅游示范区建设

全域旅游示范区是依托一定的行政区域，发展旅游业优势产业，通过区域资源整合、产业深度融合发展，实现以旅游带动区域经济全面发展的一种旅游形式。要建设全域旅游示范区，就要创新体制机制，提升和优化公共服务水平，积极推进旅游产业的融合发展，提高服务品质，实施整体营销。要取得较强示范的效果，成功的经验要可复制、可推广。全域旅游示范区可分为全域旅游示范县（含县级市）和全域旅游示范市（州），具体考核指标见图 1–5。

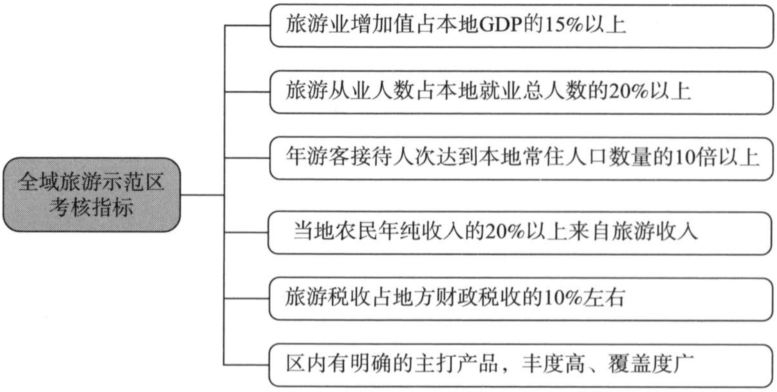


**图 1–5　全域旅游示范区考核指标示意**

2016年，我国开展首批全域旅游示范区创建工作，其中海南省被确定为首个全域旅游创建省。首批国家全域旅游示范区创建工作原则上为2~3年。从2017年开始，原国家旅游局组织验收并公布首批国家全域旅游示范区名录。优先组织验收的创建单位需符合四项基本标准：旅游对当地经济和就业的综合贡献达到要求，建立旅游综合管理和执法体系，“厕所革命”及公共服务建设成效明显，建成旅游数据中心。根据原国家旅游局的初步研究成果，在全国确定10%的市（州）、20%的县（区）开展首批全域旅游示范区创建工作，确定海南省为首个全域旅游创建省。为了支持国家全域旅游示范区创建工作，原国家旅游局推出一系列支持措施，包括优先纳入中央和地方预算内投资支持对象、优先支持旅游基础设施建设、优先纳入旅游投资优选项目名录等。

各地首批申报全域旅游示范区，原则上每个市（州）只能申报一个县（市、区），有条件的可视情况申报市（州）为创建对象。创建主体为县、市（州）人民政府，成熟一批公布一批。全域旅游示范区的申报要满足以下三个基本条件：一是依赖点状的景区度假区，二是重大安全事故一票否决，三是以县域经济为基础，而不是更宽泛的全域旅游示范市和示范省。全域旅游示范区的类型分为文旅融合创新发展型、旅游扶贫富民创新发展型、景城共建创新发展型、景区带动创新发展型、生态依托创新发展型、休闲度假创新发展型、资源转型创新发展型和边境开发开放创新发展型等。

## 一、国家全域旅游示范区建设现状

根据目前全域旅游示范区创建工作的开展现状，该项工作的历程大体可以分为理念提出、全面开展、扎实推进和创建验收四个阶段。自2015年8月国家层面首次明确提出“全面推动全域旅游发展的战略部署”以来，国家全域旅游示范区创建工作也正式拉开帷幕；2016年示范区建设进入全面开展阶段；2017年示范区建设进入扎实推进阶段，国家在此阶段制定了全域旅游示范区创建导则和认定标准并对其进行不断的修订完善。各地创建工作开展得如火如荼，由党政统筹，全面部署。2019年以来，全域旅游示范区进入验收工作阶段，各建设单位在积极准备示范区的认定验收。

2016年2月，原国家旅游局公布了首批国家全域旅游示范区创建名录，共计262个。同年11月，原国家旅游局公布了第二批国家全域旅游示范区创建名录，共计238个。2019年9月，文化和旅游部启动了首批国家全域旅游示范区创建单位验收认定工作。经过地方初审验收，文化和旅游部采取会议评审和第三方检查的方式，坚持高标准、严要求，对全国96家创建单位进行了认定。经过公示，北京市延庆区、辽宁省本溪市桓仁满族自治县、福建省南平市武夷山市、西藏自治区林芝市鲁朗景区管理委员会等71家创建单位被认定为首批国家全域旅游示范区。为贯彻落实《中共中央　国务院关于完善促进消费体制机制　进一步激发居民消费潜力的若干意见》《国务院关于印发“十三五”旅游业发展规划的通知》《国务院办公厅关于促进全域旅游发展的指导意见》中关于开展全域旅游示范区创建工作的有关要求，依据《国家全域旅游示范区验收、认定和管理实施办法（试行）》《国家全域旅游示范区验收标准（试行）》，文化和旅游部组织开展了第二批国家全域旅游示范区验收认定工作。在各地初审验收的基础上，综合会议评审、现场检查结果，并经公示，2020年12月，将北京市昌平区等97家单位认定为第二批国家全域旅游示范区。至此，共有168家创建单位被认定为国家全域旅游示范区。这些示范区在创建方式、创建路径、创建成果上各具特色，为更多示范区创建单位提供了诸多有价值的、可复制可推广的经验做法，特别是在文旅融合发展、旅游扶贫富民、城乡统筹、生态依托、景城共建共享、休闲度假、资源转型、边境开发开放等方面进行的实践探索，对各地深化全域旅游发展具有积极的借鉴意义。国家全域旅游示范区创建名录见表1-1。

**表1-1　国家全域旅游示范区创建名录**

| 第一批全域旅游示范区名录（71家） | | |
|---|---|---|
| **北京市** | **安徽省** | **重庆市** |
| 延庆区 | 黄山市黟县 | 巫山县 |

续表

| 第一批全域旅游示范区名录（71家） | | |
|---|---|---|
| 怀柔区 | 六安市霍山县 | 武隆区 |
| 平谷区 | **福建省** | **四川省** |
| **天津市** | 福州市永泰县 | 成都市都江堰市 |
| 蓟州区 | 南平市武夷山市 | 峨眉山市 |
| **河北省** | 龙岩市武平县 | 广元市青川县 |
| 秦皇岛市北戴河区 | **江西省** | **贵州省** |
| 邯郸市涉县 | 吉安市井冈山市 | 贵阳市花溪区 |
| 保定市易县 | 上饶市婺源县 | 遵义市赤水市 |
| **山西省** | 抚州市资溪县 | 六盘水市盘州市 |
| 临汾市洪洞县 | **山东省** | **云南省** |
| 晋城市阳城县 | 潍坊市青州市 | 保山市腾冲市 |
| 晋中市平遥县 | 青岛市崂山区 | 昆明市石林彝族自治县 |
| **内蒙古自治区** | 济宁市曲阜市 | **西藏自治区** |
| 呼伦贝尔市满洲里市 | **河南省** | 拉萨市城关区 |
| **辽宁省** | 焦作市修武县 | 林芝市鲁朗景区管理委员会 |
| 本溪市桓仁满族自治县 | 信阳市新县 | **陕西省** |
| **吉林省** | 济源市 | 西安市临潼区 |
| 长白山保护开发区管委会池北区 | **湖北省** | 渭南市华阴市 |
| 延边朝鲜族自治州敦化市 | 武汉市黄陂区 | **甘肃省** |
| **黑龙江省** | 恩施土家族苗族自治州恩施市 | 酒泉市敦煌市 |
| 大兴安岭地区漠河市 | 宜昌市夷陵区 | **青海省** |
| 黑河市五大连池市 | **湖南省** | 海北藏族自治州祁连县 |
| **上海市** | 衡阳市南岳区 | **宁夏回族自治区** |
| 黄浦区 | 湘潭市韶山市 | 银川市西夏区 |
| 松江区 | 张家界市武陵源区 | 中卫市沙坡头区 |
| **江苏省** | **广东省** | **新疆维吾尔自治区** |
| 南京市秦淮区 | 广州市番禺区 | 伊犁哈萨克自治州昭苏县 |

续表

| | | |
|---|---|---|
| **第一批全域旅游示范区名录（71 家）** | | |
| 南京市江宁区 | 江门市台山市 | 巴音郭楞蒙古自治州博湖县 |
| 徐州市贾汪区 | **广西壮族自治区** | **新疆生产建设兵团** |
| **浙江省** | 桂林市阳朔县 | 第十师 185 团 |
| 湖州市安吉县 | 来宾市金秀瑶族自治县 | |
| 衢州市江山市 | **海南省** | |
| 宁波市宁海县 | 三亚市吉阳区 | |
| | 保亭黎族苗族自治县 | |
| **第二批全域旅游示范区名录（97 家）** | | |
| **北京市** | **安徽省** | **海南省** |
| 昌平区 | 安庆市潜山市 | 陵水黎族自治县 |
| 门头沟区 | 六安市金寨县 | **重庆市** |
| **天津市** | 黄山市屯溪区 | 万盛经开区 |
| 中新天津生态城 | **福建省** | 渝中区 |
| 和平区 | 三明市泰宁县 | **四川省** |
| **河北省** | 三明市尤溪县 | 德阳市绵竹市 |
| 邯郸市武安市 | 泉州市德化县 | 成都市崇州市 |
| 石家庄市平山县 | 厦门市集美区 | 成都市锦江区 |
| 秦皇岛市山海关区 | **江西省** | 乐山市市中区 |
| 唐山市迁西县 | 赣州市石城县 | 阿坝藏族羌族自治州九寨沟县 |
| **山西省** | 宜春市靖安县 | **贵州省** |
| 晋城市泽州县 | 九江市武宁县 | 毕节市百里杜鹃管理区 |
| 长治市壶关县 | 景德镇市昌江区 | 黔南布依族苗族自治州荔波县 |
| 运城市永济市 | **山东省** | 贵阳市乌当区 |
| 长治市武乡县 | 威海市荣成市 | 黔东南苗族侗族自治州雷山县 |
| **内蒙古自治区** | 临沂市沂南县 | **云南省** |
| 鄂尔多斯市康巴什区 | 烟台市蓬莱区 | 红河哈尼族彝族自治州弥勒市 |
| 锡林郭勒盟二连浩特市 | 德州市齐河县 | 大理白族自治州大理市 |

续表

| 第二批全域旅游示范区名录（97家） | | |
|---|---|---|
| **辽宁省** | 济南市章丘区 | 丽江市古城区 |
| 朝阳市喀喇沁左翼蒙古族自治县 | **河南省** | **西藏自治区** |
| 辽阳市弓长岭区 | 安阳市林州市 | 日喀则市桑珠孜区 |
| **吉林省** | 洛阳市栾川县 | 拉萨市当雄县 |
| 长白山管委会池南区 | 信阳市浉河区 | **陕西省** |
| 梅河口市 | 焦作市博爱县 | 安康市石泉县 |
| 通化市集安市 | **湖北省** | 延安市黄陵县 |
| **黑龙江省** | 咸宁市通山县 | 商洛市柞水县 |
| 鸡西市虎林市 | 神农架林区 | **甘肃省** |
| 伊春市嘉荫县 | 黄冈市英山县 | 平凉市崆峒区 |
| **上海市** | 宜昌市远安县 | 嘉峪关市 |
| 青浦区 | 恩施土家族苗族自治州利川市 | **青海省** |
| 崇明区 | **湖南省** | 海北藏族自治州刚察县 |
| **江苏省** | 张家界市永定区 | 宁夏回族自治区 |
| 淮安市金湖县 | 长沙市望城区 | 吴忠市青铜峡市 |
| 无锡市宜兴市 | 湘西土家族苗族自治州凤凰县 | 石嘴山市平罗县 |
| 苏州市吴中区 | 郴州市资兴市 | **新疆维吾尔自治区** |
| 常州市溧阳市 | **广东省** | 博尔塔拉蒙古自治州温泉县 |
| 盐城市大丰区 | 梅州市梅县区 | 阿勒泰地区布尔津县 |
| **浙江省** | 韶关市仁化县 | 伊犁哈萨克自治州特克斯县 |
| 绍兴市新昌县 | 深圳市盐田区 | **新疆生产建设兵团** |
| 丽水市松阳县 | **广西壮族自治区** | 第八师石河子市 |
| 台州市仙居县 | 桂林市兴安县 | |
| 杭州市桐庐县 | 柳州市融水苗族自治县 | |
| 嘉兴市嘉善县 | 防城港市东兴市 | |

## 二、全域旅游示范区创建研究

### （一）全域旅游示范区创建主体

文化和旅游部发布的认定和管理实施办法明确指出，县域是国家全域旅游示范区创建的主体，必须坚持以县级创建单位为基本验收单位，原则上要由县级人民政府提出创建申请，各个旅游相关单位进行协助，市级旅游主管部门进行工作指导，然后上报省级旅游行政主管部门进行初审推荐，之后需要经过专家委员会审核通过，再报国家旅游行政主管部门，由该部门做最后的核准和公示。

创建主体是以县域为基本单位，省级、市级申请该如何进行，在官方文件中也作出了明确规定，即市级创建单位也可以申请全域旅游示范区的验收，但这个是有限制条件的，如果是以地级市为创建单位，就必须在辖区内 70%以上的县级创建单位通过验收之后才可以提出验收申请；如果是以省级为创建单位，就必须在辖区内 70%以上的地级市单位通过验收之后才可以提出认定申请。所以，验收是以县域为基础，然后才能进行市级、省级的验收。

以县域作为基本的验收单位，主要原因是全域旅游的发展理念大多萌生于县域范围。从旅游业发展的角度看，县域范围内更便于实施全域旅游的发展理念和发展举措。县级全域旅游主要侧重考虑管辖范围内各片区的发展思路和近三年的实操性；而市级全域旅游则更侧重考虑各区县的差异化发展，以及空间的联动和产业的融合。实际上，涉及省级行政区域层面的全域旅游更多的是担当责任的问题，更核心的实操探索仍在县级行政区层面，因此，国家全域旅游示范区的基本验收单位是县级行政区域。弄清楚创建主体，对于相关的负责人来说至关重要，这直接影响他们对创建工作的基本判断和决策。

### （二）全域旅游示范区创建主要政策

1.《关于促进全域旅游发展的指导意见》

国务院办公厅于 2018 年 3 月发布了《关于促进全域旅游发展的指导意见》（国办发〔2018〕15 号）（以下简称《指导意见》），明确指出了全域旅游发展的目标是“四化”（见图 1-6）。

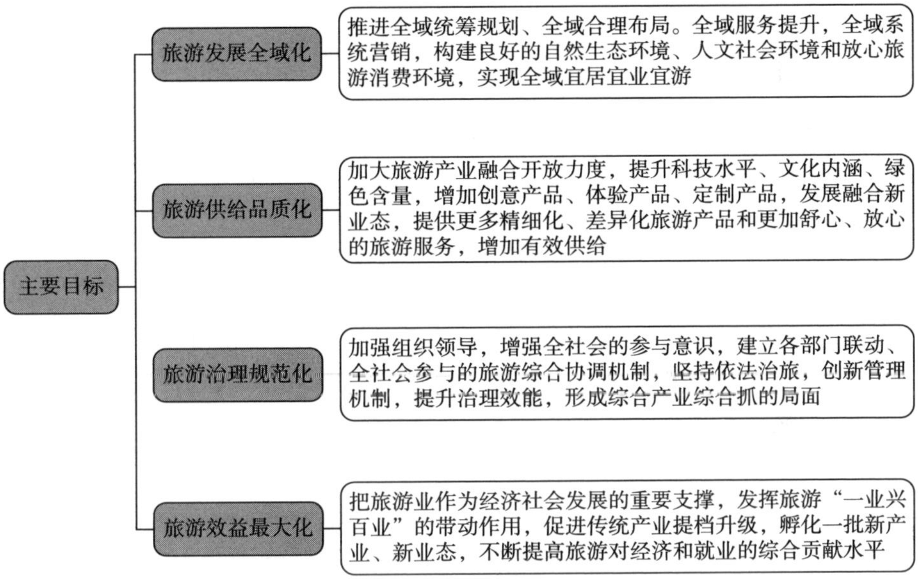


**图 1-6　全域旅游发展目标导图**

《指导意见》的发布标志着发展全域旅游正式成为国家战略，是旅游业发展战略的新提升。在该战略的指导下，旅游业的发展将迎来新的机遇与挑战，各地旅游业的发展将从单一的部门作战变成地方政府各部门协调发展、共同推进的局面。这对于地区整体经济发展和综合竞争力的提升也有极大的推动作用。

这一政策具有以下几个明显的特征：一是强调创新，尤其是在旅游产品的创新上，注重旅游业与其他行业、产业的融合发展，“旅游+”成为发展常态；二是强调旅游软硬环境的整体改善，尤其是公共服务方面，要完善交通条件，提高旅游目的地可达性，按全域旅游示范区要求进行厕所改造，推进相关旅游配套体系的完善；三是提出系统营销的理念，要求在基于游客需求的基础上，将营销纳入全域旅游发展大局，无缝对接产品开发与市场销售；四是重视制度创新，侧重产业发展、综合执法两个方面，要求各部门统筹协调，重视和维护旅游行业的秩序，建立和健全关乎旅游产业的协调机制，比如旅游联席会议、旅游投融资和旅游标准化等。

2.《全域旅游示范区创建工作导则》

为了提供清晰的创建工作行动指南，原国家旅游局于2017年6月12日发布了《全域旅游示范区创建工作导则》（以下简称《导则》）。按照《导则》的要求，要强化创建的事中和事后监管职能，对旅游企业和从业人员信用行为建立“红黑榜”评价机制，并将旅游景区和景点扩大纳入旅游“红黑榜”评价机制的应用。在旅游领域，依托全国共享平台，加快建立社会信用信息体系，对“红榜”企业和个人予以表彰和鼓励，对“黑榜”企业和个人开展联合惩戒行动。《导则》强调，创建工作要突出“六大原则”，在改革创新、党政统筹、融合共享、创建特色、绿色发展和示范导向方面提出相应的要求，同时提出了“三大方针”（见图1-7），要求创建单位落实好八大重点任务。

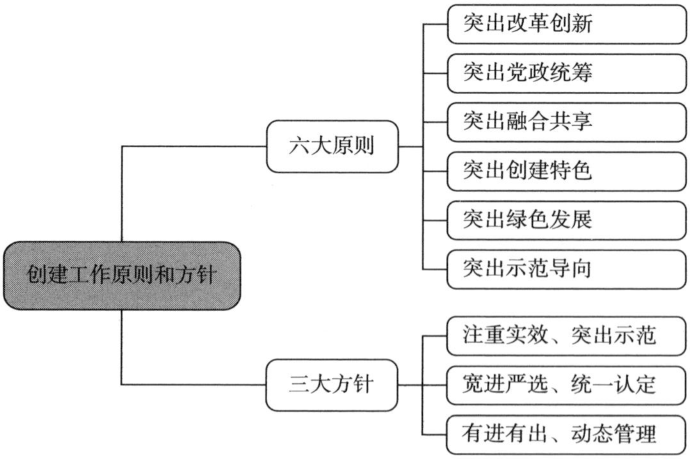


**图1-7　全域旅游创建工作原则与方针**

该项政策对全域旅游示范区的创建工作进行了明确的指导，尤其是在操作层面对具体工作的开展作出了相应的规定，对规划设计、机制体制、旅游服务、产业融合与创新、整体营销、旅游监督及环境整治等方面都提出了具体要求，与前述的指导意见相辅相成。

3.《国家全域旅游示范区验收、认定和管理实施办法（试行）》

2019 年 3 月，文化和旅游部制定了《国家全域旅游示范区验收、认定和管理实施办法（试行）》（办资源发〔2019〕30 号）（以下简称《办法》）。《办法》规定，国家全域旅游示范区坚持以县级创建为基本验收单位，验收认定遵循“严格标准、统一认定”的原则，鼓励各地广泛参与和多途径探索全域旅游发展，激发不同区域、不同层级、不同类型地区全域旅游示范区创建积极性。《办法》还规定了验收管理体系，包括文化和旅游部、省级文化和旅游行政部门、各级创建单位人民政府的相应职责。其中，文化和旅游部统筹国家全域旅游示范区创建单位的验收、审核、认定、复核和监督管理等工作，负责制定《国家全域旅游示范区创建标准》；省级文化和旅游行政部门负责牵头本地区县级和地级创建单位的验收和监督管理等工作；各级创建单位人民政府负责组织开展创建、申请验收，并及时做好总结、整改等相关工作，这样便形成了上下联动的工作运行机制。

## 第五节　新时代发展全域旅游的重要性和紧迫性

全域旅游是涉及全域全业全景全民的一种大社会旅游，要跳出旅游抓旅游，跳出区域谋旅游。旅游的全域化，是在旅游国际化加快推进的背景下出现的一种包括时间、空间、产业的全域化，是在自主、自助、自驾旅游加快发展的基础上发展起来的跨界发展模式。在旅游业态渐趋丰富、旅游花样层出不穷的态势下，旅游的边界无限放大，“旅游”早已跨越了各级旅游主管部门管辖的旅游界限（不再是旅行社、星级饭店、A 级旅游景区这“老三样”）而跃升为一个涵盖全方位、全时空、全业态的万能词。旅游可以成为任何产业的前缀而衍生若干的跨界行业，如农业旅游、乡村旅游、工业旅游、商贸旅游、养生旅游或康体旅游、森林旅游、文化旅游、生态旅游、观光旅游、休闲旅游、度假旅游、网络旅游的边界无限放大，旅游的内涵不断扩充。

## 一、全域旅游是落实旅游新发展理念的有力抓手

在创新发展方面，全域旅游是发展理念和模式的创新，也是旅游业转型升级的方向。发展全域旅游，需要推动全域旅游的发展，培育区域旅游新的增长极，构建区域旅游产业新体系，培育区域旅游市场新的主体和新的消费热点。全域旅游是促进协调发展、提高发展质量的有效载体，有利于全面实施供给侧结构性改革，协调供求关系；有利于促进区域特色发展，促进景区内外协调；有利于提升乡村旅游的质量和效率，促进城乡协调；有利于完善行业支撑要素，促进软硬件协调；有利于提高整体服务水平，促进规模与质量的协调。在绿色发展方面，全域旅游可以将生态和旅游结合起来，将资源和产品联系起来，将保护和发展统一起来，把“青山绿水”变成“金山银山”，创造更多的绿色财富和生态福利。在开放发展方面，全域旅游更注重拓展开放开发空间，打破地域划分和行政区划，打破各种约束，形成开放开发大格局。在共享发展方面，实施全域旅游并促进城乡旅游互动和城乡发展一体化，不仅可以提高农村基础设施和农村人口福祉，还可以提高城乡人民生活质量，形成统一、高效、平等、有序的城乡旅游市场，这也是全面建设小康社会的重要内容和标志。

## 二、全域旅游是促进旅游业可持续发展的有效途径

据统计，我国每年约有 40 亿人次境内游，平均每人每年旅游近三次。旅游业已经成为居民日常生活的重要组成部分。在出行方式上，自助游超过 85%，自驾游超过 60%。一个地区的旅游质量不仅取决于旅行社、酒店和景点提供的服务质量，还取决于整个地区的综合环境。因此，要从整体上优化

旅游环境，优化旅游全过程，支持旅游基础设施、公共服务体系和旅游服务要素。目前，一些地方旅游市场的无序竞争、虚假宣传、强制消费等问题时有发生，严重损害了消费者的权益和信任度，以厕所、交通等基础设施为代表的旅游产品、公共服务的供给与旅游市场需求的爆炸性、“井喷式”增长不相适应，企业对“门票经济”的过度依赖与游客的承受能力和期望不相适应，亟须通过开发全域旅游来解决。

## 三、全域旅游是推进农业产业现代化的良好机遇

全域旅游能够有效改善城乡基础设施，促进城市人口向特色旅游城镇有序转移；聚集热门商机，促进现代生态农业与农副产品加工、商贸物流、交通运输、餐饮酒店协调发展，为城镇化提供强有力的产业支撑。发展乡村旅游、观光农业和休闲农业，可以使农民在当地和附近就业，实现当地市民化；发展全域旅游可以改善农村生态环境，建设美丽农村，实现城市文明与农村文明的融合，加快传统生活方式向现代生活方式的转变。全域旅游不仅可以发展农村地区经济，还可以丰富农村生活方式，拓展多样化的服务行业，从而有效摆脱农村单一性的经济发展。此外，全域旅游的产业链与当地农村产业可以进行深度融合，将当地的农业产品和观光旅游无缝链接，促进农业产业现代化和转型升级，实现旅游和农业产业的协同发展与互惠共赢。

## 四、全域旅游是提升中国旅游业国际竞争力的一大契机

旅游业对全球经济发展的贡献超过 10%，已经成为世界重要产业。截至目前，美国、西班牙、德国、英国、俄罗斯、日本、韩国、巴西、印度、南非等许多国家都实施了国家旅游战略。在我国旅游业发展早期，我国政府主要利用历史留下的自然遗产和祖先留下的文化遗产进行旅游景点的开发。随着旅游业的进一步发展，越来越多的游客希望开展深入的交流，更加注重对当地风俗、居民素质等整体环境的评价，因此，发展全域旅游是顺应旅游业

发展新趋势，全面提升我国旅游业国际竞争力的有效途径。在开放思维与融合理念的指引下，旅游部门需要从规划规范、政策规范、标准规范、管理规范、服务规范等角度，强化旅游发展观念主导、业务指导、需求引导、营销辅导与创新督导。社会各界对旅游行业从业人员的要求是复合型、适用型、外向型与管家型的统一体，需要知识层次的厚度、知识结构的丰度、知识水平的深度。

# 第二章　全域旅游国家政策解读

## 第一节　《国务院办公厅关于促进全域旅游发展的指导意见》的解读

中共中央、国务院对全域旅游工作高度重视。2017 年 3 月，时任国务院总理李克强在政府工作报告中指出要“大力发展全域旅游”。2018 年 3 月，国务院办公厅印发《国务院办公厅关于促进全域旅游发展的指导意见》（以下简称《指导意见》），就大众旅游时代背景下，加快推动旅游业转型升级、提质增效，优化旅游发展环境，满足旅游消费需求，走全域旅游发展的路子作出部署。《指导意见》是文化和旅游部成立后国务院出台的关于旅游业发展的重要文件。《指导意见》的出台标志着全域旅游正式上升为国家战略，全域旅游工作将随着文化和旅游体制性障碍的打通获得更大的发展空间。总体来看，《指导意见》充分体现了“文化为魂，旅游为体”的融合特征，通过旅游的产业化、市场化手段，丰富文化产品和服务的供给类型和供给方式，培育旅游市场品牌，让更多文化资源、文化产品发挥作用；以文化旅，以文促旅，营造良好的人文环境和旅游消费氛围，推进全域旅游优质发展。

### 一、融合载体：新平台、新目标

根据《指导意见》要求，全域旅游发展对文化和旅游的最大贡献就是搭建了更为广阔的融合发展平台。这种平台不是传统意义上文化和旅游行业在旅游景区、文物保护单位或文艺演出场所等特定场所的简单结合，而是以500个完整行政建制为基本单元，在总面积为180万平方千米、约占国土面积1/5的空间里进行全产业联动、全要素整合、全民化参与的全域化产业发展。这个崭新的融合平台对文化和旅游产业提出了新的目标。

一方面，推进了以文化旅游业为优势产业的区域社会经济发展新模式的建立。这种模式立足国家战略需求，能充分发挥文化和旅游产业覆盖面广、产业链长、关联度高、带动性强的综合性产业发展优势，发挥其保增长、扩内需、转方式、调结构、促就业、惠民生的重要作用。以文化为魂，以旅游为体，通过文旅融合、产业培育，构建中国区域经济发展新动能。全域旅游对目前许多自然人文旅游资源丰富的国家级贫困县的乡村振兴和城镇化进程具有重要的战略意义。另一方面，创新了市场机制驱动的文化强国建设新模式。从文化大国向文化强国迈进，不仅要关注文化保护和传承，更要重视文化创新和生产，把文化保护以及传承创新变成一种社会公众自觉、自愿、自发的行动，建立一整套符合市场规律的文化产业发展模式，全域旅游文化和旅游产业化将为这种模式的建立提供有益的探索。

## 二、融合目标：以文化旅，优质发展

《指导意见》确定了三大原则、四大目标，并将以文化旅提升旅游产业素质、实现优质发展确定为全域旅游的重要目标导向。除了旅游发展全域化目标要求“构建人文社会环境和放心旅游消费环境”，旅游供给品质化则强调“提升文化内涵、绿色含量，增加创意产品、体验产品、定制产品”，而“因地制宜，绿色发展”的基本原则要求“注重产品、设施与项目的特色，不搞一个模式，防止千城一面、千村一面、千景一面，推行各具特色、差异化推进的全域旅游发展新模式”，凸显文化在全域旅游发展中的特殊重要地位。这种各具特色、差异化的全域旅游发展模式，本质上要根植于各个创建单位地域范围内源远流长、独具特色、传承至今且仍在发挥作用的文化传统，特别是区域的生态、民俗、传统、习惯等文明表现形式。

这就要求全域旅游的创建不仅要有标志性地域文化宣传符号，更要有对我国各地特色地域文化的整体性保护、传承、包装和提升，形成具有区域 IP 特点的地域文化个性化符号传递和全域化整体风貌表达。

## 三、融合路径："旅游+文化"，联动融合，协同推进

《指导意见》中，推动旅游融合发展涉及 4 条 13 个领域内容，但具体来看，"旅游+文化+"的联动成为推进全域旅游融合发展和产品创新的推手，渗透于所有新业态领域。《指导意见》提出 3 种融合发展路径。

第一，"文化+旅游"，即传统文化资源直接旅游化利用，主要包括：依托风景名胜区、历史文化名城名镇名村、特色景观旅游名镇及传统村落，探索名胜名城名镇名村"四名一体"的全域旅游发展模式；以弘扬社会主义核心价值观为主线发展红色旅游，积极开发爱国主义和革命传统教育、国情教育等研学旅游产品；科学利用传统村落、文物遗迹及博物馆、纪念馆、美术馆、艺术馆、世界文化遗产及非物质文化遗产展示馆等文化场所开展文化及文物旅游，推动剧场、演艺、游乐、动漫等产业与旅游业融合开展文化体验旅游。

第二，"旅游+文化"，即现有旅游产品的品质化提升，重点为深入挖掘历史文化、地域特色文化、民族民俗文化、传统农耕文化等，实施中国传统工艺振兴计划，提升传统工艺产品品质和旅游产品文化含量。

第三，"其他行业领域+文化+旅游"的泛文化旅游产业培育，涉及以文化创意为连接点，以发展旅游为目标，与工业、农业、林业、水利、交通、环保、国土、海洋、气象等行业领域的融合，这些也是目前"旅游+文化"融合发展最为迅猛的领域。在农业领域，大力发展观光农业、休闲农业，培育田园艺术景观、阳台农艺等创意农业，鼓励发展具备旅游功能的定制农业、会展农业、众筹农业、家庭农场、家庭牧场等新型农业业态，打造一二三产业融合发展的美丽休闲乡村。在工业领域，利用工业园区、工业展示区、工业历史遗迹等开展工业旅游，积极建设森林公园、湿地公园、沙漠公园、海

洋公园，发展“森林人家”“森林小镇”以及开发建设生态旅游区、天然氧吧、地质公园、矿山公园、气象公园等旅游产品。

## 四、融合主体：骨干引领，小微突破

市场主体的培育是以旅游业为主导的现代服务业发展的前提。《指导意见》强调，要培养多层次、多类型旅游市场主体，即培育和引进有竞争力的旅游骨干企业和大型旅游集团，促进规模化、品牌化、网络化经营。尽管《指导意见》中没有直接提及“文化+旅游”市场主体的表述，但在目前各地新成立的国企或私营旅游企业中，有60%以上的企业都冠以“文旅集团”的名称。《指导意见》特别强调，要“大力推进旅游领域大众创业、万众创新，开展旅游创客行动，建设旅游创客示范基地”“落实中小旅游企业扶持政策，引导其向专业、精品、特色、创新方向发展，形成以旅游骨干企业为龙头、大中小旅游企业协调发展的格局”，这与文化旅游企业大多微型、专业、精品、特色、创新的特点较为契合，也与文化旅游融合的发展趋势不谋而合。

## 五、融合基础：本底资源，全域保护

《指导意见》强调了加强资源环境保护的重要性。全域旅游发展的基础和前提是旅游目的地的城市、乡村和自然人文环境，是对城市、乡村旅游业的发展和设施“旅游化”的改造。但这种保护不再局限于过去文化文物部门对于物质和非物质文化遗产的保护，而是“强化对自然生态、田园风光、传统村落、历史文化、民族文化等资源的保护，依法保护名胜名城名镇名村的真实性和完整性，严格规划建设管控，保持传统村镇原有肌理，延续传统空间格局，注重文化挖掘和传承，构筑具有地域特征、民族特色的城乡建筑风貌”。这种保护本质上是对旅游目的地以本底自然生态和文化环境为对象进行全域资源环境保护，并通过旅游业的发展，践行“绿水青山就是金山银山”理念，实现“望得见山、看得见水、记得住乡愁”的保护目标。

### 六、融合环境："以文化人"，共建共享

《指导意见》强调"以文化人"，营造良好的社会环境，推进文明旅游，建立共建共享的全域旅游治理模式。"以文化人"，不仅是"面向目的地居民开展旅游知识宣传教育，强化居民旅游参与意识、形象意识和责任意识"，推进当地社区践行的健康生活方式，养成良好的生活习惯，同时也体现为倡导旅游者文明旅游行为，要"加强文明旅游宣传引导，全面推行文明旅游公约，树立文明旅游典型，建立旅游不文明行为记录制度和部门间信息通报机制，促进文明旅游工作制度化、常态化"。也就是说，当地社区居民和旅游者行为的改变，需要文化潜移默化式的"化人"途径，并逐步树立"处处都是旅游环境，人人都是旅游形象"的理念，最终建立起内外共享、全民共建的全域旅游目的地社会综合治理模式。

## 第二节　《全域旅游示范区创建工作导则》的解读

2017 年 6 月 12 日，原国家旅游局召开新闻发布会，正式发布《全域旅游示范区创建工作导则》（以下简称《导则》），为全域旅游示范区创建工作提供了行动指南。发展全域旅游是旅游业贯彻落实党中央、国务院决策部署和"五位一体"总体布局、"四个全面"战略布局以及"五大理念"的重要战略决策。全域旅游发展战略得到了全国上下的积极响应，各地纷纷把发展全域旅游作为迎接大众旅游时代旅游消费新要求和调整地区经济发展模式、创新经济发展新动能的重要举措，全域旅游已迸发出强大动力。《导则》的出台恰逢其时。

## 一、“六大原则”指明方向

《导则》提出了全域旅游示范区创建“六大原则”：突出改革创新、突出党政统筹、突出融合共享、突出创建特色、突出绿色发展、突出示范导向。“六大原则”是全域旅游示范区创建所依据的标准，这些原则的确定对于创建工作具有怎样的指导作用呢？

### （一）防止创建工作“跑偏”

科学务实推进全域旅游，要防止“八个误区”。“六大原则”的提出，就是要尽可能防止地方创建工作“跑偏”，防范地方落入“八个误区”，让全域旅游成为利国惠民的大好事。全域旅游示范区的创建，对于提升旅游目的地发展水平、改善新时期旅游消费体验、增进当地居民福利等诸多方面都具有积极作用。同时也要清醒地看到，全域旅游发展以及示范区创建面临诸多困难，包括思想认识、创新理念、保障机制等方面。正因如此，“六大原则”的设定很有必要。有专家特别指出，“六大原则”包括改革创新、党政统筹、融合共享、创建特色、绿色发展、示范导向六个方面。只有坚持创新、绿色的基本理念，通过党政统筹、绿色发展的基本路径，才能探索出具有典型意义和推广价值的经验，才能有利于游客与居民的共享、旅游业与非旅产业的共生、旅游部门与非旅部门的共同发展。

### （二）给创建单位吃下“定心丸”

“六大原则”对示范区创建最重要的指导意义就在于指明了方向，尤其是给各个示范区创建单位吃了“定心丸”，可以大胆探索、特色发展，不再有“用一把尺子量全国”的担心，相信各地的创造力、创新力，允许因地制宜地探索，才能为全域旅游示范区创建摸索出更多行之有效的经验，从而在“探索—推广”路径下取得更广泛的优化发展。改革创新是全域旅游发展的动力和活力，要求各地树立全域旅游发展观，改革体制机制，创新产品业态，培养创新型企业与人才；党政统筹是全域旅游发展第一推力和保障力，要求党政主导、党政领导、党政推动、党政监督全程保障护航；融合共享是全域旅游发展的合力，要求构建部门合力、资源合力、产业合力、社会合力、区域合力；创建特色是全域旅游发展的生命力；绿色发展是全域旅游的可持续发展能力，要求领导干部要有绿色发展意识、绿色决策能力，部门要有绿色管理与服务能力，企业要有绿色开发与生产能力，民众要有绿色参与能力，注重旅游绿色技术、绿色产品、绿色酒店、绿色食品、绿色交通等开发，形成全产业链绿色发展格局；示范导向是全域旅游的引领能力，要求示范区在做好规定动作的基础上设计自创动作，在某一方面取得突破性进展，对区域乃至全国产生示范价值。

### （三）思路通了，路子就通了

落实“六大原则”的难点在于思想认识，尤其是对党政统筹的落实。只有统一了思想认识，真正从市场逻辑角度认同全域旅游发展理念，党政“一把手”对全域旅游的重视才能真正落到实处，才能真正推动这场牵动各方利益的旅游战略转型顺利实施。因此，全域旅游示范区创建不仅是“戴帽子”，更重要的是“换思维”。思想通了，路子就通了。落实“六大原则”的关键点是党政统筹，重点是融合共享，难点是创建特色和改革创新，亮点是绿色发展与示范点的形成。早期党政统筹，形成政府主导模式；中期改革创新和融合发展，形成市场化运营模式；成熟期突出共享与绿色，构建旅居社会。全域旅游示范区创建难点之一是改革创新，每个创建单位的条件不一样，要结合自身特点和基础，推动体制机制、产品营销、旅游扶贫、项目建设等改革创新；另一个难点是示范导向，全域旅游示范区要成为其他地方学习的榜样，提供可资借鉴的经验模式、发展理念。要突破这两个难点，各创建单位必须因地制宜、突出特色，不断总结值得推广的经验。

## 二、“八大创建任务”让旅游更幸福

《导则》提出，创建全域旅游示范区，就要加强旅游设施建设，进一步将景点景区内的旅游服务扩大到区域内的便捷化公共服务，要完成“八大创建任务”。全域旅游要发展，基础要先行。“八大创建任务”的确定，对于全域旅游示范区创建有何意义？

### （一）补齐短板，成就高品质服务

“当前，许多旅游景区只注重大型工程建设，经常忽略配套性设施建设，从而出现旅游基础设施欠账严重的问题。游客投诉大多集中在‘如厕难、购票难、上网难、停车难’上，也只有把这个短板补齐，才能打造出高品质的全域旅游服务”，中国旅游协会旅游教育分会副会长陈国忠如是指出。同时，陈国忠还提出，随着全域旅游时代的到来，许多游客更喜欢选择到环境优美、基础设施完善的乡村休闲游憩。从这点来看，增加和完善全域旅游设施建设更有利于旅游业健康发展。只有做好旅游设施的规范化建设，才能保证全域旅游的服务品质，建设一个安全、便利、舒适的旅游设施环境，从而吸引更多的游客前来参观，最终有效带动全域旅游示范区的创建工作。山东财经大学旅游发展研究所所长王旭科认为，基础设施建设是旅游发展的先决条件，只有构建出“快进”“慢游”的综合旅游交通网络，才能让游客真正体验到全域旅游的高质量服务。

### （二）紧抓细节，人性化服务贴心

在《导则》发布的“厕所革命”建设标准中，很多专家纷纷点赞“5A级景区厕所设置第三卫生间”的要求。“第三卫生间”的提出，实质上是旅游设施革命深入推进的必然要求，有利于实现从满足如厕基本需求到提升人性化服务。他还指出，对旅游厕所的市场化管理以及厕所文化建设的要求，为各地解决厕所“建设难、管理难、特色难”等问题也提供了指导。近年来，文化和旅游部倡导实施“厕所革命”，极大地改善了游客如厕难的状况，对5A级景区提出的“第三卫生间”的建设要求，是现代文明风貌的体现。基础设施建设标准要求有高有低，符合当前区域旅游产业发展不均衡的特征。比如，对于5A级景区厕所和乡村旅游、农家乐厕所的要求是有所区别的。这种区别符合基础设施由景区内向景区外扩展的需要，也体现了“以人为本”的人性化发展趋势。风景道建设要求有助于全域旅游发展空间的网络布局，推动高速路服务区向交通、生态、旅游等复合型服务区转型升级，增加人性化服务设施，满足日趋增多的自驾车游客的需要。另外，完善集散咨询服务体系，增加服务中心数量，健全服务内容，都体现了人性化服务的要求。

### （三）全盘布局，多举措扎实推进

只有落地的设施建设才能为民所用，实现“惠民之旅”的目标，因此，应发挥政府能动作用，将旅游基础设施建设纳入城乡建设规划、土地利用规划和社区建设规划中；同时，要建立合理的规划、建设、管理、运营、维护机制，明确建设与管理主体，保证设施建设跟得上、管理运营跟得紧、维护保养盯得住、监督检查跟到底。地方政府要提高对旅游基础设施建设的认识，建立合理的旅游设施投入机制，统一规划、有序推动，与现有的乡村发展等基础设施建设相融合。各级政府要将旅游规划融入城市建设的整体规划当中，将城市建设与旅游发展相融合。比如三亚等一些旅游城市，要注重宜居、宜游的均衡发展。对于要利用各种资源完成基础设施建设的做法，很多专家的意见高度一致。有专家认为，可以充分利用 PPP 模式、商业化运作方式等市场化手段，更好地解决多年来城乡设施建设欠账的问题，营造出更加良好的居民出游、休闲度假和体验游憩环境。

## 三、推进“旅游+”，从 13 个领域发力

《导则》提出，“坚持融合发展、创新发展，丰富旅游产品，增加有效供给”。对此，相关专家表示，持续增加旅游有效供给，切实满足人民群众不断增长的旅游需求是全域旅游发展战略的题中之义。《导则》第一次明确提出推动旅游与 13 个领域融合发展，为全域旅游示范区完善产品体系提供行动指南。

### （一）体现融合创新理念

《导则》提出的“坚持融合发展、创新发展”，恰恰体现了全域旅游发展

的改革创新性，旨在推进旅游发展从封闭的旅游自循环向开放的“旅游+”转型。全域旅游的核心价值是“旅游+”，通过“旅游+”促进产业融合，形成产业生态群落，从而带动区域经济发展，跳出景点旅游发展模式；通过“旅游+”社会、生态、环境等非经济领域，促进社会进步和生态文明建设，跳出小旅游，谋划大旅游；通过“旅游+”部门工作，实现综合产业综合抓，形成“群马拉车”的格局。要实现全域旅游由景点中心向旅游目的地中心转型、由“门票经济”向产业经济转型，增加旅游有效供给是核心路径。《导则》提出，要坚持融合发展、创新发展理念，推动旅游和农业、科技等13个领域及部门的融合发展，为全域旅游发展提供更加开放的平台，为实现以旅游目的地为中心的全域旅游发展理念提供科学路径，也为满足散客多元化的旅游需求提供必要手段。全域旅游是旅游业供给侧结构性改革的一个综合抓手。全域旅游不是“大而全”，也不仅是“1+X”的几项标志性改革，而是引导有资源条件、有发展基础、有工作积极性的地区进一步推动旅游业深化发展的新模式。通过“旅游+”或“+旅游”，引导相关部门工作向旅游靠拢，相关产业发展与旅游融合，相关项目、产品的建设和经营体现旅游功能。《导则》明确提出，坚持融合发展，通过“旅游+”实现创新发展，是旅游业供给侧结构性改革的主要方向，具有非常重要的现实指导意义。

### （二）契合供给侧改革方向

《导则》提出，要推进“旅游+城镇化、工业化和商贸”“旅游+农业、林业和水利”“旅游+科技、教育、文化、卫生和体育”“旅游+交通、环保和国土”。《导则》第一次较为全面地提出旅游与13个领域、部门的融合发展，为“旅游+”关联产业指明了发展路径，有助于更好地指导各地推进多业融合，从供给侧更好地满足市场需求。《导则》还突出生态环保理念，将创新放在更加重要的位置，尤其是创新发展方面，从业态、产品、企业三个层面明确创新要求。产业融合创新中，提出了中央游憩区等一些全新业态，进一步丰富了旅游供给；在产品层面，更加注重文化、科技在产品创新发展中的作用；在企业创新层面，则更加强调市场主体在技术、业态、品牌等方面的创新。

《导则》体现了大发展思路，“旅游+”基本覆盖了旅游产业融合的所有领域，将有力地促进产业的体系化发展；体现了新发展理念，“旅游+”不仅丰富了产品供给，还通过融合创新了业态，如旅游小镇、现代农庄、健康旅游等；体现了高发展要求，明确提出推动主体创新，通过注入更多文化、科技和绿色要素，提升产品品质。《导则》提出，全方位推进“旅游+”，实现了旅游产业的空间拓展、社会价值的实现、文明的促进、生态的改善，把全域旅游的理念落到实处。

### （三）实现综合产业综合抓

《导则》是指南，关键在落实。在推进全域旅游示范区创建过程中，各地要先推进多规合一、规划融合，多部门联动，形成实施主体，最后是产业融合、多领域互动，形成全域旅游发展格局。要形成以全域旅游为抓手的地方政府工作新机制，以全域旅游发展为核心，充分挖掘相关产业的旅游观赏、体验、休闲、度假功能，全面提升与旅游密切相关的一二三产业发展水平，进而实现地方社会经济的全面提升。要把市场需求当作供给侧结构性改革的根本立足点，坚持需求引领、创新推动，提升现有旅游产品质量，不断推出创新性的旅游产品、业态。要将企业放到更加突出的位置，通过政策引导、资金支持等多种方式鼓励社会资本积极投入旅游业，增强旅游市场主体活力。要研究相应的产品标准或建设指南。《导则》提出了很多“旅游+”新产品、新业态，如旅游小镇和特色小镇、现代农庄和休闲农业、大健康旅游和自驾旅游公共服务体系等，都需要更加科学的解答和更加细致的指引。要培养更多专门人才。新产品、新业态、新的产业增长点，需要更多的专业化人才支撑，要支持旅游院校开设新专业、新方向，努力培养适合市场需求的专门人才。

## 四、规划先行，旅游引领

《导则》提出，要加强规划工作，做好全域旅游顶层设计；将旅游发展作为重要内容纳入经济社会发展、城乡建设、土地利用、基础设施建设和生态环境保护等相关规划中；完善旅游规划体系；加强旅游规划实施管理。

### （一）形成发展合力

全域旅游是我国旅游产业发展的重大战略导向，是一个全新的概念。“以前，旅游业由旅游部门一家干，可以说，旅游部门在‘单打独斗’地做规划，现在变成全域旅游规划，则是在强调各个部门之间的融合”，山东财经大学旅游发展研究所所长王旭科表示。中国科学院地理科学与资源研究所研究员钟林生认为，规划在旅游业中具有纲领性和指导性作用，在全域旅游示范区创建中，旅游规划依然扮演着重要角色。旅游发展规划有助于明确示范区未来发展蓝图和具体举措，统一各界认识，协调好部门利益，落实好责任关系，形成发展合力，合理配置资源，有效指导实践，保障示范区可持续发展。“旅游发展规划是全域旅游示范区创建工作的前提和基础，是示范区创建工作科学、有序、规范进行的基本保障”，山西财经大学旅游学院院长弓志刚提出，全域旅游涉及面广，综合性强，必须有科学的顶层设计，通过制定全域旅游示范区发展目标、方向、定位、规模、要素结构、空间布局、环境、交通、配套规划以及战略步骤来规范、引导全域旅游示范区的创建工作。

### （二）突出旅游功能

《导则》提出，“在实施‘多规合一’中充分体现旅游主体功能区建设的要求”“将旅游发展作为重要内容纳入经济社会发展、城乡建设、土地利用、基础设施建设和生态环境保护等相关规划中”。弓志刚说，在全域旅游示范区创建过程中，旅游主体功能区的规划和建设是重中之重，这是示范区创建成功与否的关键。钟林生认为，在实施“多规合一”中充分体现旅游主体功能区建设的要求，有助于发挥旅游“一业兴百业”的带动作用，因为旅游业关联性广泛、综合带动作用强，食、住、行、游、购、娱基本涵盖了主要生产消费领域，涉及文化、生态、水利、农业、交通、土地等多个部门。张继琼表示，从国内的规划管理体系来看，部门分割现象比较严重，专项规划由职能部门编制与实施，各规划衔接度不高，难以形成合力。而突出旅游作用的“多规合一”，创新编制规划机制，协同城乡土地利用、环境保护等公共管理导向规划，整合交通设施等公共基础设施规划，融合工业、农业等产业发展规划，分别实施，可以达到统筹一致的目的。

### （三）强化部门协同

完整的旅游规划包括示范区总体规划、景区总体规划与详细规划、景观与设计规划，为此，有专家提出三点建议：一是要以全域资源要素配置作为规划主体，重视旅游公共服务设施规划、旅游产业要素规划、旅游产业融合规划；二是要进一步修订《旅游规划通则》等相关标准，出台全域旅游规划技术规范；三要提高旅游规划在“多规合一”中的地位，借鉴“系统工程”理念，用全域旅游统筹示范区各部门的规划，在规划中充分反映全域旅游的发展需求。也有专家建议，首先要提升示范区旅游规划的级别，也就是提升它的权威性和法律效力。在示范区的各项相关规划中，旅游规划应具有纲领性和指导性，相关规划应服从于旅游规划。在“多规合一”的规划编制过程中，要以旅游为引领。其次要创新旅游规划的评审制度，严格把关，确保编制的示范区旅游规划的科学性、合理性、可行性。最后要建立示范区旅游规划实施机制，加强监督检查，确保旅游规划能够落地。全域旅游规划具有规划区域面积大、产业要素种类多、面对的客群类型和需求多样化，具有谱系广、叠加性高的特点。因此，在编制全域旅游发展总体规划时，各省市县区应根据自身资源与旅游发展情况，制定乡村旅游、工业旅游、生态旅游、智慧旅游、旅游目的地品牌营销、旅游区规划和投融资规划等专项规划，形成“一总多专”全域旅游规划体系，不断提高和完善全域旅游规划体系和规划的科学性与实用性，以便更好地引导旅游产业有序发展。

## 第三节 《国家全域旅游示范区验收、认定和管理实施办法（试行）》的解读

国家全域旅游示范区创建工作开展以来，各地区积极踊跃，开展了卓有成效的工作，已从创建工作进入试点示范和推广普及阶段。为推动国家全域旅游示范区建设，规范国家全域旅游示范区验收、认定和管理，2019 年 3 月，文化和旅游部办公厅印发了《国家全域旅游示范区验收、认定和管理实施办法（试行）》（以下简称《办法》）、《国家全域旅游示范区验收标准（试行）》（以下简称《标准》）和《国家全域旅游示范区验收工作手册》（以下简称《手册》）。这一系列验收认定文件以《指导意见》提出的原则和方向为准则，以《导则》为依据，对全域旅游示范区验收、认定工作的各个方面进行了规范，明确了验收认定程序、验收认定基本条件以及监督管理等方面的内容。

### 一、关于《办法》的顶层设计思路

为深入贯彻党的十九大精神，认真落实党中央、国务院关于全域旅游的部署安排，不断深化旅游供给侧结构性改革，加快推进旅游业转型升级，大力促进旅游优质发展，切实加强对国家全域旅游示范区工作的管理，细化国家全域旅游示范区验收要求和认定程序，推进做好国家全域旅游示范区验收、认定和管理工作，推出一批国家全域旅游示范区典型样本，特制定《办法》。《办法》是推进国家全域旅游示范区规范化管理的关键举措，是全面开展国家全域旅游示范区验收、认定和管理工作的指导性文件，有助于规范国家全域旅游示范区的验收、认定与管理，提升创建质量，提高国家全域旅游示范区创建水平，促进优质旅游发展。

## 二、关于《办法》的基本框架

《办法》共6章25条，包括总则、职责及分工、验收、认定、监督管理、附则，规定了国家全域旅游示范区验收、认定和监督管理等各个方面的工作要求和程序。

第一章为总则（第一条到第四条），阐述了国家全域旅游示范区的基本定义和发展要求，示范区验收、认定和管理的基本原则。第二章为职责及分工（第五条到第七条），阐述了国家全域旅游示范区验收、认定和管理工作中文化和旅游部、省级文化和旅游行政部门、各级创建单位人民政府各自的工作职责及分工安排。第三章为验收（第八条到第十二条），阐述了国家全域旅游示范区验收的相关程序和要求，涉及验收标准、验收主体、验收程序、验收方式和初审验收通过的基本条件等内容。第四章为认定（第十三条到第二十条），阐述了国家全域旅游示范区认定的相关程序和要求，涉及示范区认定的基本原则、程序方式、认定主体、认定审核所需材料、会议评审的基本内容、第三方评估、公示以及后续整改和发展要求等内容。第五章为监督管理（第二十一条到第二十三条），阐述了国家全域旅游示范后续监督管理的内容，涉及对示范区的日常动态监管、定期复核及后续监管等内容。第六章为附则（第二十四条和第二十五条），阐述了《办法》的制定解释机构和实施日期。

## 三、《办法》的主要特点

### （一）明确了国家全域旅游示范区的基本概念

《办法》明确了国家全域旅游示范区的基本概念，即是将一定行政区划作为完整的旅游目的地，以旅游业为优势产业，统一规划布局，创新体制机制，优化公共服务，推进融合发展，提升服务品质，实施整体营销，具有较强的示范作用，发展经验具备复制推广价值，且是经文化和旅游部认定的区域。

### （二）突出改革创新，注重示范实效

《办法》规定，国家全域旅游示范区的验收认定要遵循“突出示范”的原则，示范区应突出改革创新，在旅游发展实践中具有突破性的示范举措，或是在突破旅游业发展瓶颈的问题上有务实措施，或是在全域旅游发展中探索出在全国有影响力的示范性创新，引领作用突出。

《标准》共计1200分，按照1000分通过初审验收的要求看，创建全域旅游示范区的地区必须有多项改革创新举措才能通过初审验收。示范区是否具备改革创新示范的相关举措，是关系到示范区能否通过验收认定的核心所在，也是示范区创建的目的。

《办法》规定，国家全域旅游示范区的验收认定要遵循“注重实效”的原则，从促进全域旅游发展的实际需要出发，以目标结果为导向，突出示范区创建工作的实效性，坚持查看资料与实地查看实施效果相结合的原则，以直接成果和成效为认定标准，考察示范区各项工作落实到位并取得成效，科学、合理地判定创建单位的示范成果。

### （三）坚持严格标准、统一认定

国家全域旅游示范区创建单位实行宽进方针，但在示范区认定和考核中要严格把关，按照公开、公平、公正的原则，通过竞争性选拔由文化和旅游部择优统一认定，确保达到相应标准，确保示范区能够切实发挥示范作用。

### （四）坚持以县级创建单位为基本验收单位

《办法》规定，国家全域旅游示范区验收以县级创建单位为基本单位。地级创建单位在其辖区内70%以上的县级创建单位通过验收后，方可向省级文化和旅游行政部门提出验收申请。省级创建单位在其辖区内70%以上的地级创建单位通过验收后，方可由省级人民政府向文化和旅游部提出认定申请。地级行政区域国家全域旅游示范区创建单位在其辖区内70%以上县级行政区域通过验收后方可提出国家全域示范区验收申请，也是在强调县级行政区域

为基本创建单位的理念。省级国家全域旅游示范区创建单位的要求亦同此。

### （五）构建了分工明确的管理体系

《办法》强调，国家全域旅游示范区申请单位均为所在地人民政府，赋予了省级文化和旅游行政部门的初审验收权力。一方面，全域旅游是以旅游业为核心优势产业带动区域经济社会整体发展的新模式，涉及经济社会的方方面面，强调党政统筹的发展机制，因此，地方人民政府理应成为申请创建的核心主体。另一方面，省级文化和旅游行政部门具备一定的审核权限，省级文化和旅游行政部门在国家全域旅游示范区创建工作的管理职责得到强化。

### （六）明确了示范区“初审验收、认定审核、公示认定”三步骤程序

《办法》明确了国家全域旅游示范区验收认定要遵循的“初审验收、认定审核、公示认定”三步骤程序。首先，由省级文化和旅游行政部门依据《标准》对创建单位进行初审验收，确定国家全域旅游示范区申请认定的单位，并提交至文化和旅游部进行认定审核。其次，由文化和旅游部对省级文化和旅游行政部门提出的申请认定单位进行认定审核。最后，文化和旅游部通过会议审核、第三方检查等方式综合确定国家全域旅游示范区公示名单。

### （七）实行暗访、明察、会议审核相结合的验收方式

《办法》规定了国家全域旅游示范区验收的三种方式：暗访、明察、会议审核。暗访是指由验收组自行安排检查行程和路线，重点对创建单位的产业融合、产品体系、公共服务体系、旅游环境等进行检查。明察和会议审核是指由验收组通过听取汇报、查阅资料、现场观察、提问交谈等方式，重点对创建单位的体制机制、政策措施、旅游规划等《标准》要求的内容进行检查。

### （八）考虑地区发展差异

《办法》强调，国家全域旅游示范区认定工作应充分考虑地区发展差异，注重示范优先与兼顾公平相结合，根据不同地域经济发展水平之间的差异，

调动各地开展示范区创建的积极性。

### （九）强化常态监管

《办法》规定，文化和旅游部应建立国家全域旅游产业运行监测平台，对示范区和创建单位旅游产业运行情况进行动态监管。示范区和创建单位应按照要求报送本地区旅游接待人次、过夜接待人次、旅游收入、投诉处理等数据，以及重大旅游基础设施、公共服务设施、旅游经营项目等信息。

### （十）建立动态管理机制

《办法》强调，建立国家全域旅游示范区应遵循“有进有出、动态管理”的机制，加强对示范区的后续监督管理，建立国家全域旅游示范区复核制度。由文化和旅游部统筹示范区的复核工作，原则上每3~5年开展一次，省级文化和旅游行政部门对所在辖区内已认定的示范区要进行日常检查，并参与复核工作。国家全域旅游示范区不搞终身制，对复核不达标或发生重大旅游违法案件、重大旅游安全责任事故、严重损害消费者权益事件、严重破坏生态环境行为和严重负面舆论事件的国家全域旅游示范区，视问题的严重程度，文化和旅游部予以警告、严重警告或取消命名处理。

### （十一）实行分级的全域旅游示范区体制

《办法》规定了国家全域旅游示范区的验收、认定和监督管理等内容，是针对国家全域旅游示范区的管理办法，由文化和旅游部负责验收、认定和管理。《办法》还规定，各省、自治区、直辖市、新疆生产建设兵团可参照此办法，制定符合本地实际的全域旅游示范区工作管理相关规定。

# 第三章　全域旅游促进城乡统筹发展

党的十六大报告首次提出“城乡统筹发展”，是指要坚持以人为本，通过建立以工促农、以城带乡的长效机制，促进城乡二元的协调发展，形成以城乡发展双赢为目的的发展格局。2017 年，党的十九大报告又提出建立健全城乡融合发展的体制机制和政策体系，标志着我国城乡融合发展思想的创新，也为全球解决城乡现代化发展问题贡献了中国智慧和中国方案。在城乡融合发展过程中，旅游业的助力作用显而易见，尤其是全域旅游的大力推进，不仅加快了新时代旅游产业自身的转型升级，而且超越了旅游业本身的发展。通过发挥旅游业的引擎作用，可以全面提升区域整体环境，带动区域经济协同发展，推进区域公共服务均等化。全域旅游成为促进区域城乡融合发展的新抓手、新途径、新模式。

2021 年 2 月，《中共中央　国务院关于全面推进乡村振兴加快农业农村现代化的意见》（2021 年中央一号文件）提出，加快形成工农互促、城乡互补、协调发展、共同繁荣的新型工农城乡关系。2021 年 3 月，中共中央、国务院发布了《中共中央　国务院关于实现巩固拓展脱贫攻坚成果同乡村振兴有效衔接的意见》，提出到 2035 年乡村振兴取得重大进展，农村低收入人口生活水平显著提高，城乡差距进一步缩小，在促进全体人民共同富裕上取得更为明显的实质性进展。探索新型城乡关系，助推乡村振兴，乡村旅游将是重要途径，也是一个新的备受社会各界关注的课题。

## 第一节　城乡统筹背景下全域旅游发展机理

### 一、城乡统筹与全域旅游在经济发展方面相协调

城乡统筹的经济重点是促进区域经济的快速发展，增加地区生产总值，提高人均 GDP，提升第二、三产业所占比例，并带动地区产业蓬勃发展。2001 年以来，我国经济发展趋势一直平稳向上，人均国内生产总值从 2001 年的 8717 元增加到 2020 年的 72000 元，翻了三番，表明居民生活水平得到显著提升；同时，第二、三产业增加值占国内生产总值的比例总体上也呈上升态势，并在 2018 年达到最高（93%）；城镇主要产业是第二和第三产业，产业的聚集有利于各要素的流通并形成规模经济效应，进一步促进城镇的经济发展，并提高居民的人均可支配收入及消费能力，而收入支出水平的提升是全域旅游发展的基础，经济收入提高，居民才有条件和闲暇去考虑旅游等满足精神需求的生活方式。

全域旅游和相关产业的发展将会对第三产业产生重要的带动效应，进而带动相应产业聚集到旅游点，从而推动城乡统筹进程。同时，全域旅游强调生态效益，全域旅游的发展将为高质量发展提供新的动能，必然会逐渐淘汰对环境造成破坏的企业，有利于产业结构的动态调整，推动城乡的产业结构优化。另外，在全域旅游发展的过程中，由于资本、技术等各种因素的聚集使企业成本下降产生规模经济效应，从而对城乡的经济发展起到了促进作用。总体而言，全域旅游对推动整体城乡统筹进程具有积极意义。

### 二、城乡统筹与全域旅游在就业方面相协调

旅游业是一种就业方式比较灵活、就业成本较低且类型广泛的产业，在

推动就业方面有很大作用，不仅增加了直接从业人数，而且增加了间接从业人数。因此，旅游业是我国国民经济的支柱产业。此外，在帮助妇女、下岗职工弱势群体就业方面，旅游业及相关产业也发挥了重要的作用，第三产业就业人员占总就业人员比重逐年上升，2001—2020 年占比从 27.7%上升到 47.7%。旅游业的发展可以创造大量的就业岗位，特别是非农业的服务类工作，提高第三产业就业人员所占比例，促进劳动力就业结构的优化调整，同时也为农村转移人口提供了大量的工作机会，从而推动了农村人口的城镇化进程。综上，发展全域旅游对提高城乡统筹率以及增加第三产业就业人员比重起到了积极的促进作用。

## 三、城乡统筹与全域旅游在社会发展方面相协调

城乡统筹包括基础设施的完善以及城市服务能力的提升、教育和医疗水平等的提高，这些都是社会城乡统筹的重要体现。基础设施完善和道路交通技术的提升以及城乡主路和辅道所构成的城市交通网的完整，不但提高了区域的道路交通条件，为城乡文化旅游发展奠定了交通基础，也拓宽了旅游发展空间。同时，随着城乡统筹快速发展过程中餐饮酒店、娱乐项目的增多，旅游服务接待能力也得到了提升。医疗健康机构以及人员配备方面，2001—2020 年，每万人拥有的卫生技术人员数量从 36 人上升到 76 人，每万人拥有的医疗机构床位数也从 23.3 张增加到 64.5 张，医疗条件的改善提高了居民的健康水平，从而提高了居民走出家门去旅游的意愿；随着城乡统筹进程的逐步推进，教育经费、教学设施以及教师数量等得到大幅提高，尤其是随着国家相关教育政策的出台以及对教育的重视，未来教育资源还会持续优化。2001—2020 年，城镇居民人均可支配收入从 6824 元增加到 43843 元，提高了 5.4 倍。与此同时，我国城镇居民恩格尔系数最近五年保持在 30%以内，属于最富裕状态；农村居民恩格尔系数最近五年在 32%左右，属于富裕状态。随着城乡居民收入的不断提高，他们的精神需求、文化需求和自我提升需求也得到提升，而全域旅游各方面品质的提升可以增强人民的幸福感。因此，城

乡社会统筹为全域旅游的发展奠定了基础。

全域旅游发展离不开道路交通、餐饮、住房等相关基础设施的支撑，旅游目的地想要更好地发展全域旅游和相关产业，就必须为游客创造更为良好的旅游条件和旅行服务以吸引更多旅游者，这就需要进一步完善旅游目的地的道路、通信、水利、电力、餐饮、住房、医疗等旅游配套基础设施，从而推动当地基础设施的完善和公共服务能力的提高。同时，全域旅游发展还要求持续提升餐饮服务、导游服务的质量，为当地居民的正常生产生活创造优越的物质基础，带来高品质的生活服务，并进一步推动当地社会公共服务城乡统筹的发展。综上所述，全域旅游的发展不仅有助于树立城市形象，而且在旅游设施方面的大量投入会惠及当地居民，为他们提供便捷服务和更适宜的生存环境，进而增加城乡魅力，提升城乡品质，从而加快城乡统筹进程。

## 四、城乡统筹与全域旅游在生态文明建设方面相协调

一直以来，城镇以资源利用来推动经济社会快速发展的做法产生了一系列问题，例如人口增长速度过快给自然环境带来了巨大的压力，工业生产废气废水、车辆废气等对大自然环境造成了严重破坏。因此，城乡统筹要贯彻环保健康发展的理念，在城乡统筹建设进程中应更加注重生态城乡统筹，在满足市民需要的同时，给游客创造良好的旅游环境。近年来，我国已认识到保护生态环境的紧迫性，已经下大力气积极发展绿色经济，并运用高新科技管理手段更好地管理城乡，以达到经济和环境的平衡。

全域旅游的发展是促进生态环境的重要驱动力。首先，好的自然环境是全域旅游发展的基本要求，优质的旅游资源才会对旅行者产生吸引力，为加大客流量，旅游目的地应加强对生态环境的建设，同时通过全域旅游的发展推动当地经济的发展，为城市保护生态环境提供资金支持。其次，全域旅游强调资源节约以及生态效益，是一个环境友好型模式，与中国城乡统筹的发展理念相契合，对资源环境的耗费相对较小，从而可以有效预防因资源直接开发与利用导致的自然资源及环境污染问题的出现。在一些自然环境条件优

越以及有丰富旅游资源的地区，全域旅游的发展模式也逐渐成为当地经济的主要推动力。景点、公园的植物覆盖率比较高，空气品质好，是居民休闲散步的主要场所，其良好的自然生态环境可以为居民带来良好的生活体验，由此吸引大批农村剩余劳动力到此地生活和工作，进而促进这类地区城乡统筹建设。最后，在全域旅游发展进程中，可以通过提升受益群体的环境认知意识，积极引导居民和游客参与生态环境建设，在整个社会培养和形成环保意识，从而更有利于城镇的环境建设。

## 五、全域旅游助推城乡统筹的发展

### （一）构筑城乡融合发展新基底

绿色是永续发展的必要条件和人民对美好生活追求的重要体现。构筑全域旅游生态网，就是要坚持绿色发展，践行“绿水青山就是金山银山”理念，强调旅游发展与区域城乡环境承载力相适应，以更好地保护区域内核心资源，实现设施、要素、功能在空间上的优化配置和合理布局，努力建立城乡生态的融合互补和良性循环。

全域旅游生态发展不仅要注重中心城市的生态治理与建设，堵住污染源头，更要着力改变乡村区域生态监管的盲点，通过对乡村自然生态、田园风光、传统村落建筑、古村古镇遗址的保护，提升区域整体生态环境质量，让游客和当地居民随时随地都能感受到优美的自然环境，让现代时尚的城市景观与山清水秀的乡村风貌相得益彰，实现美丽城市和美丽乡村的双轮驱动，为城乡融合发展筑牢良好的生态基底。

### （二）诠释城乡融合发展新内涵

随着大众旅游时代的到来，人们的旅游诉求已经从美丽风景转向美好生活，全域旅游的理念正是对美好生活品质的塑造。全域旅游通过对在地文化内涵的挖掘、提炼和提升，彰显出整个区域的文化品位和内涵形象。这种地域文化的特质不仅展示于城市，也潜藏于乡村，城市与乡村共同构成地方特色文化的根与魂。乡村文化是根，城市文化是魂，根是传承千百年来的本土文化，魂是这种地域化表现出来的精气神儿。

基于全时空、全行业、全要素的全域旅游文化网建设，需要统筹区域内城乡文化布局，对相关旅游要素、公共服务设施、公民行为、管理服务等进行全方位文化内涵的挖掘与提升，对当地的历史文化、民俗文化、饮食文化、建筑文化、节庆文化等进行深入挖掘，注重对非物质文化遗产的活化传承，构建具有本土特色的全域旅游文化体系，实现当地物质文化、制度文化和精神文化的协调共荣，为城乡融合发展提供内涵动力。

### （三）培育城乡融合发展新业态

全域旅游产业网通过改变传统旅游业同质化、单一化的状况，以旅游业带动一二三产业融合发展，推动城乡要素跨界配置和产业有机融合，不断培育区域经济新业态，形成城乡产业融合发展的新局面。

在发展全域旅游的过程中，针对目前城乡产业结构不匹配，现代服务业与工业、传统农业发展不平衡的问题，立足实际、因地制宜，积极探索产业融合形式，推动城市产业链与乡村产业链融合，加快“文旅+”和“+文旅”产业升级，促进科教体育、工商交通、休闲康养与旅游产业融合，进一步健全乡村旅游、休闲农业、民宿经济、健康养老等新业态培育机制，延长产业链条，增加产业附加值，提升城乡经济融合发展水平，优化城乡产业结构。

### （四）激活城乡融合发展新动能

要运用全域旅游思维，改善城乡空间形态背离问题，加快城乡基础设施互联互通，大力推动城市公共服务向农村延伸，由政府职能部门和其他社会及经济组织为广大游客和城乡居民提供基础性的旅游公共设施、产品与服务，形成城乡共融、美美与共的新型城乡公共服务体系。

当前，公共服务体系建设的短板在乡村，应按照“旅游惠民，主客共享”的理念，统筹区域内包括公共交通、主题旅游线路、散客自驾服务、咨询集散体系等在内的全方位公共基础服务设施建设，加快交通驿站、城市绿道、慢行系统等旅游休闲服务设施建设，运用“互联网+旅游”信息化技术，加强智慧城市和智慧旅游建设，构建全域旅游公共服务体系“智慧大脑”，实现公共服务全域覆盖，逐渐缩小城乡差距，降低城乡交流成本，为城乡融合发展提供新动能。

#### （五）创建城乡融合发展新机制

全域旅游需要交通、农业、水利、环保等各部门的配合支持，是一项综合性管理工程。全域旅游治理体系应坚持以人民为中心，以建设幸福产业为导向，构建政治、经济、文化、社会、科技、民主、协商“七位一体”的社会治理体系，打通城乡要素流动的制度性通道，实现城乡全域治理。

## 第二节　城乡统筹促进全域旅游的发展过程

根据全域旅游与城乡统筹相互作用强度大小及演进阶段，将其划分为早期、中期、成熟阶段三个阶段，并在此基础上总结出城乡统筹促进全域旅游的三种模式，即全域旅游与城乡统筹互动萌芽型、全域旅游与城乡统筹互动发展型、全域旅游与城乡统筹良好互动型。

### 一、全域旅游与城乡统筹互动萌芽型

#### （一）互动萌芽型特征

全域旅游与城乡统筹互动萌芽型属于早期阶段，城乡统筹与全域旅游发展水平均处于发展初期和所在地区的末端，由于二者协调发展水平较低，该地区在整个区域的排名较为靠后。当地城乡统筹发展得较慢，基础设施建设不齐全，经济发展不强劲，教育素养不高，生态意识薄弱，加上全域旅游处于萌芽阶段，全域旅游与城乡统筹之间的互动较少，使该地区成为全域旅游

与城乡统筹互动萌芽型区域。

### （二）运行机制

在此阶段，城乡统筹发展水平、全域旅游发展水平以及二者协调发展水平均较低，但这是向更高协调发展水平推进的必经阶段，为之后的发展奠定了一定的现实基础。此阶段，城乡统筹处于发展过程中，随着国民经济的发展，居民可支配收入及居民消费能力均随之增加，在居民的基本生活需要有所满足之后，随着民众日益增长的美好生活需要以及精神需求的增加，社会居民的消费重心也将发生改变，对旅游产品供给能力的增加也提出了要求，而全域旅游模式发展能够适应社会更高层次的消费需要，其主导产业——旅游产业与地域内多个行业之间具有关联性，且进入难度相对较小，能够有效地促进就业；同时，全域旅游还具有社会人文特点，有助于区域品牌的树立。如今，全域旅游开始受到越来越多的关注，特别是在旅游资源比较丰富的地区，全域旅游不但会改善人们的消费结构，而且会提供更多户外培训的机会，全域旅游的教育功效逐渐凸显。随着全域旅游各要素的发展完善，经济各部分之间的联系越来越紧密，区域的经济组织功能也逐渐完善。这一过程不仅改善了全域旅游在国民经济中的社会地位功能，而且促进了城乡居民生活品质的改善。综上，二者初期的协调发展在促进全域旅游与城乡统筹发展中发挥了重要作用，并为后期的发展提供了条件。

## 二、全域旅游与城乡统筹互动发展型

### （一）互动发展型特征

全域旅游与城乡统筹互动发展型属于中期阶段，全域旅游进程进一步被推进，全域旅游与城乡统筹之间的相互作用范围更广，主要表现在两个方面：一是直接作用更加紧密，二是两者之间的间接作用逐渐加深。此阶段城乡统筹发展速度与品质均有所提高，但区域间政策制度、地理区位、经济水平存在不同程度的差距。整体而言，全域旅游与城乡统筹发展水平以及二者协调发展水平处于地区中等行列，并且因二者的发展快慢可形成两种类型：一是城乡统筹发展优于全域旅游，发展全域旅游可以充分发挥城乡统筹的优势带动作用；二是全域旅游发展优于城乡统筹，发展城乡统筹又可以利用全域旅游模式来实现带动作用，从而提高区域发展质量。

### （二）运行机制

城乡统筹发展水平比互动萌芽型更高，在此阶段，城乡统筹在人口、经济、社会、生态城乡统筹等方面与全域旅游的联系进一步紧密。此阶段，城镇居民规模进一步扩大，为全域旅游的发展提供了可挖掘的客源，且城镇经济水平呈现较为稳定提高的趋势，这既有助于大幅增加城镇居民的收入，又有助于进一步提升居民的素养，而这些因素都成为旅游目的地选择的重要前提；城镇发展空间结构的优化，也可以在城镇地区范围内建设可满足其消费需求的专业化街区，进而促进城镇旅游的蓬勃发展；随着城乡统筹进程的推进，城镇居民会出现人群分离现象，这往往取决于城镇人口的受教育水平、工作职位、生活水平与风俗习惯等。而这些相同类别的居民在整个社会空间结构中的集聚，也将在居住区产生特定的经济社会效应，且城镇居民的选择决策与周围环境有直接联系，进而促使他们产生了共同的消费行为取向。对于全域旅游发展而言，旅游需求的迅速提高要求旅游供给与之相匹配，由此推动产品等基本要素的改进以及规模的扩大。城乡统筹过程也是地区相关配套设施补齐短板并不断优化的过程，运输条件、资讯、住宅、餐饮业、文娱、健康医疗等的完善将推动全域旅游的发展。所以，城乡统筹的发展也将影响全域旅游的发展进程。

全域旅游在推动城乡统筹发展方面的作用更大。全域旅游模式的快速兴起，依托区域内旅游市场、资源条件、地理区位等方面的全方位优势，在区域社会经济发展中的影响将越来越深远；通过发展全域旅游，可以促进居民的消费，带动商品流通以及分配，从而提升城乡统筹经济水平，全域旅游规模将更加壮大，产业链将更加健全，随之涌现出的产业集群也可以进一步推动其主导产业、旅游产业和其他产业之间的相互渗透，为城乡统筹发展提供不可或缺的产业基础。同时，全域旅游的发展也带来了地区经济转型以及内部结构的动态优化调整，从而有利于提升城乡统筹品质。发展全域旅游也是人口素养提高的过程，主要表现为环保意识提高、可持续发展理念深入人心等，这也从根本上推进了城乡统筹。全域旅游的发展也将密切城乡联系，乡村旅游的蓬勃发展在一定程度上缓解了农村剩余人口的工作困难问题，为当代农户创造致富途径，提高农民经济收入，改善农民生活品质，有利于实现大中城市与小城镇的协调，推动城乡统筹发展。

## 三、全域旅游与城乡统筹良好互动型

### （一）良好互动型特征

在良好互动型模式下，全域旅游与城乡统筹的互相探索及相互作用已经发展到成熟阶段，此时全域旅游与城乡统筹两方面的发展仍存在不均衡的现象，但整体而言，全域旅游与城乡统筹的发展水平以及二者的协调发展水平均处于地区前列，且可作为增长极辐射带动周边区域，提升城市形象，促进社会经济发展，共同推动城乡一体化以及区域高质量发展。

### （二）运行机制

在此阶段，全域旅游模式利用其关联效应，在吃、住、行、游等方面形成全域旅游产业集群，这些产业集群成为城镇经济主要的支撑力量，并且形成的新业态模式为城乡统筹提供了新机会。城乡统筹的发展也在食品、住房、交通、就业等方面为全域旅游模式及其相关产业的发展提供了条件，有助于城镇经济的进一步发展。在全域旅游模式的引导下，进一步加强自然生态的修复；在科技发展的带动下，推动了社会医疗、文化教育、服务等的全面发展，均有利于加快城乡统筹的高质量发展。二者在人口、经济、社会、生态、城乡一体化上的协调发展对于提高整个地区的区域竞争力起着越来越重要的作用。

# 第四章　乡村旅游助力乡村振兴稳步实现

## 第一节　乡村振兴战略及相关政策解读

我国拥有近 70 万个行政村，农业基础强大，长期以来城乡二元结构明显。为了打破这种局面，使乡村实现持续、稳定、健康发展，国家出台了一系列乡村振兴的政策方针，从农业、农村、农民三大关系到国计民生的根本性问题出发，始终把解决好“三农”问题作为全党工作的重中之重，实施乡村振兴战略，取得了历史性成就。从《乡村振兴战略规划（2018—2022年）》的发布到 21 世纪以来第 19 个指导“三农”工作的中央一号文件《中共中央　国务院关于做好 2022 年全面推进乡村振兴重点工作的意见》的出台，共同构建了实施乡村振兴战略制度体系的“四梁八柱”，形成了中国特色社会主义乡村振兴道路的顶层设计和政策体系，对乡村发展提出了新的要求，也带来了千载难逢的发展契机。

全面建成小康社会之后，我国开启了全面建设社会主义现代化国家的新征程，“三农”工作重心从脱贫攻坚转向全面推进乡村振兴。从脱贫攻坚、全面实施乡村振兴，再到整治提升人居环境、建设宜居宜业和美乡村，走出了一条中国特色的乡村振兴新路径。乡村振兴是针对“三农”发展和城乡关系调整的战略部署，事关全面建设社会主义现代化国家进程的关键环节，深入把握全面推进乡村振兴的内涵，对于推进我国现代化事业发展具有重大理论和实践价值。

## 一、乡村振兴重大举措推进时间表

2017 年 10 月，党的十九大报告首次提出实施乡村振兴战略，提出农业、农村、农民问题是关系国计民生的根本性问题，必须始终把解决好“三农”问题作为全党工作的重中之重，实施乡村振兴战略，实现乡村振兴五大目标。

2018 年 1 月，以乡村振兴为主题的 2018 年中央一号文件《中共中央　国务院关于实施乡村振兴战略的意见》出台，按照党的十九大报告提出的决胜全面建成小康社会、分两个阶段实现第二个百年奋斗目标的战略安排，到 2020 年乡村振兴取得重要进展，2035 年乡村振兴取得决定性进展，农业农村现代化基本实现。

2018 年 9 月，中共中央、国务院印发《乡村振兴战略规划（2018—2022 年）》，该规划坚持乡村振兴和新型城镇化双轮驱动，从城乡融合发展和优化乡村内部生产、生活、生态空间两个方面，明确了国家经济社会发展过程中乡村的新定位，提出了重塑城乡关系、促进农村全面进步的新路径和新要求。

2021 年 2 月，2021 年中央一号文件《中共中央　国务院关于全面推进乡村振兴加快农业农村现代化的意见》发布，这是 21 世纪以来第 18 个指导“三农”工作的中央一号文件。该文件指出，把乡村建设摆在社会主义现代化建设的重要位置，全面推进乡村产业、人才、文化、生态、组织振兴，充分发挥农业产品供给、生态屏障、文化传承等功能，走中国特色社会主义乡村振兴道路，加快农业农村现代化，加快形成工农互促、城乡互补、协调发展、共同繁荣的新型工农城乡关系，促进农业高质高效、乡村宜居宜业、农民富裕富足，为全面建设社会主义现代化国家开好局、起好步提供有力支撑。同月，国务院直属机构国家乡村振兴局正式挂牌，标志着我国脱贫攻坚战取得全面胜利，也标志着全面实施乡村振兴战略成为奔向新生活、新奋斗的起点。

2021 年 3 月，中共中央、国务院发布了《关于实现巩固拓展脱贫攻坚成果同乡村振兴有效衔接的意见》（以下简称《意见》）。《意见》是为了进一步巩固拓展脱贫攻坚成果，接续推动脱贫地区发展和乡村全面振兴而制定的法规。《意见》提出，脱贫攻坚目标任务完成后，设立5年过渡期，脱贫地区要根据形势变化，厘清工作思路，做好过渡期内领导体制、工作体系、发展规划、政策举措、考核机制等有效衔接，以解决建档立卡贫困人口“两不愁三保障”为重点转向实现乡村产业兴旺、生态宜居、乡风文明、治理有效、生活富裕，从集中资源支持脱贫攻坚转向巩固拓展脱贫攻坚成果和全面推进乡村振兴。

2021年4月，全国人民代表大会出台了《中华人民共和国乡村振兴促进法》，为全面实施乡村振兴战略提供了有力的法治保障，对促进农业全面升级、农村全面进步、农民全面发展，全面建设社会主义现代化国家，实现中华民族伟大复兴中国梦具有重要意义。

2021年5月，司法部印发了《“乡村振兴　法治同行”活动方案》，旨在深入贯彻落实党中央、国务院关于实施乡村振兴战略决策部署，扎实推进法治乡村建设，为乡村振兴提供法律服务和法治保障。

2022年中央一号文件《中共中央　国务院关于做好2022年全面推进乡村振兴重点工作的意见》指出，牢牢守住保障国家粮食安全和不发生规模性返贫两条底线，突出年度性任务、针对性举措、实效性导向，充分发挥农村基层党组织的领导作用，扎实有序做好乡村发展、乡村建设、乡村治理等重点工作，推动乡村振兴取得新进展、农业农村现代化迈出新步伐。

2022年5月，中共中央办公厅、国务院办公厅印发了《乡村建设行动实施方案》，明确了乡村建设行动的路线图，确保到2025年乡村建设取得实质性进展，农村人居环境持续改善，农村公共基础设施往村覆盖、往户延伸取得积极进展，农村基本公共服务水平稳步提升，农村精神文明建设显著加强。

2022年10月，党的二十大擘画了以中国式现代化全面推进中华民族伟大复兴的宏伟蓝图，全面建设社会主义现代化国家，最艰巨、最繁重的任务仍然在农村。大会提出，守好“三农”基本盘至关重要、不容有失，必须坚持不懈地把解决好“三农”问题作为全党工作的重中之重，举全党全社会之力全面推进乡村振兴。

2023 年中央一号文件《中共中央　国务院关于做好 2023 年全面推进乡村振兴重点工作的意见》提出，“全面推进乡村振兴，加快农业农村现代化”，重申“全面建设社会主义现代化国家，最艰巨最繁重的任务仍然在农村”“坚持和加强党对‘三农’工作的全面领导，坚持农业农村优先发展，坚持城乡融合发展”。这是 21 世纪以来中共中央连续出台的第 20 个指导“三农”工作的一号文件，发出重农、强农的强烈信号。

2023 年 2 月，农业农村部发布了《关于落实党中央国务院 2023 年全面推进乡村振兴重点工作部署的实施意见》，其第三部分“持续巩固拓展脱贫攻坚成果，增强脱贫地区和脱贫群众内生发展动力”中提到，要提升乡村休闲旅游业，实施乡村休闲旅游精品工程，建设一批全国休闲农业重点县，认定一批中国美丽休闲乡村，推介一批乡村休闲旅游精品景点线路。

## 二、乡村振兴的基本内涵

乡村振兴战略的内涵是实现“产业兴旺、生态宜居、乡风文明、治理有效、生活富裕”。“产业兴旺”和“生活富裕”属于物质文明范畴，“乡风文明”属于精神文明和社会文明建设内容，“生态宜居”属于生态文明建设，“治理有效”就是建设政治文明。这 20 字的总要求精准发力，精辟地概括了乡村发展、乡村文明建设以及乡村现代化建设的方方面面。乡村振兴战略不仅要实现农业振兴、农村兴旺、农民富乐的目标，还要实现协调配合，更要朝着富强民主文明和谐美丽的社会主义现代化强国迈进。乡村振兴战略不单单满足于建设物质文明和政治文明，而且要上升至建设精神文明、社会文明、生态文明的高度。

## 三、乡村振兴战略的实施原则

《中共中央　国务院关于实施乡村振兴战略的意见》（2018 年中央一号文件）提出，实施乡村振兴战略必须坚持七大基本原则。

### （一）坚持党管农村工作

毫不动摇地坚持和加强党对农村工作的绝对领导，健全党管农村工作的领导体制机制和党内法规，确保党在农村工作中始终总揽全局、协调各方，为乡村振兴提供坚强有力的政治保障。

### （二）坚持农业农村优先发展

把实现乡村振兴作为全党的共同意志、共同行动，做到认识统一、步调一致，在干部配备上优先考虑，在要素配置上优先满足，在资金投入上优先保障，在公共服务上优先安排，加快补齐农业农村短板。

### （三）坚持农民主体地位

充分尊重农民意愿，切实发挥农民在乡村振兴中的主体作用，调动亿万农民的积极性、主动性、创造性，把维护农民群众根本利益、促进农民共同富裕作为出发点和落脚点，促进农民持续增收，不断提升农民的获得感、幸福感、安全感。

### （四）坚持乡村全面振兴

准确把握乡村振兴的科学内涵，挖掘乡村多种功能和价值，统筹谋划农村经济建设、政治建设、文化建设、社会建设、生态文明建设和党的建设，注重协同性、关联性，整体部署，协调推进。

### （五）坚持城乡融合发展

坚决破除体制机制弊端，使市场在资源配置中起决定性作用，以更好发挥政府作用，推动城乡要素自由流动、平等交换，推动新型工业化、信息化、城镇化、农业现代化同步发展，加快形成工农互促、城乡互补、全面融合、共同繁荣的新型工农城乡关系。

### （六）坚持人与自然和谐共生

牢固树立和践行“绿水青山就是金山银山”的理念，坚持节约优先、保护优先、自然恢复为主的方针，统筹山水林田湖草系统治理，严守生态保护红线，以绿色发展引领乡村振兴。

### （七）坚持因地制宜、循序渐进

科学把握乡村的差异性和发展走势的分化特征，做好顶层设计，注重规划先行、突出重点、分类施策、典型引路。既尽力而为，又量力而行；不搞层层加码，不搞“一刀切”，不搞形式主义；久久为功，扎实推进。

## 四、乡村振兴的主要内容

### （一）乡村产业振兴

深入推进农业供给侧结构性改革，唱响质量兴农、品牌兴农、绿色兴农的主旋律，推动农业从增产导向转变为提质导向，加快推进农业转型升级。加快培育发展乡村产业和乡土产业，促进农村一二三产业的融合发展，提高农民的收入，实现农村的经济繁荣。

### （二）乡村人才振兴

推动乡村教育发展，积极培养有能力、有才实的专业人才。运用政策、机制、机会等多种方式，吸引社会各类人才前往农村进行建设。

### （三）乡村文化振兴

加强人的思想道德建设和公共文化建设，弘扬社会正气，建设文明社会风气。以社会主义核心价值观为引领，采取符合农村和农民特点的有效方式，深化中国特色社会主义与中国梦宣传教育，大力弘扬民族精神与时代精神。

加强爱国主义、集体主义、社会主义教育，深化民族团结进步教育。

### （四）乡村生态振兴

形成绿色的生产方式和产业结构，减少农业投入品用量，合理运用农业废弃物资源，养护农业资源。形成绿色的生活方式和人居空间，从厨房、洗手间、垃圾箱开始进行整改，优化农民的居住环境。

### （五）乡村组织振兴

以成千上万名优秀的农村基层党组织书记为抓手，将我国社会主义民主政治的优势和特点充分发挥出来，建立健全党委领导、政府负责、社会协同、公共参与、法治保障的现代乡村社会治理体系，保证乡村振兴健康、稳步推进，确保乡村社会充满活力、安定有序。

## 第二节　乡村振兴中的乡村旅游

自2004年以来，历年的中央一号文件均聚焦于“三农”问题，2005年国家有关部门开始推动乡村旅游发展，2007年乡村旅游作为“特色农业”的一部分被提出。国家先后出台乡村振兴战略、田园综合体、农村供给侧结构性改革、农村一二三产融合、精准扶贫战略、金融扶持乡村振兴、推进村庄规划等一系列政策，多项举措力推乡村发展。党的十八大，党中央和国务院将乡村旅游纳入“三农”工作和乡村振兴战略总体布局之中，习近平总书记在调研考察中多次就乡村旅游发展作出重要指示。

2016年以来，历年的中央一号文件均有乡村旅游的相关内容，2017年国家鼓励有条件的地区开展乡村旅游，2018年提出实施乡村旅游精品工程，2019年提出要提升乡村旅游配套服务设施水平，2021年提出注重对文化的传承和对遗产遗迹的保护，2022年提出要挖掘乡村多元价值并发展乡村旅游，2023年提出提升乡村休闲旅游业，实施乡村休闲旅游精品工程，建设一批全国休闲农业重点县，认定一批中国美丽休闲乡村，推介一批乡村休闲旅游精品景点线路。以上乡村旅游相关概念从农业部门的“观光农业”“休闲农业”、旅游部门的“农业旅游”“乡村旅游”到乡村振兴大战略提出之后，“乡村旅游”和乡村振兴高度契合，不仅从概念上，而且在本质上契合，为乡村旅游发展提供了强有力的政策保障。

## 一、历年中央一号文件中的乡村旅游

2016 年 1 月，2016 年中央一号文件《中共中央　国务院关于落实发展新理念加快农业现代化实现全面小康目标的若干意见》发布，是改革开放以来指导“三农”工作的第 13 个中央一号文件，首次明确提出“大力发展休闲农业和乡村旅游”，是中共中央“用发展新理念破解‘三农’新难题”的新举措。发展休闲农业是提高农业效益、增加农民收入的有效途径，是增加就业容量、促进社会和谐的有效渠道，是传承农耕文明、弘扬传统文化的重要举措，也是保护生态环境、建设美丽乡村的有效手段。

2017 年 2 月，2017 年中央一号文件《中共中央　国务院关于深入推进农业供给侧结构性改革　加快培育农业农村发展新动能的若干意见》发布，这不仅是中央第 14 年连续对“三农”工作提出指导意见，而且“旅游+”首次被写入中央一号文件，倡导利用“旅游+”模式，推进农业、林业与旅游、教育、文化、康养等产业深度融合，标志着以乡村旅游为载体的大消费已成为不可或缺的经济支撑。

2018 年 2 月，2018 年中央一号文件《中共中央　国务院关于实施乡村振兴战略的意见》发布，提出实施休闲农业和乡村旅游精品工程，建设一批设施完备、功能多样的休闲观光园区、森林人家、康养基地、乡村民宿、特色小镇，加快发展森林草原旅游、河湖湿地观光、冰雪海上运动、野生动物驯养观赏等产业，积极开发观光农业、游憩休闲、健康养生、生态教育等服务，创建一批特色生态旅游示范村镇和精品线路，打造绿色生态环保的乡村生态旅游产业链。

2019 年 2 月，2019 年中央一号文件《中共中央　国务院关于坚持农业农村优先发展做好“三农”工作的若干意见》发布，提出大力发展休闲农业和乡村旅游，强化规划引导，采取以奖代补、先建后补、财政贴息、设立产业投资基金等方式扶持休闲农业与乡村旅游业发展，将农村人居环境整治与发展乡村休闲旅游有机结合，提升农村公共服务水平。

2020 年 2 月，2020 年中央一号文件《中共中央　国务院关于抓好“三农”领域重点工作确保如期实现全面小康的意见》正式发布，提出保护好历史文化名镇（村）、传统村落、民族村寨、传统建筑、农业文化遗产、古树名木等；重点培育家庭农场、农民合作社等新型农业经营主体，培育农业产业化联合体，通过订单农业、入股分红、托管服务等方式，将小农户融入农业产业链；脱贫攻坚收官，发展产业防止返贫；补齐“三农”短板，加强农村地区基础设施建设。

2021 年 2 月，2021 年中央一号文件《中共中央　国务院关于全面推进乡村振兴加快农业农村现代化的意见》发布，这是 21 世纪以来第 18 个指导“三农”工作的中央一号文件，也是在新时代脱贫攻坚目标任务如期完成，现行标准下农村贫困人口全部脱贫背景下发布的中央一号文件，对下一阶段全面推进乡村振兴作出部署。文件提到了“休闲农业”“乡村旅游精品线路”“实施数字乡村建设发展工程”三项内容，至此，乡村旅游成为国家各个层面政策支持的重要经济项目。

2022 年 2 月，2022 年中央一号文件《中共中央　国务院关于做好 2022 年全面推进乡村振兴重点工作的意见》发布。关于文化和旅游在乡村振兴中应发挥的作用，文件指出，持续推进农村一二三产业融合发展，鼓励各地拓展农业多种功能、挖掘乡村多元价值，重点发展农产品加工、乡村休闲旅游、农村电商等产业。

2023 年 2 月，2023 年中央一号文件《中共中央　国务院关于做好 2023 年全面推进乡村振兴重点工作的意见》发布，该文件共包括九部分，其中“推动乡村产业高质量发展”部分提出：要加快发展现代乡村服务业，包括发展乡村餐饮购物、文化体育、旅游休闲、养老托幼、信息中介等生活服务；

培育乡村新产业新业态。该文件多次明确提出，实施文化产业赋能乡村振兴计划，实施乡村休闲旅游精品工程，推动乡村民宿提质升级。

以上系列政策措施对促进乡村旅游发挥了重要作用，为乡村振兴提供了战略方向与发展渠道。文化和旅游部门认真落实推动乡村旅游发展模式创新、产品升级、服务优化，将乡村旅游作为实施乡村振兴战略和新旧动能转换的重点产业进行培育，乡村旅游呈现前所未有的发展态势。

## 二、国家乡村旅游政策的推进

从顶层设计来看，乡村旅游是乡村振兴大战略的内在要求与重要抓手，从产业发展、生态建设、文化建设等视角均能看出中央对乡村旅游发展的同步要求，特别是在2018年的中央一号文件中有全面体现，其后的系列重要文件都是如此，乡村旅游紧随乡村振兴，紧紧围绕“一号文件”中的有关精神大力推进。

2014年11月，国家发展改革委等七部门联合发布《关于实施乡村旅游富民工程推进旅游扶贫工作的通知》，提出实施乡村旅游富民工程，扎实推进旅游扶贫工作。

2016年8月，原国家旅游局、国家发展改革委等12部委联合下发《乡村旅游扶贫工程行动方案的通知》，提出因地制宜确定各类乡村旅游建设发展类型，选择精准到户、精准到人的脱贫模式，各相关部门根据行动方案要求，结合各自的职能，在安排项目时应向乡村旅游扶贫重点村倾斜，形成旅游扶贫开发合力，实现精准发力，精准施策。

2017年7月，国家发展改革委、原国家旅游局等14部委联合印发《促进乡村旅游发展提质升级行动方案（2017年）》（发改社会〔2017〕1292号）。针对部分地区乡村旅游基础设施建设滞后，农村人居环境整治历史欠账多，乡村民宿、农家乐等产品和服务标准不完善，社会资本参与乡村旅游建设意愿不强、融资难度较大等问题作出了系统部署。同月，原国家旅游局公布10家“中国优秀国际乡村旅游目的地”名单和第三批40个“中国乡村旅游创客示范基地”，加速对乡村旅游品牌的培育打造。

2018 年 4 月，农业农村部印发《关于开展休闲农业和乡村旅游升级行动的通知》，实施休闲农业和乡村休闲旅游精品工程决策部署。

2018 年 10 月，国家发展改革委、文化和旅游部等 13 部委联合印发《促进乡村旅游发展提质升级行动方案（2018—2020 年）》（发改综合〔2018〕1465 号），进一步促进乡村旅游发展提质扩容。

2018 年 11 月，文化和旅游部等 17 部委联合印发《关于促进乡村旅游可持续发展的指导意见》，实施乡村旅游精品工程。

2019 年 6 月，文化和旅游部办公厅和国家发展改革委办公厅联合下发《关于开展全国乡村旅游重点村名录建设工作的通知》，加快推进全国乡村旅游重点村名录建设工作。

2019 年 7 月，文化和旅游部和国家发展改革委公布首批 320 个村入选全国乡村旅游重点村名录。同月，文化和旅游部办公厅和中国农业银行办公室联合印发《关于金融支持全国乡村旅游重点村建设的通知》，提出未来 5 年，中国农业银行将向重点村提供人民币 1000 亿元意向性信用额度。

2021 年 12 月，文化和旅游部办公厅、人力资源和社会保障部办公厅、国家乡村振兴局综合司联合印发《关于持续推动非遗工坊建设助力乡村振兴的通知》，明确在非遗助力精准脱贫工作的基础上，继续推动非遗工坊建设，加强非遗保护，促进就业增收，巩固脱贫成果，助力乡村振兴。

2022 年 3 月，为全面贯彻乡村振兴战略，落实《中共中央 国务院关于做好 2022 年全面推进乡村振兴重点工作的意见》提出地方各级文化和旅游、教育、自然资源、农业农村、乡村振兴部门和国家开发银行各级机构要按照本意见的要求，根据本地区的实际情况，在当地党委和政府的统一领导下，加强部门协同，协调各方力量，统筹各类资源，加大支持力度，扎实推进文化产业赋能乡村振兴工作。

2023 年 9 月，为贯彻落实国务院办公厅印发的《关于释放旅游消费潜力推动旅游业高质量发展的若干措施》，进一步释放旅游消费潜力，推动旅游业高质量发展，文化和旅游部研究制定了《国内旅游提升计划（2023—2025

年）》，提出要开展文化产业赋能乡村振兴试点，推动提升乡村旅游运营水平，推出一批全国乡村旅游重点村镇、乡村旅游集聚区、国际乡村旅游目的地。

乡村旅游是乡村振兴的重要途径，乡村旅游与乡村发展、农民增收、农业现代化发展等密不可分，成为农村巩固拓展脱贫攻坚成果的重要渠道。旅游业不仅是幸福产业之首，而且是美好生活的重要组成部分，是实现高质量发展、丰富人民精神世界、实现全体人民共同富裕、促进人与自然和谐共生等要求的有效产业和工具，同时也面临新的机遇与挑战。

## 第三节　乡村旅游概述

### 一、乡村旅游概念

世界经济合作与发展组织（OECD）将“乡村旅游”（rural tourism）定义为发生在乡村的旅游活动，其本质和特点是“乡村性”（rurality）。世界旅游组织（UNWTO）在《旅游业可持续发展：地方旅游规划指南》中指出，乡村旅游是旅游者在偏远地区的传统乡村及其附近逗留、学习、体验乡村生活的活动。乡村旅游是在农场、牧场等典型的乡村环境中从事各种休闲活动的一种旅游形式，由农户为旅游者提供食宿等（Gilbert，1990）。乡村旅游是在乡村地区进行的旅游活动，具有乡村性、小规模化，社会结构、传统文化以及类型多样的特征，且在不同的国家和地区具有不同的表现形式（Lane，1994）。另外，还有一些学者提出了农庄旅游、农业旅游等概念，认为乡村旅游的发展要利用乡村地区独特的传统文化和人居环境实现经济效益，乡村旅游的吸引力在于能够弥补城市生活中无法体验到的精神以及感官上的生活乐趣，乡村具有区别于城市所特有的风土人情和民俗文化，能够满足城市居民休闲体验和归园田居的心理诉求，同时对维护地方传统、增强地方认同感十分重要，涉及的社会文化动机包括乡村生活方式、家庭因素、社交及自主就业等。

总体而言，各国学者针对乡村旅游尚未形成统一的定义，但主要定义都强调了乡村旅游的活动地点和乡村性，包含两个方面：一是发生在乡村地区，二是以“乡村性”作为旅游吸引物，二者缺一不可。

## 二、国外乡村旅游发展概述

1841 年，托马斯·库克开启了近代旅游业的新征程，由此被称为“旅游业之父”；20 年后，他又组织了一次瑞士乡村行程，被学者认为是历史上第一个乡村包价旅游团。1855 年，法国参议员欧贝尔带领一群贵族来到巴黎郊外农村度假，他们与当地农民同吃同住，品尝野味、伐木种树、清理灌木丛、挖池塘淤泥、学习养蜂，走进大自然并重新认识了大自然的价值，加强了城乡人民之间的交往和友谊。乡村是英国人的灵魂和血脉，英国人认为，乡村以某种方式体现了这个国家所有的高贵和永恒，也更喜欢把乡村看作英国留给现代生活的遗产。英国在工业革命阶段完成了城市化，同时随着传统乡村的不断缩减与衰落，开始探索乡村存在的意义，最初的乡村旅游大多处于自发性的、缺乏统一规划管理、重复建设、低水平竞争的状态，直到 19 世纪 80 年代，随着城市化进程的不断深入，英国的乡村旅游开始不断发展、完善。另一部分学者认为，乡村旅游起源于 20 世纪 60 年代的西班牙，人们将加泰罗尼亚村落中一些废弃的贵族城堡以及周边较大规模的农庄、农场进行升级改造，用于住宿和参观，但这种乡村旅游活动贵族化特征明显，未普及至大众群体。随后，美国、日本、波兰等国也开始发展乡村旅游，到 20 世纪 80 年代，欧美一些发达国家的乡村旅游已具有相当规模。

过度工业化和城市化导致 19 世纪 90 年代前欧洲及北美许多地区出现了农村劳动力需求减少、乡村老龄化与人口流失日益严重等系列问题。为了实现农村经济振兴，当局将旅游业视为促进当地经济发展的少数机会之一，认为其将对当地农村环境不断产生深远的影响，可以用来应对城乡二元结构、乡村环境的潜在威胁以及许多乡村地区的产业结构调整的挑战。进入 21 世纪，农村人口减少、反城市化趋势凸显，消费者需求日趋多样化，不断促使将城市居民引流至乡村地区进行休闲、旅游和娱乐，将现代化需求与追寻过去的愿望结合叠加，通过旅游、住宅和投资积极构建乡村空间，对美丽村庄的需求和乡土文化的商品化共同塑造了乡村聚落新面貌，日益满足游客的多样化需求。因此，乡村旅游在促进经济不景气农村地区发展中起到了非常重要的作用，对地区经济社会的贡献和意义得到了充分证明，是阻止农业衰退和增加农民收入的有效手段。

### （一）乡村旅游的发展阶段

1. 萌芽阶段

以 1865 年意大利成立的“农业与旅游全国协会”为标志，该机构向城镇居民介绍乡村旅游，促进乡村旅游不断发展。该阶段，乡村旅游概念并未正式提出，作为一项不成熟的农业观光项目依附于传统旅游业存在，同时建立起相应的观光园供人参观，城镇游客到乡村旅游，就是要体验与农民同吃同住的感觉。

2. 发展阶段

“二战”后，随着发展中国家城市化进程的加快、城市人口的增加及城市生态环境的日趋恶化，城市居民到城郊乡村休闲旅游的需求增加，乡村旅游从简单的接待转向乡村旅游经营者放弃农业活动，转而向游客提供与大自然相关的活动和乡土活动，诸如徒步旅游、骑马、滑翔、登山、漂流、参加农事活动等多种休闲项目。此阶段，游客主要的消遣方式有旅游观光、休闲度假和农场体验等，乡村旅游经营者普遍成为真正的乡村旅游经营者，标志着现代乡村旅游的兴起。

3. 稳定巩固阶段

20 世纪 80 年代以后，游客已对单纯的大田景色失去兴趣，促使观光农业园由单纯的观光性质向休闲、度假、体验、教育、环保等多功能扩展，具有生产、生活等功能的新型农业园随之出现，它不仅具有传统的农业观光职能，还能够为游客提供衣、食、住、行等方面的服务，由此带动新的就业形势，专职的旅游从业人员应运而生。但是，该阶段农业旅游资源整合、农产品消费和销售以及对设备和文娱项目管理相对滞后，阻碍了乡村旅游的发展。

4. 转型升级阶段

该阶段，乡村旅游开始转向对农业的多种功能的挖掘，通过挖掘乡村多元价值提高旅游业效益，通过一二三产业融合发展增加效益，通过立体空间层面的乡村物质提升效益，推动乡村产业全链条升级，增强市场竞争力和可持续发展。乡村旅游开始重视旅游产业对乡村社会、经济、文化、生态等产生的影响，探索不同的乡村旅游开发形式以及资源利用、产品打造及市场拓展模式。政府干预从产业发展、消费引导、居民参与、文化保护到投资及效益评估、国家干预与管理绩效、战略政策推进与地方协作、旅游扶贫与社会影响等方面的研究逐渐增多，此阶段乡村旅游研究涉及的内容非常广泛且相互融合，知识生产是其重要的特征之一。

### （二）国外乡村旅游运营模式

如今，发达国家乡村旅游已从早期的单一观光型农业园升级为集观光、休闲、疗养、度假和教育于一体的多元化、多功能和多层次的乡村旅游发展格局，创造了巨大的生态效益、经济效益与社会效益，并形成了独具特色的乡村旅游发展模式。

1. 政府主导型

该模式以促进本国农村和农业的发展为根本目标，以地方法规以及津贴鼓励政策为主要手段促进乡村旅游的发展，以韩国和日本为典型代表。

2. 农户主导型

该发展模式主要发展于欧洲地区，以英国和法国为典型代表，强调将决策权和经营权赋予具有大规模农业资产的农场主，主张积极调动农户在乡村旅游发展中的能动性。

3. 混合型

混合型乡村旅游主要有“政府+公司”和“政府+行业协会+公司+农户”两种类型。其中，“政府+公司”模式以英国为典型代表，该模式经营权和监管权相互分离。“政府+行业协会+公司+农户”模式是由“政府+公司”模式衍生而来，主要以美国、爱尔兰和法国为典型代表。该模式下，虽然政府的管理职能慢慢被削弱，但对乡村旅游市场秩序的监管能力却逐渐增强。旅游行业协会作为政府和企业、企业与农户、农户与消费者之间的缓冲带，发挥着服务、咨询与协调作用。

## 三、国内乡村旅游发展概述

乡村旅游是自然环境、社会、经济、文化、政治等要素之间复杂关联和相互作用的结果。除了供给、需求与管理，中国人的“乡土情结”也是引发乡村旅游的根本动机。乡村旅游作为产品进入市场以来，得到了政府、相关部门机构的极大支持与重视，多次被文化和旅游部确定为旅游年的活动主题，同时也受到众多学者的关注。随着乡村旅游的快速发展，近年来，以旅游度假为宗旨，以村庄野外为空间，以人文无干扰、生态无破坏，以“游居”和“野餐行”为特色的村野旅游形式逐步兴起。单纯地去乡村了解民俗风情与礼仪风俗的现象已成为过去，而旅游者可在乡村地区及其附近逗留、学习、体验乡村生活的模式逐渐兴起。

### （一）乡村旅游发展阶段

1. 萌芽阶段

我国的乡村旅游起步较晚，真正意义上的乡村旅游开始于 1988 年深圳举办的“荔枝节”。乡村旅游的发展是市场需求、农业产业结构调整、寻找新经济增长点共同作用的结果，在借鉴外国乡村旅游发展的基础上探索适合我国乡村旅游发展的路径。以 1998 年“华夏城乡游”旅游主题的确定为标志，国家旅游局开始提倡“吃农家饭、住农家院、看农家景、享农家乐”，接着又将1999年的旅游主题定为“中国生态游”。同一时期，“黄金周”制度的实施进一步激发了我国休闲旅游的热潮。2001年、2002年，原国家旅游局相继制定了《农业旅游发展指导规范》和《全国农业旅游示范点、工业旅游示范点检查标准（试行）》。2004年，中共中央、国务院出台了《中共中央　国务院关于促进农民增加收入若干政策的意见》。这些政策的出现，释放了乡村旅游的消费潜力，为乡村旅游产业的发展提供了契机。该阶段，乡村旅游以农家乐为主，乡村旅游政策处于行业引导摸索期。

2. 发展阶段

2006年，原国家旅游局将我国的旅游主题定为“中国乡村游”，并发布了《关于促进农村旅游发展的指导意见》，指出“农村旅游是新农村建设的积极实践，是推动旅游业成为国民经济重要产业的主要力量”；同年，乡村旅游被国务院写入“十一五”规划。2007年，原国家旅游局和原农业部联合成立了“全国乡村旅游工作领导小组”，联合发布了《关于大力推进全国乡村旅游发展的通知》，这次联合改变了以往多头管理、责任不清的情况，为乡村旅游的发展提供了基本条件。2007年、2008年，中央一号文件连续两次提出乡村旅游是增加农民非农收入的重要途径，乡村旅游开始得到国家相关部门的重视，并出现在更多的政策和文件中。2013年，《国民旅游休闲纲要（2013—2020年）》的颁布更是将旅游业和乡村旅游提升到一个新的高度。这段时期的政策更加注重具体的支持和推动措施，基础设施、公共服务和资金扶助等成为政策文件持续关注的重点。

3. 转型升级阶段

2014年，为了更好地推进农村扶贫工作，国务院确定了由国务院统筹、各部门合作的联合协调机制，各部委联合制定了多份推进行业发展的重要文件，极大地推动了乡村旅游的快速发展。同年，原农业部公布了全国第一批美丽乡村名单，中共中央办公厅、国务院办公厅发布了《关于创新机制扎实推进农村扶贫开发工作的意见》，提出到2015年和2020年分别扶持约2000

个和约6000个贫困村开展乡村旅游的目标，乡村旅游政策进入密集发布期。这一时期，乡村旅游地位空前提高，连续几年的中央一号文件都提出将乡村旅游建成繁荣农村、富裕农民的新兴支柱产业，将乡村旅游当作农村产业结构调整、重塑乡村文化生态、实现乡村振兴的重要途径，将乡村旅游政策由行业发展上升到国家战略。这一时期的政策制定更加注重联合协调、乡村旅游转型升级，注重创新，以更加丰富的形式提供支持和帮助，鼓励通过经营类型和经营主体的多元化来实现旅游行业的健康发展。

### （二）乡村旅游实践研究

有关乡村旅游实践的研究最早出现于2007年，2021年的论文数量最多。舒伯阳等（2022）的《新时代乡村旅游高质量发展的理论思考及实践路径》在分析乡村高质量发展的时代要求基础上，以新时代“创新、协调、绿色、开放、共享”的新发展理念为引领，凝练出乡村旅游高质量发展“生态基底、智慧转型、文化赋能和产业优化”的思想内核，识别绿色生态冲突、产品创新不足、服务体系滞后、内生动力不足等关键性障碍，有针对性地提出了以绿色和生态优先为发展主调、以文化与品牌IP为产品主打、以游客体验感为消费驱动内核、以人才与运营管理为关键保障的乡村旅游高质量发展实践路径，拓展了新时代乡村旅游高质量发展的理论构建与实践路径。

乡村旅游实践研究大多围绕地方案例，对全域旅游助推乡村振兴的实践路径与成效进行分析，对乡村在经济层面的产业结构多元化和空间多功能化、物质文化保存与修复、精神文化的调适与再造、旅游发展在推动乡村各层面发展的过程中释放乡村居民的自主性进行探究并提出了推动乡村实现“新内生性发展”、以全域统筹整体优化提升的战略目标，强调从资源评估、体系设计、乡村空间重构以及“适游性”等方面展开研究。此外，坚持保护和延续乡村文化脉络，以美宿、美食、美景为主体吸引力，充分利用当地的农业景观、农家生活、农业生产、村落古镇、民俗节庆、民族风情等多种资源，打造“一村一品”，以农副土特产品等关联产业为盈利点，结合文创产业，致力于提升乡村生态旅游产品的时尚性成为热点话题。

### （三）乡村旅游主要的运营管理模式

已有研究从不同角度对乡村旅游运营管理及开发模式进行了探索，在众多开发模式中，大部分学者认为社区和居民参与是最佳选择，早期提出了“农户+农户”模式，之后又提出了“公司+农户”模式，并衍生出“政府+公司+旅游协会+旅行社”、股份制、个体农庄等多样化运营管理模式。此外，根据旅游活动的参与主体，提出了政府主导型、企业主导型、集体股份制和自主发展等多种类型。

1. “农户+农户”模式

“农户+农户”模式是乡村旅游初级阶段的经营模式，农民对企业介入乡村旅游开发存有顾虑，大多数农户不愿把资金或土地交给旅游公司来经营，他们更信任本地的“示范户”。当“示范户”率先在农村开展乡村旅游经营并取得成功后，农户便会在其带动下学习经验技术，经过短暂磨合后，逐渐形成“农户+农户”的乡村旅游开发模式。

2. “公司+农户”模式

“公司+农户”模式通过旅游公司的介入和带动，吸纳社区农民参与乡村旅游的经营与管理，充分利用农户闲置的资产和富余劳动力，开发农事活动，向游客展示真实的乡村文化。同时，通过旅游公司对农户进行接待服务培训与规范，提高服务水平，避免不良竞争损害游客利益，促进乡村旅游的健康发展。“公司+农户”的延伸模式是“公司+社区+农户”模式，在该模式下，公司一般不与农户直接合作，而是通过当地村委会组织农户参与乡村旅游，但专业的服务培训及相关规则的制定则由旅游公司来组织，以规范农户的行为，保证接待服务水平。

3. “政府+公司+旅游协会+旅行社”模式

“政府+公司+旅游协会+旅行社”模式是指由政府负责乡村旅游的规划和基础设施建设，优化发展环境，乡村旅游公司负责经营管理和商业运作，农民旅游协会负责组织村民参与地方戏的表演、导游、工艺品的制作、提供住宿餐饮等，并负责维护和修缮各自的传统民居，协调公司与农民的利益，旅行社负责开拓市场，组织客源。该模式的主要特点是充分发挥旅游产业链中各环节的优势，通过合理开发利用资源与利益分享，推进农村产业结构的调整，为旅游可持续发展奠定基础。

4. “公司制”模式

“公司制”模式的特点是发展快、层次高、规模大，可使乡村旅游开发迅速走上有序化的发展道路。该模式的利益主体是公司，适合乡村旅游初期阶段，但随着市场的发展与成熟以及农户的成长，该模式较难适应未来乡村旅游的发展趋势。

5. “股份制”模式

“股份制”模式主要采取合作的形式开发旅游资源，按照股东各自的股份获得相应的收益。股份制模式主要有国家产权、乡村集体产权、村民小组产权和农户个人产权四种产权主体，开发方式有国家、集体和农户个体合作等。把旅游资源、特殊技术、劳动量转化成股份，收效一般采用按股份分红与按劳分红相结合的方式。“股份制”模式扩大了乡村集体和农民的经营份额，有利于实现农民深度参与以及资源的合理开发利用。

6. “政府+公司+农户”模式

“政府+公司+农户”模式的实质是政府引导下的“企业+农户”，即在乡村旅游开发过程中，由县、乡各级政府和旅游主管部门按市场需求和全县旅游总体规划，确定开发地点、内容和时间，由当地村民实施开发，由政府和旅游部门进行必要的指导和引导。该模式减少了政府对旅游开发的投入，使当地居民真正得到了实惠，并降低了旅游管理部门的管理难度，是一种切实可行的乡村旅游经营模式。

7. “个体农庄”模式

“个体农庄”模式以“旅游个体户”的形式出现，通过对个体户自己经营的农场、牧场进行改造和进行旅游项目建设，使之成为一个完整意义的旅游景区，能够完成旅游接待和服务工作。通过个体农庄的发展，吸纳附近的闲散劳动力；通过手工艺、表演、服务、生产等形式加入服务业，形成以点带面的发展模式。

### （四）乡村旅游开发模式

近年来，随着乡村旅游开发的不断实践与优化升级，衍生出替代传统乡村旅游产品的新业态和新开发模式，主要有以下几种模式。

1.“田园综合体”模式

田园综合体是指以农业为主导，融合工业、旅游、创意、房地产、会展、博览、文化、商贸、娱乐、物流等相关产业与支持产业形成的多功能、复合型、创新型的产业综合体。田园综合体将成为乡村振兴战略的主抓手与主平台，在城乡结合、农工结合、传统与现代结合、生产与生活结合的城乡一体化格局下，顺应农村供给侧结构性改革、新型产业发展，结合农村产权制度改革，实现中国乡村现代化、新型城镇化、社会经济全面发展的一种可持续性模式。

2.“现代农业产业园”模式

国家现代农业产业园是加快农业现代化的重大举措，培育农业农村经济发展新动能。“十四五”时期，国家对推进产业园的建设工作可以概括为提质、扩面、强基。“提质”，即提升产业链、供应链的现代化水平；“扩面”，即扩大产业园覆盖面；“强基”，即加强产业园建设管理。

3.“共享农庄”模式

共享农庄是以共享经济为理论支撑，以互联网为技术支撑，以中高收入家庭及“候鸟”群体需求为市场支撑，以私人定制服务为核心，联合政府、企业、农户等多元力量培育的农旅融合发展新业态。

4.“农业观光园”模式

围绕农业生产空间，利用田园景观，融入当地的民族风情和乡土文化，在体现自然生态美的基础上，运用美学和园艺核心技术，开发并形成的强吸引力的“观光型农业旅游园”。

5. “传统村落保护开发”模式

传统村落是指形成较早，具有一定历史、文化、科学、艺术、建筑、歌舞、经济、社会价值的原生态村落，是中华文明的鲜活载体，维系着中华民族的历史记忆，统筹做好传统村落保护开发意义重大且任重道远。近年来，随着社会经济的快速发展和人们生活质量的不断提高，自驾游、自助游、乡村农家乐深受欢迎，很多偏远的传统村落因其独特宁静又充满神秘的气质吸引着游客。基于此，政府、企业等意识到传统村落的经济价值，采取传统村落保护开发模式，实现游客与当地村民的双赢。

6. “大地景观”模式

“大地景观”模式的乡村旅游要么是用艺术的方式提升农田景观，经过品种选育、图案设计、定点测绘、秧苗栽植、田间管理等，通过种植水稻、小麦、油菜花、玉米、向日葵等形成艺术景观，最终形成特色图案；要么是以农业产品为基底，设计创意农业主题景观雕塑，以此吸引游客，可通过高空步道观光游览，也可通过麦田步道进行观赏。

7. “主题特色民宿”模式

乡村民宿具有乡村生活的微缩、人文情怀的归宿、风格各异的主题、入乡随俗的服务等特点，给游客以宿于乡村、隐于田园、归于慢生活的美好体验，是乡野田间的微型旅居与度假目的地。

8. “乡村旅游创客基地”模式

乡村旅游创客是以大学生、返乡农民工、专业艺术人才、青年创业团队为主要群体，在乡村地区从事旅游创业项目或实践活动。通过先进的理念与技术，打造乡村旅游新形式、新产品，形成新业态，以“创客”驱动乡村旅游转型升级。

9. “民族风情”依托型

“民族风情”依托型是指少数民族农村地区，以独特的民族风情为基础，大力改善基础设施和旅游接待设施，引导少数民族农民参与旅游开发，促进乡村旅游发展的模式。在这种模式下的少数民族聚居区必须具备一定的规模，民族风情具有独特性和吸引力。

10. “红色旅游”型

“红色旅游”型乡村旅游是指在具备“红色旅游”资源的乡村，组织接待旅游者开展参观游览活动，带动乡村旅游发展的模式。这种模式主要在具有一定知名度、革命遗迹和遗存较为丰富、旅游接待具备一定规模的乡村开展，需要突出“红色”主线，体现“红色”特征，发挥“红色旅游”的革命传统教育功能。

11. “乡村营地”模式

通过推进智慧旅游、公共服务集成，在交通网上各个观光或服务节点分散布设漫游配套服务，包括不同级别的营地和驿站服务节点等，通过完善好交通及特色化服务以提升吸引力的一种乡村旅游模式。

12. “研学旅游”模式

研学旅游是根据区域特色、学生年龄特点和各学科教学内容需要，组织学生通过集体旅行、集中食宿的方式走出校园，在与平常不同的生活中拓宽视野、丰富知识，加深与自然和文化的亲近感，增加对集体生活方式和社会公共道德的体验，主要表现为非遗研学、中医药研学、农事体验等多种形式。

# 第二篇
# 甘州区全域旅游实践路径

# 第五章　甘州区全域旅游规划解读

甘州区全域旅游规划是在对甘州区特色旅游资源进行详细旅游规划基础上发展起来的指导文件。甘州区全域旅游发展规划是指导甘州区全域旅游发展的蓝本，也是指导甘州区创建全域旅游示范区以及未来旅游业及相关产业发展的行动纲领。

## 第一节　基本概念及理论基础

### 一、旅游规划的基本概念

旅游规划（tourism planning）是指对拟发展旅游业的地区进行长远的谋划、筹划、全面发展计划的事项。根据美国社会学家冈恩（Gunn，1979）的定义，旅游规划就是要对一个地区的未来旅游业发展进行预测和谋划，从而促使旅游业能够为所在地带来一定的经济利益。国内旅游界大部分学者认为，旅游规划是对目标区域内的旅游业发展进行一个总体的部署和安排，是一个地区旅游业发展的蓝图和纲领，是该地区各部门开发和建设旅游相关产业的法律依据。旅游规划要求旅游管理部门用立体和发展的视角谋划和处理问题，更要着眼于正确处理当地旅游系统的复杂结构。

全域旅游规划是基于某一目的地所在区域的旅游发展规划和市场特点而

制定的发展目标，以及对实现这一目标的方式和各项旅游要素进行整体部署和统筹安排，是旅游业的发展战略构想和基本蓝图。全域旅游规划不仅是一个展示技术的过程，也是一个验证决策的过程；不仅是一种科学规划，也是一种可行性规划。全域旅游规划不仅是一种政府行为，也是一种社会行为，还是一种经济行为；不仅要有政府参与，还要有未来经营管理的人员参与，并与当地居民、投资方合作。全域旅游规划不是静态的和物质形态的蓝图式的描述，而是一个逐渐调整的动态过程。规划文本仅是这个过程的一个初始阶段。对于未来可能出现的很多不稳定性因素，必须在规划中作出理念、思路和方法的预见性设计。

美国著名旅游学家、WTO 前首席顾问爱德华·因斯克普（Edward Inskeep）将旅游规划分为 7 个层级，分别是国家旅游规划、区域旅游规划、亚区域旅游规划、亚区旅游规划、开发区土地利用规划、设施用地规划和设施设计。在旅游规划体系中，不同层次的规划对应解决不同层面的问题（见图 5-1）。原国家旅游局在 2016 年公布的国家全域旅游示范区涵盖了省、市、县等不同级别的行政区。甘州区全域旅游规划应属于亚区旅游规划的层级。根据国家制定的《旅游规划通则》（GB/T 18971—2003），甘州区全域旅游规划当属第四级旅游区规划（Tourism Area Planning），其主要目的是保护和开发利用甘州区全域内的各类旅游资源，并善加经营和管理，最大限度发挥各类的相应功能。

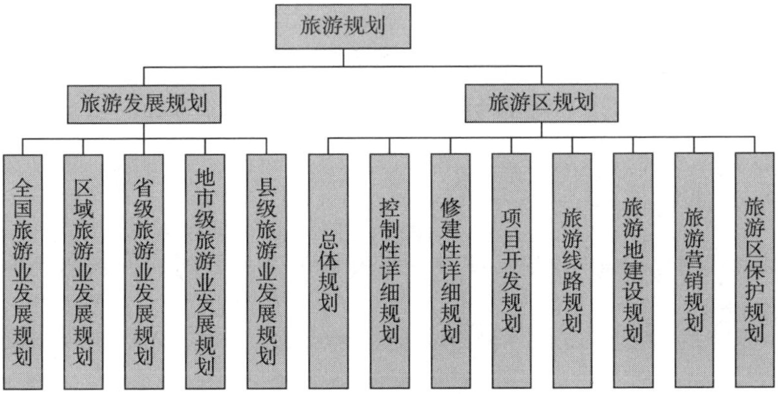


**图 5-1　旅游规划体系**

## 二、理论基础

全域旅游规划应遵循区位论、发展理论、旅游人类学和景观生态学等基本理论，包括区位理论、可持续发展理论、旅游地生命周期理论、竞争力理论等。区位论主要考虑地理空间对区域旅游活动及其区位的影响。发展理论则是以区域经济活动为主要目标，考虑区域经济的结构、发展的影响要素、发展过程等因素。

### （一）区位理论

区位理论涵盖两方面内容：一是对活动空间的选择，二是对活动的有机结合（主要是经济活动）。旅游资源开发遵循“先富带动后富”的原则，即先把旅游区位、资源、规模等具有先天优势的区域培养成主要发展区域，并与当地的自然资源、经济水平、文化习俗等相互联系。当该地区的旅游业发展势头良好时，就会产生扩散效应，并逐步拉动当地其他区域的经济增长；同时，该地区的产业布局也会向周围扩散。

### （二）可持续发展理论

可持续发展的中心思想为在不侵占后代发展资源的基础上对现有的旅游资源进行开发利用。旅游要可持续发展，就必须妥善处理好人与自然之间的关系，实现参与者的和谐、有序、健康发展，最终实现乡村经济水平提高、生态保护开发效果突出、社会文明和谐有序统一。可持续的旅游发展不仅是推动当地经济发展、提高当地生活质量、保护当地文化资源，更是改进和优化土地等资源的利用方式。从本质上看，旅游可持续发展不仅要考虑当前，还要着眼于未来；不仅要考虑自身，还要顾全大局，从而实现人与自然的健康、有序发展。

## （三）旅游地生命周期理论

旅游地生命周期理论（The tourism Area Life Cycle，TALC）是由巴特勒根据产品周期的概念所提出的，旅游地演化包含 6 个阶段：探查阶段、参与阶段、发展阶段、巩固阶段、停滞阶段、衰退阶段（或复苏阶段）（见图 5-2）。处于不同发展阶段的旅游地游客量会发生规律性的变化。

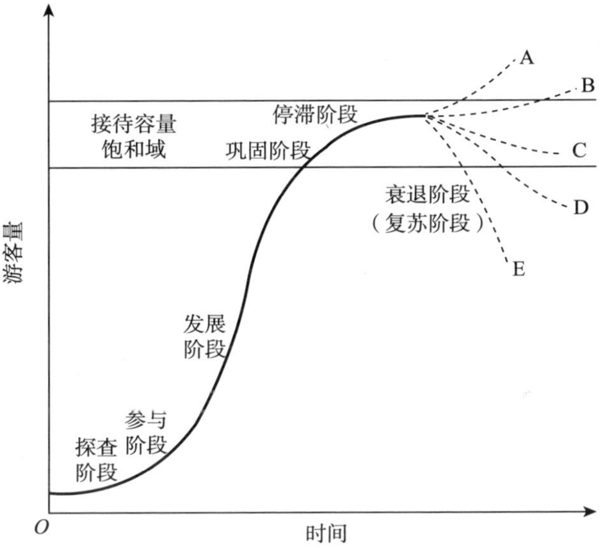


**图 5-2　旅游地生命周期示意**

## （四）竞争力理论

旅游地的空间竞争是由多个旅游地在同一地域内出现引发的，当多个旅游地在同一地域出现时，它们各自的吸引力往往会出现此消彼长或同步增长的动态变化和地域旅游市场结构的再组织。一般而言，旅游地的空间竞争主要是同类型旅游地之间的竞争，不同类型的旅游地在同一地域出现时，会产生互补作用。但由于游客旅行的空间尺度不同，他们选择旅游地的级别也有所不同，因而也会产生竞争。

# 第二节　甘州区全域旅游规划解读

## 一、规划背景

### （一）政策背景

1. 甘肃省级政策驱动力增强

国家坚持农业农村优先发展方针，加快实施乡村振兴战略，更多的资源要素向农村聚集。《中华人民共和国乡村振兴促进法》要求国家支持、促进农村一二三产业融合发展，推动建立现代农业产业体系、生产体系和经营体系。《中共中央　国务院关于实施乡村振兴战略的意见》大力提倡乡村旅游。《甘肃省国民经济和社会发展第十四个五年规划和二〇三五年远景目标纲要》提出，要加大力度拓展乡村旅游、休闲农业、农村康养、电子商务等新模式、新业态。农村承包地“三权”分置制度的确立，经营权流转合法化，允许农村集体经营性建设用地入市及其后续融资政策的完善等政策，为乡村旅游发展提供了活水源泉，提供了新的发展空间。

党的十九届五中全会将脱贫攻坚成果进行巩固拓展，将全面推进乡村振兴战略纳入“十四五”时期经济社会发展主要目标，提出实现巩固拓展脱贫攻坚成果同乡村振兴有效衔接的要求。实施乡村振兴战略是解决好“三农”问题的重要保障，脱贫攻坚战是乡村振兴战略有效实施和推进的基石。两大战略的同步推进，将为全域旅游业的发展提供良好的政策环境，助力休闲农业与乡村旅游、民俗文化旅游、研学研修旅游等深入发展。2022 年 8 月，《甘肃省乡村振兴促进条例（草案）》对乡村规划、产业发展、生态保护、扶持措施等方面作出了详细规定，明确了产业、人才、文化、生态、组织五大振兴的促进措施，设置了城乡融合、组织建设等内容。

2. 张掖市政策支持力度空前

自乡村振兴战略提出以来，张掖市先后发布《张掖市乡村振兴战略规划（2018—2022 年）》《中共张掖市委　张掖市人民政府关于打赢脱贫攻坚战三年行动的实施意见》《张掖市农村人居环境整治三年行动实施方案》，以张肃公路、张民公路乡村振兴示范带，城市郊区、乡镇街区、旅游景区、各类园区和铁路沿线、公路沿线、旅游景区沿线、生态走廊沿线“两带四区四线”示范建设为重点，高标准建设一批示范带、示范区，统筹推进乡村振兴示范建设与农村人居环境整治、生态环境建设、全域旅游发展、全域无垃圾专项治理、农村“三变”改革、美丽乡村建设等重点工作和重要任务，推动乡村振兴战略的全面实施。

《张掖市国民经济和社会发展第十四个五年规划和二〇三五年远景目标纲要》提出，全力打造“一核四区、两带一轴、八大核心景区”，以建设丝路休闲度假城为核心，在全区内建设地质瑰宝博物片区、河西生态宜居片区、红色记忆传承片区和金张掖民俗文化片区四大主题旅游区，打造黑河生态改造示范带和 S213-G227 乡村旅游示范带；整合甘州区全域旅游传动轴，建设大佛寺文化产业园、平山湖地质奇观核心景区、芦水湾国家级旅游度假区、屋兰古镇文化旅游大景区、绿洲沙漠体验核心景区、西路军红色旅游研学核心景区、乡村旅游休闲观光核心区和观光农业融合发展核心区八大核心景区。张掖市把乡村建设与产业发展（含乡村旅游）、重大项目建设、生态环境保护、新型城镇化、乡村功能完善和服务提升结合起来，提高了规划的指导性和可操作性。

张掖市高度重视旅游发展，研究编制了《张掖市全域旅游发展规划》《张掖市“十四五”文化和旅游发展规划》等，统筹推进文化事业、文化产业和旅游业协同发展，构建“一个龙头景区、两个示范区、三条大廊道、四个增长极”的全域生态旅游发展新格局。之后，又印发了《张掖市全域旅游提质增效三年行动方案（2022—2024 年）》，实施旅游基础提升、要素品质提升、产品业态升级、宣传营销创新、标准建设突破、发展环境优化“六大”行动，持续扩大文旅产业综合效应。2021 年，张掖市游客接待量突破 3500 万人次，旅游综合收入突破200亿元，总量和增幅位居全省前列。

2021年，《张掖市全域旅游提质增效三年行动方案（2022—2024年）》出台，提出了“一年定品牌、两年见成效、三年做示范”的工作目标。通过开展旅游基础提升行动、要素品质提升行动、产品业态升级行动、宣传营销创新行动、标准建设突破行动、发展环境优化行动六大行动和实施32项措施，实现旅游产业的提质增效。2021年，张掖市委办公室、市政府办公室印发了《张掖市支持文化旅游产业发展若干措施》，围绕财政资金引导、引客入张奖励、引节引赛入张奖励、引会入张奖励、引展入张奖励、引摄入张奖励、引演引艺入张奖励、旅游品牌创建奖励、旅游饭店评星定级奖励、文创商品研发生产奖励、4A级景区免费游览奖励、金张掖文旅年卡优惠等方面提出若干具体扶持措施，持续放大政策支持激励效应，加强文旅品牌建设和优势业态发展，扩大市场消费。

3. 甘州区政策执行度高

表5-1　甘州区全域旅游土地利用平衡

| ID | 土地类型 | 指标面积（平方千米） | 占总面积比例（%） | 占一级地类比例（%） |
|---|---|---|---|---|
| 1 | 农用地 | 1250. 2400 | 34. 15 | 100. 00 |
| 1. 1 | 耕地 | 893. 5800 | 24. 41 | 71. 47 |
| 1. 1. 1 | 基本农田 | 716. 4700 | 19. 57 | 57. 31 |
| 1. 2 | 园地 | 24. 0200 | 0. 66 | 1. 92 |
| 1. 3 | 林地 | 119. 0000 | 3. 25 | 9. 52 |
| 1. 4 | 草地 | 43. 6800 | 1. 19 | 3. 49 |
| 1. 5 | 其他农用地 | 169. 9600 | 4. 64 | 13. 59 |
| 2 | 建设用地 | 189. 0635 | 5. 16 | 100. 00 |
| 2. 1 | 城乡建设用地 | 146. 5351 | 4. 00 | 77. 51 |
| 2. 1. 1 | 城镇工矿用地 | 57. 4553 | 1. 57 | 30. 39 |
| 2. 2 | 交通水利及其他建设用地 | 42. 5284 | 1. 16 | 22. 49 |
| 3 | 其他用地 | 2221. 6791 | 60. 69 | 100. 00 |
|  | 总计 | 3660. 9826 | 100. 00 | 100. 00 |

甘州区全域旅游发展以政府为主导，充分发挥政府引导和规划引领作用，

加强政策指导，推动全域旅游发展。为实现全域旅游发展目标、保证全域旅游科学发展，甘州区编制了《甘州区创建省级全域旅游示范区实施方案》《甘州区创建省级全域旅游示范区工作计划》《甘州区创建全国旅游标准化试点城市工作安排意见》《甘州区乡村旅游产业发展规划》，印发实施了《关于推动农业农村高质量发展确保如期实现全面小康的实施意见》《甘州区“共享农庄”支持政策》《关于进一步推进旅游文化体育医养融合发展的意见》《甘州区乡村旅游示范工程实施方案》《甘州区乡村振兴战略规划（2018—2022 年）》《关于加快推进甘州区文化旅游产业高质量发展的意见》，明确了全域旅游的发展思路、工作目标、重点任务和保障措施，为全区旅游发展提供了有力的政策支持。

在土地承包政策方面，甘州区衔接落实好第二轮土地承包到期后再延长 30 年的政策，完善农民闲置宅基地和闲置农房政策，改进耕地占补平衡管理办法，贯彻落实中央、甘肃省关于支持旅游用地的相关文件精神，明确旅游用地控制与引导政策，优先安排乡村旅游公共服务用地，复合利用农业生产和村庄建设等用地发展乡村旅游。根据投资主体性质，因地制宜地采取使用集体建设用地、公开出让国有建设用地、盘活存量国有建设用地、临时使用存量建设用地，探索集体建设用地入市、农村宅基地腾退等方式，保障乡村旅游项目用地，推动甘州区旅游产业导向的一二三产业融合发展（见表 5-1）。

2022 年，甘州区出台《甘州区全域旅游提质增效三年行动方案（2022—2024 年）》，从实施旅游基础提升行动、旅游品质提升行动、产品业态升级行动、宣传营销创新行动、标准建设突破行动、旅游发展环境优化行动 6 个方面提出了 23 条全域旅游提质增效硬核措施，从文旅产业发展、旅游品牌创建、宣传营销、文化旅游人才、文创商品研发生产、乡村旅游特色化发展、培育文化旅游演艺精品 7 个方面提出若干奖励扶持措施，还对全区旅游产业作出积极贡献的 33 家先进单位和企业兑现奖补资金 143 万元。

### （二）甘州区全域旅游发展背景

甘州区所在的张掖市是甘肃省重要的旅游目的地城市，已成功创建全国旅游标准化示范城市，正在全市创建国家全域旅游示范区。甘州区处于绿洲生态基地以及张掖经济圈的核心位置，承担着重要的生态功能和新兴产业培育功能。因此，张掖市委、市政府在甘州区布局发展了大量现代高效节水农业和节水工业，并且建成了节水产业与生态保护相生相伴的耦合体系。据此，甘州区紧紧抓住张掖“丝路名城”的机遇，提出了打造具有“丝路文化特色街区”和“自助旅游集散中心”双重功能的旅游区块概念，进而把甘州区建成能够容纳多种业态的城市型旅游功能复合区，打造张掖“丝路名城”核心旅游区。

甘州区全域旅游规划是在“一带一路”倡议的推动之下，充分考虑文旅融合发展的全新需求，以打造省级全域旅游示范区为目标，开展甘州区全域旅游建设，以实现甘州区文旅产业快速发展为抓手，以全域发展为理念，以“旅游+”为发展手段，进行快速的产业结构融合而形成的甘州区全域旅游发展纲领性文件依据。

甘州区全域旅游规划将该地区的发展过程总体划分为 3 个阶段：2019—2020 年为全域旅游创建期；2021—2025 年为全域旅游的提升发展期；2026—2030 年为全面巩固期。规划范围包括乡村在内的整个甘州区所辖全部区域。甘州全区共辖 5 个乡 13 个镇，245 个行政村；辖 1 个经济技术开发区。全区共有常住人口 52. 17 万人，人口自然增长率为 3. 82‰。其中，城镇人口 28. 24 万人，占常住人口的 54. 13%（常住人口城镇化率）；乡村人口 23. 52 万人，占总人口的 45. 44%。区内有回族、裕固族、藏族、蒙古族、满族等 24 个少数民族。全年城镇居民人均可支配收入 31763 元，其中城镇居民人均消费支出 23872 元，城镇居民家庭恩格尔系数为 28. 75%。农村居民人均可支配收入 18610 元，农村居民人均生活消费支出 15862 元，农村居民家庭恩格尔系数为 28. 85%，较好的经济发展水平为乡村旅游发展奠定了良好的基础。

1. 显著的区位优势

甘州区位于河西走廊中部、巴丹吉林沙漠南部边缘、祁连山北麓，是青藏高原和蒙古高原的过渡地带。甘州区总体地形由南部祁连山，北部合黎山、龙首山，中部走廊平原三个基本地理地貌单元组成，地势总体呈中间低、两侧高的态势。走廊盆地内部则表现为由东南向西北倾斜，海拔为 1400 ~ 2000 米，地貌景观以独具特色的走廊荒漠绿洲为主。甘州区内的走廊绿洲盆地是本区主要的农耕区，地势平坦，土地肥沃，发源于南部祁连山内的黑河自东南向西北贯穿全境，为甘州区提供了非常优越的水利资源。

甘州区位于甘肃省中部、河西走廊的东南部。甘州区境内的航空、高铁、高速公路等立体交通网络畅通，甘州区累计投入交通基础设施建设资金 6.5 亿元，有力地保障和支持了全区交通基础设施建设。截至 2022 年末，全区已建成各级公路 2749.011 千米，公路优良路率达到 85%；开通城乡客运运营公交线路 25 条，运营公交车辆 182 辆，行政村通客车率达 100%，城市建成区公交站点 500 米覆盖率达 100%，30 千米内公交化运营率达 85%以上。2023 年，交通运输部公布了 118 个县（市、区）第三批城乡交通运输一体化示范创建县，张掖市甘州区位列其中。

2. 产业经济稳步发展

近年来，甘州区经济发展稳中有升，一二三产业结构合理，民生保障不断加强，形成了社会事业稳步推进的良好局面。甘州区的三产比重合宜，第三产业发展迅速，增长率高于张掖地区的整体增长速度，社会经济发展势头良好，是国务院公布的中国历史文化名城和中国优秀旅游城市、全国绿化模范城市、全国科技进步先进县（区）、全国最大的县级玉米种子生产基地、全国生猪调出大县、全国高原夏菜生产基地和西菜东运基地，被确定为全国农民专业合作社质量提升整县推进试点。

全区整合资金 6.65 亿元支持农业产业发展。靖安现代高效农业产业示范园等项目建成投产，青海云鑫 3 万头肉牛循环经济产业园等项目加快建设，新增供港、澳绿色蔬菜面积 2.82 万亩，新建智能化钢架大棚 8660 亩，蔬菜种植面积约 41.35 万亩，奶（肉）牛饲养量约 45 万头，落实玉米制种面积 60 万亩，乌江镇被认定为第十一批全国“一村一品”示范镇，甘州被列入国家玉米制种奖补大县、国家蔬菜产业集群建设重点县，被确定为全国农业社会化服务创新试点区，成功创评全国第一批农业现代化示范区、农村产业融合发展试点示范县等。

在文旅产业投资建设方面，截至 2021 年 10 月，全区新建及续建的重点乡村旅游项目 17 个，累计完成投资 20.3 亿元。乡村旅游建设项目的稳步实施不仅增加了当地的就业岗位，也为当地居民带来了可观的旅游收益，拓宽了农民增收渠道，产生了显著的旅游扶贫效应。文化旅游产业融合发展是拉动甘州区经济社会转型发展的主引擎之一。数据显示，2019 年甘州区共接待境内外游客 1339.04 万人次，其中，境外游客 3.28 万人次，省外游客 428.49 万人次，过夜游客 624.54 万人次。甘州区全年实现旅游综合收入 77.37 亿元，旅游产业增加值占 GDP 的比重为 39.9%。全区共有 A 级景区 8 家（其中，4A 级景区 4 家、3A 级景区 4 家），省级旅游度假区 1 个、自驾车旅居车营地 1 个、星级宾馆 20 家（其中，四星级宾馆 10 家、三星级宾馆 10 家），品牌连锁酒店 372 家，床位数 25000 多张。“十三五”期间，甘州区文旅产业已成为扩内需、提消费的有力抓手和拉动经济增长的主要动力，旅游接待人次数年增长率超 30%，直接从业人数超过 2 万人，文创产业初具规模，已经形成文物复制、佛教艺术、祁连玉加工、传统手工艺、现代美术、动漫影视、智能科技 7 个大类 200 多个品种。

3. 质量和数量双优的旅游资源

甘州区的自然旅游资源和文化历史旅游资源质量和数量均较为优良，其丰富度、美誉度和规模体量兼备，拥有多项“全国之最”。依据《旅游资源分类、调查与评价》（GB/T 18972—2017），旅游资源涵盖地文景观、水域景观、生物景观、天象气候景观、建筑与设施景观、历史遗迹、旅游购物和人文活动八大主类、15 个亚类、44 个基本类型，据不完全统计，代表性资源单体有 137 处。旅游资源数量多、品级高，具体情况见表 5-2。

**表 5-2 甘州区旅游资源分类**

| 主类 | 亚类 | 基本类型 | 资源单体名称 |
|---|---|---|---|
| A 地文景观 | AC 地表形态 | ACA 台丘状地景 | 朝元村神沙窝 |
| | | ACB 峰柱状地景 | 平山湖村丹霞、合黎山（东大山） |
| B 水域景观 | BA 河系 | BAA 游憩河段 | 黑河、山丹河、平易河 |
| | BB 湖沼 | BBA 游憩湖区 | 芦水湾生态景区（居延湖、燕然湖、云中湖）、二坝水库 |
| | | BBC 湿地 | 张掖国家湿地、西大湖湿地、元丰村湿地 |
| | BC 地下水 | BCB 埋藏水体 | 祁连村温泉、张掖国家沙漠体育公园温泉 |

续表

| 主类 | 亚类 | 基本类型 | 资源单体名称 |
|---|---|---|---|
| C 生物景观 | CA 植被景观 | CAA 林地 | 黑河生态景区、东大山林场、神仙湾人工森林、花寨乡万亩高原储备林、元宝枫林地 |
| | | CAB 独树与丛树 | 青松村“狮子头”青松 |
| | | CAD 花卉地 | 双塔村花卉基地、前进村田园综合体花海、速展花海 |
| D 天象气候景观 | DB 天气与气候现象 | DBB 极端与特殊气候显示地 | 苗家堡村避暑气候、滚家庄村避暑气候 |
| | | DBC 物候景象 | 祁连晴雪 |
| E 建筑与设施景观 | EA 人文景观综合体 | EAA 社会与商贸活动场所 | 屋兰古镇、喀尔喀小镇、甘州水驿 |
| | | EAB 军事遗址与古战场 | 龙渠会议遗址、西洞堡大捷遗址 |
| | | EAC 教学科研实验场所 | 全国中小学生研究实践教育基地、全国农村实用人才培训基地 |
| | | EAD 建设工程与生产地 | 党寨镇奶肉牛规模养殖基地、靖平新村驴养殖基地、前进牧业牧场、金满园杏基地、供港蔬菜基地、甘州区现代农业展示中心、乡遇未来·塞上田园综合体、新胜村食用菌产业示范园、苗家堡村有机枸杞园、花寨村中药材育苗中心和中药材种植园、靖安村新品种农果林生态产业基地、靖安现代高效农业产业示范园 |
| | | EAE 文化活动场所 | 丝绸之路文化村、农耕文化大院、民俗文化广场、乡村大舞台、“种乡史语”生态文化公园、杨家闸村彩虹花园、店子闸村拾光公园 |
| | | EAF 康体游乐休闲度假地 | 西部七彩休闲园、民生小镇营地、甘浚丹霞小镇、绿松休闲园、归园田居徐赵寨共享农庄、靖安堡文旅水镇、弱水湾旅游度假区、“甘州驿”特色小镇、渔夫山寨、苗家堡村避暑山庄、金王庄村四季垂钓园、滚家庄村大野口生态农庄 |
| | | EAI 纪念地与纪念活动场所 | 中共甘州中心县委纪念园、西洞堡大捷纪念园、秺侯驿文化园 |

续表

| 主类 | 亚类 | 基本类型 | 资源单体名称 |
|---|---|---|---|
| E 建筑与设施景观 | EB 实用建筑与核心设施 | EBA 特色街区 | 速展村特色街区、西遇宿集、水云乡畔 |
| | | EBC 独立厅、室、馆 | 前进奶牛公馆、甘州党史陈列馆、甘州家风家训馆、村史馆、乡愁记忆馆、靖平村国学馆 |
| | | EBH 港口、渡口与码头 | 黑河古渡 |
| | | EBJ 陵墓 | 龙渠烈士陵园、西城驿烈士陵园、甲子墩墓群 |
| | | EBK 景观农田 | 新河大地田园综合体、双塔有机农园、双河湾稀特果蔬园、麒延家庭农场、无花果等南果北种基地、五色田园丝路花开基地、特色制种花卉基地、彩色胡萝卜、“红沙窝”西瓜、火龙果采摘园、沿河村葡萄基地 |
| | | EBL 景观牧场 | 石岗墩牧场有机牧场、“塞上田园·丝路牧歌”田园综合体 |
| | | EBN 景观养殖场 | 平山湖骆驼基地、“蔬园居”生态渔场、西大湖虹鳟鱼鱼池、东湖村水产养殖基地、王阜庄村梅花鹿养殖场、靖平村驴产业示范园区 |
| | | EBO 特色店铺 | 童家当铺 |
| | | EBP 特色市场 | 饮马桥商贸一条街 |
| | EC 景观与小品建筑 | ECA 形象标志物 | 彩虹村庄、太平墩 |
| | | ECC 亭、台、楼、阁 | 古城过街楼 |
| | | ECI 塔形建筑 | 高寺儿村吉祥寺塔 |
| F 历史遗迹 | FA 物质文化遗存 | FAA 建筑遗迹 | 秺侯堡遗址、黑水国遗址、燎烟台 |
| | FB 非物质文化遗存 | FBB 地方习俗 | 蒙古族风俗 |
| | | FBC 传统服饰装饰 | 蒙古族服饰、汉族服饰 |
| | | FBD 传统演艺 | 九曲黄河灯阵、邵家班子杖头木偶戏、甘州小调、河西宝卷 |
| | | FBF 传统体育赛事 | 赛马节、敖包文化节 |
| G 旅游购品 | GA 农业产品 | GAA 种植业产品及制品 | 乌江大米、金花寨小米、甘州味道系列、金满园杏干、“唐大妈”辣酱泡菜、粉皮面筋、“黑水国”小香米、“天霖庄园”石磨面粉 |
| | | GAC 畜牧业产品与制品 | 前进牧业乳制品、金满园珍禽生态鸡、骆驼奶 |
| | | GAD 水产品及制品 | 明永镇虹鳟鱼系列产品 |

续表

| 主类 | 亚类 | 基本类型 | 资源单体名称 |
|---|---|---|---|
| G 旅游购品 | GC 手工工艺品 | GCB 织品、染织 | 手工刺绣、手工布鞋 |
| | | GCG 纸艺与灯艺 | 屋兰灯彩 |
| H 人文活动 | HA 人事活动记录 | HAA 地方人物 | 金日磾、“村野食叔”网红、高金城 |
| | HB 岁时节令 | HBA 宗教活动与庙会 | 三月三庙会 |
| | | HBB 农时节日 | 丰收节、杏花节、梨花节、沙枣花节、荷花节 |
| | | HBC 现代节庆 | 张掖七彩丹霞旅游节 |

从资源分布来看，甘州区的旅游资源集中分布在主城区及周边。区域北部为大面积的峡谷景观，资源类型较为单一，西南则以红色旅游资源为主。甘州区旅游资源类型丰富多样，既有自然景观，又有人文资源，能够满足游客观光度假、休闲疗养、健身康体等多元化旅游需求。

甘州区旅游资源较为丰富，资源类型较多，以特色浓郁的丹霞等地文景观、黑河等水域风光、花海等生物景观、避暑等天象气候景观为背景，以农业建设工程与生产地为基础，以景观农田、景观牧场、景观养殖场为特色，以康体游乐休闲度假地为依托，兼具物质文化遗存和非物质文化遗存，农业产品和手工工艺品丰富，农时节日和现代节庆联袂，既充分体现了金张掖传统农业和现代农业、农村的魅力，又独具丝绸之路文化和戈壁水乡特色。

甘州区旅游资源品级较高的景区有省级旅游度假区张掖芦水湾旅游度假区、国家4A级旅游景区平山湖大峡谷景区。平山湖蒙古族乡是甘州区唯一的少数民族分布聚集区，具有鲜明的民族特色；九曲黄河灯阵被列入国家非物质文化遗产名录。

甘州区拥有张掖老街、甘州巷子等地方特色小吃街，万家夜市、北关夜市等特色夜市，高家大院、归乡记等星级农家乐等资源，饮食文化特色鲜明。特色小吃在甘州区数量众多，餐饮企业琳琅满目，地方菜系逐步形成，为甘州区全域旅游发展中充分展示本地特色以及饮食产品和饮食要素的不可或缺性，打造赏食俱佳的甘州地标美食发挥了重要作用。

4. 广阔的市场前景和发展机遇

当前，世界旅游已经进入以深度度假和会展旅游（MICE tourism）为主的新时代，我国旅游业已经以全民旅游、个性体验和自驾游为主要趋势。根据甘肃省的抽样调查，甘肃省自驾游市场有着显著的气候影响特征，旅游者一般倾向选择黄金周、小长假、周末以及带薪休假；在自驾游客的住宿选择上，经济型连锁酒店占比最大，约占 51.93%。其次为休闲度假村，占比约为 16.77%。甘肃旅游整体表现出休闲性、灵活性、自主性等特征，探险、研学、摄影、商旅、康养、宗教旅游等专项旅游产品的自驾游游客规模逐渐扩大，呈现出强劲的发展势头。张掖市的游客抽样调查结果显示，省外游客主要来自新疆（占 11.54%）、陕西（占 10.84%）、河南（占 9.14%）、四川（占 6.94%）、宁夏（占 6.92%）、青海（占 6.75%）等省（区）；省内游客主要来自兰州、临夏、天水、酒泉、张掖等地市；境外游客占 2.4%。自驾游游客占总游客的 81%，团队游客占总游客的 19%。从专项旅游市场发展来看，来甘州区的游客主要进行观光旅游、休闲度假旅游、文化科普旅游和研学旅游等。

（1）国内旅游市场概况

2015—2019 年中国人均可支配收入与中国城乡居民旅游消费情况见图 5-3。

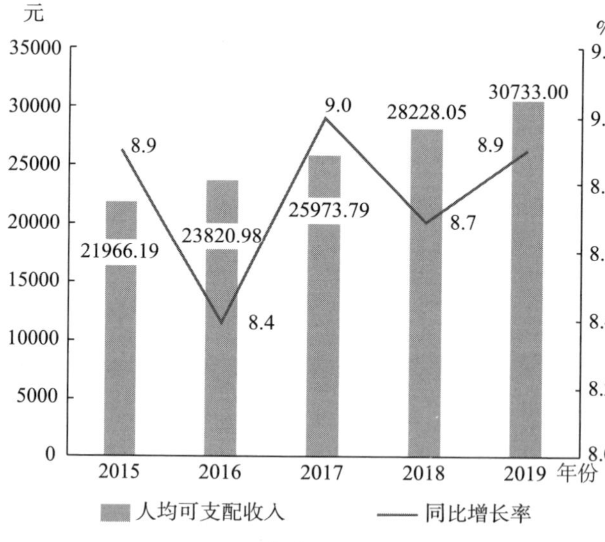


a. 2015—2019年中国人均可支配收入

**图 5-3　2015—2019 年中国人均可支配收入与中国城乡居民旅游消费情况**

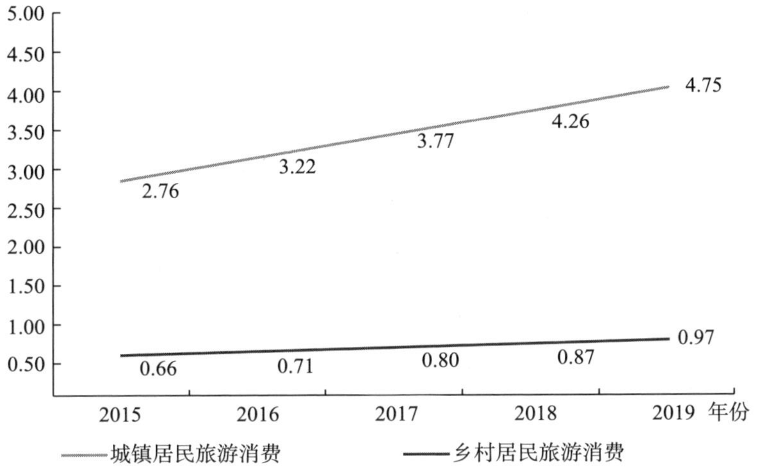


b. 2015—2019年中国城乡居民旅游消费

**图 5-3　2015—2019 年中国人均可支配收入与中国城乡居民旅游消费情况（续）**

21 世纪以后，我国旅游业进入了大众化休闲旅游的新阶段，成为旅游发展的新热点。2021 年，国内旅游 32.46 亿总人次，比 2020 年同期增加 3.67 亿总人次，增长 12.8%（恢复到 2019 年的 54.0%）。其中，城镇居民 23.42 亿人次，增长 13.4%；农村居民 9.04 亿人次，增长 11.1%。2021 年，国内旅游收入（旅游总消费）2.92 万亿元，比 2020 年同期增加 0.69 万亿元，增长 31.0%（恢复到 2019 年的 51.0%）。其中，城镇居民旅游消费 2.36 万亿元，增长 31.6%；农村居民旅游消费 0.55 万亿元，增长 28.4%。2021 年，人均每次旅游消费 899.28 元，比 2020 年同期增加 125.14 元，增长 16.2%。其中，城镇居民人均每次旅游消费 1009.57 元，增长 16.0%；农村居民人均每次旅游消费 613.56 元，增长 15.7%。2021 年第一季度，中国乡村游客规模为 86654 万人次，同比增长 55.5%。近年来，城郊或乡村成为都市人“远离城市喧嚣，放松身心”的好去处，游客更加倾向一个月多次前往城市近郊或乡村旅游，乡村旅游成为增进家庭、朋友感情的新方式。同时，随着我国私人汽车保有量的增加，自驾去城市近郊、省内乡村游的游客保持增长。

（2）甘州区全域旅游市场分类

甘州区全域旅游目标市场主要分为四类：①主体目标市场主要是张掖市及周边县（区）的一日游游客和节假日游客，尤其是家庭旅游市场、青少年研学旅游市场、老年旅游市场。②甘肃省内除张掖及其周边县（市）以外的其他县（市）的游客。③来张掖旅游的外省游客，通过宣传促销，吸引外省游客了解甘州区历史文化。④自驾游市场、高铁游市场和轻奢游市场。其中，自驾游市场主要为“80后”“90后”重点群体，主要是年轻自驾群体与家庭自驾出游市场需求。高铁游市场一般为中高端客源，主要通过加强区域合作，提升旅游地吸引力，从而发展度假和深度游。轻奢游市场主要定位于高品质、有情调的新兴产品。

（3）甘州区全域旅游市场定位

甘州区全域旅游市场更注重本地市场和周边市场（见表5-3）。

表5-3 甘州区全域旅游市场定位

| 重点市场 | 主要目标客源 | 市场定位 | 配套产品 |
|---|---|---|---|
| 张掖市及周边县（区）的一日游游客和节假日市场 | 自驾游市场、家庭旅游市场、老年旅游市场 | 赏田园风光、吃农家饭菜、摘生态果蔬 | 乡村特产采购游、农事节庆游、乡村绿道骑行游、科普亲子游、家庭聚会游 |
| 省内其他地区客源市场 | 自驾游市场 | 体验丝路风情、赏田园风光、吃农家饭菜 | 节庆民俗探亲游、八鲜采摘教育游、科普亲子游、乡村特产采购游、农事节庆游 |
| 省外客源市场 | 省外自驾游市场、旅行社团队游市场 | 体验丝路风情、住特色民宿 | 丝路风情体验游、乡村特产采购游、民俗节庆游、乡村特色饮食、住宿体验游 |

以2021年为基准年，以300万人次为基准年游客量，按年30%的增长率对甘州区未来游客规模进行预测，到2025年甘州区全域旅游人次为1000万，乡村旅游收入为30亿元。根据相关旅游研究报告，2020年中国乡村旅游中，本市周边乡村游人次占比为48%；省内非本市乡村游人次占比为40%；跨省乡村游人次占比为12%。

（4）甘州区全域旅游客源市场拓展

甘州区坚持以拓展旅游客源市场为目标，健全完善政企联手、部门联合、上下联动的宣传促销机制，不断加大宣传促销力度，通过参加兰洽会、旅游推介会等旅游节庆推介活动，制作发放光盘、画册、风光片等宣传资料 10 万余份。借助高端媒体宣传促销，在《中国国家地理》《读者》等杂志上制作旅游宣传专版，提升甘州旅游的吸引力。甘州区还成功举办了国际露营节、中国汽车拉力锦标赛、环青海湖自行车赛、湿地之夏金张掖旅游文化艺术节等赛事节庆活动，进一步拓宽了旅游宣传渠道，有效地拓展了乡村旅游客源市场。

## 二、甘州区全域旅游规划思路

### （一）全域旅游规划原则

1. 政府统筹，市场引导

充分发挥党委、政府在全域旅游发展中的统筹作用和部门协同作用，加强政策创新、机制创新和资金扶持；发挥市场在产品开发、资金投入和经营管理方面的决定性作用，构建政府、市场和社会各方面共同参与、互利共赢的发展局面。

2. 转变方式，品质发展

贯彻全域旅游和“旅游+”的发展理念，树立全域大资源观，发展集约化、全产业链旅游目的地产品，建立现代化的旅游管理体制和运营模式；坚持文旅融合，以文促旅，以旅强文，推进全域旅游精品化、标准化发展，提高全要素服务质量；深入推动甘州区一二三产业融合，实现产业良性互动。

3. 因地制宜，突出特色

强化规划引领，根据甘州区的旅游资源环境禀赋和产业基础，明确发展重点、主题和目标，培育发展特色化、多样化、差异化全域旅游产品和品牌，打造多元化的旅游目的地和要素齐全的产业体系。

4. 资源为本，文化为魂

坚持旅游赋能地方经济振兴的文旅作为和担当，贯彻好“三生”要求和“三变”改革，赓续好地方文脉，提升好区域风貌，传承好地域文化。

5. 保护环境，绿色发展

探索将全域旅游发展作为区域生态文明建设的有效方式，大力倡导低碳旅游项目建设和绿色旅游活动，持续提高区域生态环境质量，为甘州区绿色发展崛起和区域振兴贡献文旅力量，为构建区域绿色低碳循环经济体系奠定坚实基础。

### （二）目标定位

1. 规划战略

甘州区全域旅游规划战略主要包含“三态”“三生”“三度”战略和“全域并进”战略。

“三态”战略，即生态、文态、业态“三态”共创战略，就是以生态为本、文态为源、业态为重“三态”融合共创为发展战略。“三生”战略，即生态、生产、生活“三生”共荣战略，就是以全域旅游开发、创造甘州区原生态、绿生产、乐生活的全社会美好生活，提升该区居民的整体生活品质。“三度”战略，即丰度、深度、高度的“三度”并举战略。具体做法是在全域旅游开发中，注重旅游产品供给侧的丰度，开发多主题旅游景区，建设多层次立体交通，开发多姿彩大美风景，策划多类型节事活动，发展多元化产业形态，最终实现丰类型、深体验和高品位的全域旅游开发总体格局。

“全域并进”战略，即城市、乡村、景区全域并进发展。甘州区全域旅游发展重点首先是城市，而基础在乡村，极点在景区。甘州区全域旅游规划要做到城市、乡村、景区齐发展，提升改造与新建相结合，传统与时尚相结合的全域并进发展格局。

2. 规划定位

甘州区全域旅游发展的总体定位为通过挖掘当地优势文化和旅游资源，紧紧抓住“一带一路”发展机遇，凸显河西走廊生态和经济发展优势，充分发挥甘州区作为张掖市门户和枢纽的区位优势，立足甘州区历史文化名城和黑河生态新城的发展基础条件，将甘州区打造成为“丝绸之路”黄金旅游线重要旅游目的地、中国西部区域性游客集散中心、国际特色休闲度假名城，建设成为著名的“丝绸之路上的历史文化休闲城”。

甘州区全域旅游的形象目标定位为“丝路明珠·塞上江南”。全区依托自身特有旅游吸引物，利用本身优越的自然条件，充分挖掘本区历史文化内涵，打造具有浓郁甘州特色的旅游产品体系，同时积极发展适宜甘州区的现代旅游服务业体系，开发全域休闲度假功能，讲好丝路故事，宣传好全区风土人情，展示山水韵味。

3. 规划目标

根据甘州区全域旅游发展现状及预估发展速度，确定了以下几个中短期规划目标。

（1）文旅产业发展目标

规划期内游客年均增长不低于20%，到2025年，接待游客数量达到4000万人次，旅游总收入达到300亿元；到2030年，游客达到9900万人次，旅游总收入达到900亿元，游客人均消费水平接近全国平均水平。

（2）文化传承发展目标

保护和活化历史遗存，传承甘州非物质文化遗产，到2025年，打造1~2台精品剧目，进行省内巡演；区内50%的A级景区具有非物质文化遗产的展示、展演和展销功能。到2030年，精品剧目实现全国巡演。A级景区的比例达到80%。

（3）综合带动发展目标

到2025年，旅游直接就业人数达到5万人以上，带动间接就业人数15万人以上，其中带动农村就业2万人以上；旅游综合收入占GDP的比重达到

35%以上，旅游收入在当地农民年纯收入中占比达到30%，旅游税收占地方财政税收的20%。到2030年，这几项收入占比分别达到45%、35%和25%。

（4）接待体系发展目标

到2025年，5A级景区增加1处，4A级景区增加4处；到2030年，5A级景区增加1处，4A级景区增加5处。到2025年，建成国家旅游示范村5个、省级旅游示范村10个；到2030年，建成国家旅游示范村10个、省级旅游示范村15个。规划期内，建成国家级旅游度假区1个、省级旅游度假区2个。到2025年，建成专业旅游村镇5个、星级农（牧）家乐50家以上；到2030年，专业旅游村镇增加到15个，星级农（牧）家乐增加到100家以上。到2025年，新增1家五星级酒店和5家四星级酒店；到2030年，五星级酒店达到2家以上，四星级酒店达到20家以上。接待床位数量2025年达到50000张，2030年达到90000张。

### （三）甘州区全域旅游发展路径

甘州区全域旅游发展路径为：①从景点开发到核心辐射，激发全域旅游新活力；②从单一传统到复合精致，实现全域品质新供给；③从旅游廊道到网络布局，构筑全域空间新格局；④从“景点美”到“全域美”，创建全域生活新典范。通过四大路径共同实现区域旅游资源有机整合、产业融合发展、社会共建共享，推动全区的旅游业转型升级、提质增效。

## 第三节　规划体系及成果

甘州区全域旅游规划体系主要包括全域旅游发展的空间结构、旅游项目产品体系构建、产业融合、旅游交通、文旅振兴、公共服务体系、生态文明、品牌营销以及运营等多个方面。

## 一、全域旅游“多规合一”

### （一）概念的提出及发展

习近平总书记指出，在城乡建设过程中一定要合理布局，规划先行。“多规合一”的目的就是要解决现有各类规划自成体系、内容冲突、缺乏衔接等问题。“多规合一”要求将国民经济和社会发展规划、城乡规划、土地利用规划、生态环境保护规划等多个规划融合到一个区域上，实现一个市县一本规划、一张蓝图。

我国的国土空间规划与“多规合一”的发展大致经历了三个阶段（毛巧云等，2021）：探索试点阶段（2003—2012 年）、正式试点阶段（2013—2015 年）、深入试点阶段（2016 年至今）。

1.“多规合一”1.0（2003—2012 年）：探索试点阶段

该时期，为了解决规划中遇到的问题，全国掀起了“多规合一”改革热潮。自 2002 年第三轮国土空间规划开展以来，试点工作便如火如荼地展开。2003 年，国家发展改革委首次提出“多规合一”的改革试点；2004 年，国家发展改革委将“三规合一”规划体制改革试点工作正式提上日程，开启了“多规合一”的探索试点阶段。在此之后，全国各大城市也积极进行了规划改革试点探索实践，重庆、上海、武汉、广州等城市陆续开展了“两规合一”“多规合一”工作，并取得了一定的成效。

2.“多规合一”2.0（2013—2015 年）：正式试点阶段

在此时期，由于规划体系复杂，各部门各自为政现象严重，多规乱象、规划互相打架或者矛盾的现象比较严重，出现了规划目标和成果不一致、规划路径和体制机制不协调等情况，严重影响了“多规合一”的改革进程。鉴于此，党中央实施了各种积极的探索政策，将“多规合一”的工作推向了新的高度。

3.“多规合一”3.0（2016 年至今）：深入试点阶段

在此阶段，随着丰富的经验积累，我国的“多规合一”试点工作进入完善期，国土空间规划改革路径明晰，全国逐步开始规划编制工作。从省、市级试点方案实施到试行编制指南公布，从确立规划体系编制到实施，“多规合一”改革试点工作经过20多年的探索与实践，已经迈出创造性的一步，新时代背景下以生态文明建设为指导思想的国土空间规划将满足人民美好需求、符合时代发展需要（见表5-4）。

2022年12月，文化和旅游部等发布的《关于开展国家文化产业和旅游产业融合发展示范区建设工作的通知》（以下简称《通知》）明确了国家文化产业和旅游产业融合发展示范区的建设工作指南、申报指南及评价指标体系。《通知》明确提出，各地要积极把文化产业和旅游产业融合发展示范区的规划与当地及上层国土空间规划相结合，更好地适应示范区发展建设需求。国家文化产业和旅游产业融合发展示范区验收通过后，将把边界范围及内部分区等空间矢量数据纳入国土空间规划“一张图”系统。要实现纳入国土空间“一张图”，有4个层次的工作要做：第一，总体层面的文旅融合示范区要与上一层次或同范围、同层次国土空间规划相一致。第二，所有项目的规划落地基础与条件应符合已有国土空间规划。第三，新增发展项目应结合当前的规划条件，并为未来调规提出合理性要求。第四，核心项目和引擎项目必须拥有或新编制可纳入国土空间规划“一张图”的规划。

**表5-4 “多规合一”提出以来国土空间规划的研究进程**

| 阶段 | 改革内容 | 改革主题 |
|---|---|---|
| 2003—2012年：探索试点阶段 | 2003年发布《关于规划体制改革若干问题的意见》 | 国家发展改革委提出“多规合一”改革试点 |
| | 2007年被批准为统筹城乡综合配套改革试验区 | 重庆尝试进行多规叠合 |
| | 2008年开展土地利用规划与城乡规划的“两规合一” | 上海建立全市城乡建设用地“一张图”，划定了三条控制线 |
| | 2009年设立武汉市国土资源和规划局 | 武汉开展“两规合一”专题研究和乡镇总体规划 |
| | 2012年启动“三规合一”工作 | 广州提出构建有广州特色的“三规合一”综合协调管理机制 |
| | 2012年11月党的十八大报告 | 中共中央提出建立国土空间开发制度 |

续表

| 阶段 | 改革内容 | 改革主题 |
| --- | --- | --- |
| 2013—2015 年：正式试点阶段 | 2013 年 11 月《中共中央关于全面深化改革若干重大问题的决定》 | 中共中央提出要建立空间规划体系 |
| | 2013 年 12 月中央城镇化工作会议 | 党中央提出探索实现“多规合一”的方式方法 |
| | 2014 年 1 月《关于开展县（市）城乡总体规划暨“三规合一”试点工作的通知》 | 住房和城乡建设部提出逐步形成“三规合一”或“多规合一”的规划体系 |
| | 2014 年 3 月《国家新型城镇化规划（2014—2020 年）》 | 中共中央提出推进有条件地区的“多规合一” |
| | 2014 年 8 月《关于开展市县“多规合一”试点工作的通知》 | 国家四部委在 28 个市县开展“多规合一”试点改革 |
| | 2014 年 9 月《市县经济社会发展总体规划技术规范与编制导则（试行）》 | 国家发展改革委与国家测绘地理信息局提出市县经济社会发展规划、城乡规划、土地利用规划、生态环境保护规划 |
| | 2014 年 10 月《中国共产党第十八届四中全会公报》 | 中共中央提出完善国土空间开发保护方面的法律制度 |
| | 2014 年 12 月《省级空间规划试点方案》 | 中共中央与国务院提出，健全统一衔接的空间规划体系 |
| | 2015 年 4 月《中共中央　国务院关于加快推进生态文明建设的意见》 | 中共中央提出健全空间规划体系 |
| | 2015 年 9 月中共中央、国务院印发《生态文明体制改革总体方案》 | 中共中央、国务院提出支持市县推进“多规合一” |
| 2016 年至今：深入试点阶段 | 2016 年 10 月《关于建立健全国家“十三五”规划纲要实施机制的意见》 | 中共中央办公厅、国务院办公厅提出协调推进市县“多规合一”和省级空间规划改革 |
| | 2016 年 12 月中共中央办公厅、国务院办公厅印发《省级空间规划试点方案》 | 中共中央、国务院提出 9 个省级空间规划试点 |
| | 2017 年 2 月《全国国土规划纲要（2016—2030 年）》 | 国务院提出统筹各空间性规划，推进“多规合一” |
| | 2017 年 3 月原国土资源部印发《自然生态空间用途管制办法（试行）》 | 原国土资源部提出县级以上开展双评价，划定“三区三线”，作为生态空间用途管制依据 |
| | 2017 年 9 月中共中央办公厅、国务院办公厅印发《关于建立资源环境承载能力监测预警长效机制的若干意见》 | 中共中央办公厅、国务院办公厅提出开展资源环境承载力监测预警评价 |
| | 2017 年 11 月党的十九大报告 | 中共中央提出构建国土空间开发保护制度，建立自然保护地体系 |

续表

| 阶段 | 改革内容 | 改革主题 |
| --- | --- | --- |
| 2016 年至今：深入试点阶段 | 2018 年 3 月中共中央印发《深化党和国家机构改革方案》 | 中共中央提出建立自然资源有偿使用制度 |
| | 2018 年 8 月自然资源部“三定方案” | 自然资源部提出建立国土空间规划实施监测、评估和预警体系 |
| | 2018 年 11 月《中共中央　国务院关于统一规划体系更好发挥国家发展规划战略导向作用的意见》 | 国务院提出理顺规划关系，统一规划体系 |
| | 2019 年 5 月《中共中央　国务院关于建立国土空间规划体系并监督实施的若干意见》 | 国务院提出确立国土空间规划体系 |
| | 2019 年 11 月《关于在国土空间规划中统筹划定落实三条控制线的指导意见》 | 中央全面深化改革委员会提出“三线划定” |
| | 2020 年 1 月《省级国土空间总体规划编制指南（试行）》 | 自然资源部办公厅提出省级规划指南 |
| | 2020 年 9 月《市级国土空间总体规划编制指南（试行）》 | 自然资源部办公厅提出市级规划指南 |
| | 2021 年 3 月“十四五”规划 | 新华社提出确定未来 5 年发展目标 |
| | 2022 年 12 月《关于开展国家文化产业和旅游产业融合发展示范区建设工作的通知》 | 文化和旅游部提出，明确国家文旅产业融合发展示范区工作指南及指标体系，要求把文旅产业融合发展区划与当地及上级国土空间规划相结合 |

### （二）文旅融合发展规划要积极对接国土空间规划

做好融合发展规划，指导好融合发展示范区发展，是一项重要的基础性工作，既要对接国土空间规划，更要适应其发展建设需求，也要提升、完善和改进融合发展规划的内容、理念和方法。

国家发展规划是统领，国土空间规划是基础。融合发展规划就是要在统领的指导下，以国土空间规划为基础，合理配置所需的各类空间资源，提升融合发展规划效率，提高融合发展规划的落地可操作性。

随着国土空间规划的落地，一方面，将推进文旅产业涉及用地类别的细分化；另一方面，土地复合利用和兼容供地逐渐成为趋势。目前，融合发展示范区规划下的文旅用地管理，主要有以下四个方面值得关注：一是未设置

“旅游用地”或“文旅用地”大类。文旅作为一类综合产业，多产业融合、跨学科发展，其涉及的各类土地都已涵盖在新的用地分类指南中，既没必要也不太可能对旅游用地和文旅用地进行单独分类。二是取消了管理漏洞较大的风景名胜设施用地。国土空间规划下“风景名胜设施用地”项目被取消。三是强化了康体娱乐用地分类，为文旅融合发展提供了保障，尤其是助推了康养旅游及文化产业、体育产业融入旅游产业发展。四是开创性地提出了“留白规划”，为乡村文旅预留了足够的发展空间。

### （三）甘州区“多规合一”落实基础

《甘州区全域旅游发展规划》完全按照《甘州区土地利用总体规划（2010—2020 年）调整完善方案》合理安排旅游建设用地，在景区开发中，以生态保护为前提，尽量不增加建设用地指标。该规划严格落实了全省全市和甘州区的“多规合一”的要求和目标。甘州区的全域旅游规划与环境保护规划、生态景观规划、人居环境保护规划、耕地与农业生态保护规划、民居风貌引导规划等规划相互衔接，有机统一。具体表现如下。

1. 积极衔接省级各类规划

《甘肃省国土空间规划（2021—2035 年）》（以下简称《规划》）是甘肃省域国土空间保护、开发、利用和修复的政策和总纲，是规范全省国土空间保护和开发活动，编制省级相关专项规划、市（州）县等下位国土空间规划的基本依据。《规划》中的发展目标之一为甘肃的文化强省和旅游大省基本实现。《规划》提出了“一核三带”区域发展格局，其中，甘州区是位于“三带”中河西走廊经济带中心位置的核心。从主体功能区划分上看，甘州区属于甘肃省构建的“3+5”主体功能区体系中的农产品主产区，其中，“3”为城市化发展区、农产品主产区和重点生态功能区；“5”为水资源过渡利用区、水源涵养区、能源战略性矿产资源保障区、边疆地区和自然遗产与历史文化遗产保护区。省级规划根据城镇职能分工，将全省 86 个县级单元分为城市服务型、工业主导型、农业优先型、文旅赋能型、生态功能型 5 种类型，甘州区为农业优先型发展模式，因此在做全域旅游规划过程中应严格按照

《规划》划定的主体功能区带和作用进行规划。

2. 加强土地政策研究与创新

全域旅游规划是在全面对接国土空间规划的基础上，完善乡村旅游发展用地政策体系，明确用地类型和供地方式，并实行分类管理。区政府部门研究出台了乡村旅游“点状供地”政策，对乡村旅游用地作出专门安排，重点保障旅游公共服务设施土地供给，优化经营性乡村旅游项目用地政策。甘州区自然资源部门认真贯彻落实了甘肃省自然资源厅、发展改革委、农业农村厅《关于保障和规范农村一二三产业融合发展用地的通知》（甘资字〔2021〕39号），引导旅游产业用地的合理布局，科学安排新增用地计划指标，盘活了存量建设用地，保障了全域旅游业的发展用地。

3. 优先利用存量集体建设用地

甘州区在深入落实《中共中央　国务院关于抓好“三农”领域重点工作确保如期实现全面小康的意见》的基础上，严格执行“新编县乡级国土空间规划应安排不少于10%的建设用地指标，重点保障乡村产业发展用地”政策。据此，全区积极盘活农村集体土地，鼓励和推进农村集体建设用地通过入股、租用等方式直接用于发展乡村产业，推动了农村集体经营性建设用地的落地见效。

4. 支持利用闲置农房发展全域旅游

在落实《甘肃省人民政府办公厅关于加快乡村旅游发展的意见》的基础上，甘州区支持利用空闲农房，兴办农家乐、民宿客栈、乡村酒店、休闲农庄、农事体验中心、康养中心等，配套开发山水人家、采摘篱园、欢乐田园等形式多样的旅游产品。

## 二、甘州区全域旅游空间格局

### （一）总体格局

根据甘州区旅游业发展的整体格局，立足甘州区自身的旅游资源分布、景观特色、产业集聚特点和文化传承脉络等地脉和文脉特征，以最大化的资源要素空间整合和产业形态的空间优化为目标，为甘州区旅游业的发展提供最优的空间布局。

甘州区全域旅游空间布局的总体思路为以资源条件为基底、以文化共性为主线、以交通联系为纽带、以核心项目为引领，最终形成“一核四区、两带一轴、八大核心景区”的城乡统筹空间战略格局。据此，甘州区总结形成了适应本地发展的全域旅游发展路径，即“极点发展、轴向带动、全域提升”，显示出强劲的全域效应。

甘州城区为甘州区全域旅游发展的最高能级带动核心，建设丝绸之路经济带上知名的RBD，形成了全域旅游发展的中央极核。按照甘州区旅游开发现状和资源分布情况，依据乡村发展状况、文化发展格局和景观现状，充分考虑道路的交通联动功能，运用从未来看现在的规划理念，洞察甘州区的未来发展趋势，将甘州全域划分为四大主题旅游片区。以旅游景观为基础，以河流和道路为轴线，形成“两带一轴”的线性发展带动轴线。依据现有发展基础、文化基底、发展条件和未来发展空间，甘州区重点打造了八大核心景区，建设成各大片区的旅游增长极。

## （二）一核四区

### 1. 一核

“一核”，即以甘州城区为主体打造的丝路休闲度假城为核心，完善旅游服务功能，打造RBD游客集散中心，精心培育文化街。以张掖大佛寺为龙头，创建5A级景区，植入IP，形成特色旅游产品。强化甘州历史文化名城的核心功能，打造具有“丝路文化特色街区”和“自助旅游集散中心”双重功能的中心城市游憩商业区，开发“夜市+交通中心+厕所+绿地+购物”综合旅游体验项目；加快完善城市旅游服务设施，提升经营管理水平，增强旅游接待能力，把甘州区建成能够容纳多种业态的城市型旅游功能复合区，打造张掖丝路名城核心旅游区。

2. 四区

“四区”，即四大文旅片区，包括地质瑰宝博物片区、金张掖民俗文化片区、河西生态宜居片区和红色记忆传承片区四大主题旅游区。

（1）地质瑰宝博物片区

该片区以城区北侧山区的东大山—合黎山—口子北山—红沙窝北山—人峻口一线为界，以平山湖大峡谷地质公园景区为发展基础，以山地、戈壁、河流和与之对应的丹霞地貌、矿藏和林地等地貌景观为特色，以生态保护为前提，强调科普、体验、休闲和户外运动的有机结合，重点配套建设相关接待设施，引进专业运营机构，鼓励当地人参与。通过文旅产业发展，实际带动当地经济增长和牧区基础设施建设提升以及重点区域的生态改良，凸显了自然基底的多变和灵动，结合牧区民俗，该地开发了多样化的旅游产品。以生态保护为基底，强调科普、体验、休闲和户外运动的有机结合；重点配套建设相关接待设施，引进专业运营机构，鼓励当地人参与，通过文旅产业发展，实际带动当地经济增长和牧区基础设施建设提升以及重点区域的生态改良。

（2）金张掖民俗文化片区

该片区位于城区东侧，西至旅游大通道，区域内包含城区、沙漠和南部乡村等主要资源基础。以屋兰古镇、沙漠公园为发展基础，全面解析甘州文化，探讨创新传承新路径，以文化追寻地域精神，以项目带动区域发展，以产业促进民俗延续、促进文创产业发展，努力将该片区打造成甘州文脉传承与地域精神核心承载区和综合体现西北民俗文化特色的板块。在全面解析甘州文化、探讨创新传承新路径的基础上，促进文创产业发展，以项目带动区域发展，以文化追寻地域精神，以产业促进民俗延续。

（3）河西生态宜居片区

该片区位于城区西侧，东至旅游大通道，南至 G30 连霍高速，以黑河湿地为资源基础，以芦水湾旅游度假区为发展支点，本着健全城市功能配置、综合产业配置和生产、生活设施配置的思路，凸显生态与生活的良性互动，与黑河生态改良示范带共同形成张掖生态宜居区块，建设以城市湿地为基底的生态宜居城区，打造金张掖均衡发展新地标。

（4）红色记忆传承片区

该片区位于连霍高速以南，旅游大通道以西，以红西路军中共甘州中心县委纪念园暨甘州党史陈列馆为发展基础。该区拥有西路红军在甘州的光荣历史，在深度挖掘甘州红色旅游存量资源的基础上，开发具有综合性体验的红色旅游产品，配套建设相关接待设施，增加专业服务人员，创新红色文化传承模式，打造红色旅游典型示范区。

### （三）两带一轴

“两带”，即黑河生态改造示范带和 S213-G227 乡村旅游示范带。黑河生态改造示范带即以“河西走廊的母亲河”为主题，以黑河为轴线建设黑河生态改造示范带，让黑河走进百姓生活，成为甘州市民休闲度假的目的地；同时，让百姓自觉维护黑河生态，提高全民的生态保护意识。S213-G227 乡村旅游示范带即以 S213-G227 为轴线建设乡村旅游示范带。秉承乡村振兴的发展思路，以美化环境、提升产业、助力“三农”为目标，多方位促进农民生活水平提升，充分发挥旅游的产业融合功能，提高产业附加值，从而打造张掖乡村振兴典范区域。

“一轴”，即打造一条甘州区全域旅游传动轴，具体做法为建设南北向全景化展示甘州整体风貌的景观大道，集结甘州旅游之精华，带动周边项目联动发展，构建甘州旅游大通道，形成全域旅游传动轴。

### （四）八大核心景区

1. 芦水湾国家级旅游度假区

以创办国家级旅游度假区为抓手，带动黑河沿线生态改造工程全面启动，实现产业更新、生态升级和环境改造多重目标，以建设生态城市、魅力家园为主要思路，以芦水湾省级旅游度假区创建国家级旅游度假区为依托，将高品级自然资源与城市发展相结合，打造蓝绿渗透的海绵城市新格局，建设西北绿洲生态休闲区。时时有景，处处有景，成为张掖市的“后花园”和“加湿器”。

2. 大佛寺文化产业园

以大佛寺景区创建5A级旅游景区为抓手，将高品级文化资源以全新的方式进行演绎和发展，打破传统景区式经营模式，将周边区域作为一个整体进行开发，整合甘州区内相关资源，打造以传统遗存为核心、以当代传承为目的、以文化创新为路径的西部文化旅游新模式。

3. 平山湖地质奇观核心景区

平山湖大峡谷距离张掖市区约60千米，是迄今为止离城市最近的集自然奇观、峡谷探险、地质科考、民族风情、自驾越野等于一体的中国复合型旅游景区，是张掖地貌景观大观园中最美的景观之一。其凭借着壮美的地质奇观和古老的游牧文化，曾被《中国地理杂志》及中外知名地质专家和游客誉为“比肩张家界”“媲美科罗拉多大峡谷”“丝绸之路新发现”。《规划》中将平山湖大峡谷创建为5A级旅游大景区，提升景区服务功能、开发夜游内容，完善黄金大帐，做强枯山水，做大滑雪场，做好观景台。

4. 屋兰古镇文化旅游大景区

屋兰古城属于甘肃古张掖郡辖十县之一，是县级文物保护单位。屋兰古镇曾被授予“中国起源地文化产业实验基地”，被收入“中国起源地文化产品名录数据库”。九曲黄河灯阵是甘州区碱滩镇古城村一带流传了上千年的历史文化遗产，被上海大世界吉尼斯总部认定为“中国规模最大的灯阵”。甘州区以屋兰古镇九曲黄河灯阵为依托打造西北夜游文化体验区，创建4A级景区和国家生态文化保护示范区。

5. 绿洲沙漠体验核心景区

张掖国家沙漠体育公园位于甘州区城南13千米处，总面积为35平方千米，是全国距离城市最近的沙漠体育公园，是集游览观光、科考科教、娱乐休闲、民俗文化、运动健身于一体的沙漠生态旅游精品。甘州区拟以张掖国家沙漠体育公园创建4A级旅游景区为依托打造绿洲沙漠体验区，争取创建成为5A级旅游景区，打造体育产业基地。

6. 西路军红色旅游研学核心景区

以甘州区红色文化主题公园改造提升为依托，辐射带动大满、龙渠等乡镇红色旅游产业，打造西路军红色旅游研学区、西路军军魂传承地，打造红色旅游纪念园。甘州区在整合全区红色旅游资源的基础上，打造“西路军魂传承地”红色旅游品牌和全国红色旅游基地。

7. 乡村旅游休闲观光核心区

甘州区以普家庄秺侯驿文化产业园、前进村田园综合体、双塔村丝路文化村、速展民俗文化特色村等为依托打造乡村旅游休闲观光区。通过整体环境改造、基础设施提升和接待设施完善，不仅推动了乡村旅游建设的顺利开展，而且提升了当地居民的生活水平和幸福感。

8. 观光农业融合发展核心区

实施乡村振兴战略，是党的十九大作出的重大决策部署，是决胜全面建成小康社会、全面建设社会主义现代化国家的重大历史任务，是新时代做好“三农”工作的总抓手，以全新思路解读“三农”，促进全域旅游发展。甘州区观光农业融合发展核心区的建设以 G227 沿线现代农业产业园的发展为抓手，打造以高科技集约化农业生产、观光休闲、农产品加工和生态技术为主的产业发展集聚带。

## 三、甘州区全域旅游交通布局

### （一）总体概况

甘州区全域旅游交通布局是在系统思维科学分析下，以适度超前、科学性、指导性和可操作性为原则作出的交通规划。规划和建设过程中格外重视旅游交通沿线环境的绿化、美化和净化，在承担旅游交通功能的同时，也是景观大道；在“以人为本”的原则下，充分考虑访、游客需求，注重市域范围内整个交通网络布局结构的合理性，使得景区内外的道路连接成环城网；

秉承保护环境的原则，所有交通线路要减少对土地资源的占用以及对环境景观的破坏；注意对中高档交通工具的使用，改善燃油结构和汽车排气系统，减少环境污染。

甘州区全域旅游交通网络积极融入“金张掖·乐行”计划，加快开通到广州、重庆、成都、深圳等地的国内中远程航线；探索打造支线飞机张掖过夜基地，形成旅游交通陆、空、铁立体环线；加快平山湖大峡谷通航机场建设，主动承接“环西部火车游”旅游专列、“三区三州”红色旅游专列，实现增点延时，积极推进周边辐射旅游专线道路建设，推进“城景通”“景景通”“景村通”旅游交通基础设施建设，完善景区内道路环线、景区与高速公路、景区与景区之间、景区与城乡之间的连接道路建设，统筹优化景区、景村互联观光线路，提升综合通达能力；发挥机场、车站、加油站、酒店等窗口单位旅游服务咨询前沿作用，完善旅游咨询、游客输送、旅游购物、住宿餐饮、休憩娱乐等服务功能，为全域旅游奠定便捷的交通基础。

### （二）外部交通系统

1. 航空

张掖甘州机场为4C级军民合用支线机场，满足年旅客吞吐量24.3万人次。2019年，机场共完成旅客吞吐量21.3714万人次，已经基本处于饱和状态。《规划》将甘州机场改扩建为4D级标准机场，年吞吐量规划为80万~100万人次。

2. 铁路

兰新高铁的建成通车，极大地提升了甘州在丝绸之路黄金旅游线上的地位。张掖站、张掖西站均位于甘州区内，中远程游客进入张掖后的第一站便是甘州，甘州承担着“张掖会客厅”的功能。在未来的规划中，在开通现有动车组的基础上，开通高铁车次，并逐步开行连接重点客源市场的旅游专列。

3. 公路

连霍高速（G30）为东西向快速连接区外的交通干线，张扁高速

（G0611）为南向快速连接区外的交通干线。国道 312 线是东西向连接区外的国道干线，而国道 227 线则是南向连接区外的重要国道干线。

### （三）内部景观廊道

按照“经廊同构”的思路，与城区的八大出口串联，进行有机更新，依托从城区向外辐射的 8 条区内主要道路，根据线路周边不同的景观，建设了 8 条景观大道，呈辐射状连接区内主要旅游资源。

8 条道路分别是：①宁张公路（G227）——观光农业融合发展廊道；②张掖—大野口水库公路——西部野趣风光游憩廊道；③张掖—鹰落峡水库公路——西路军红色旅游廊道；④张掖—肃南公路（S213）——乡村旅游休闲观光廊道；⑤甘平公路（甘州—平山湖，S237）——自然奇幻探险廊道；⑥张罗公路（张掖—罗城镇）——黑河溯源滨水观光廊道；⑦国道 312 线东向连接段——河西走廊风情体验廊道；⑧国道 312 线西向连接段——佛国探古游憩廊道。

### （四）绿道系统

按照游客的旅游行为特点，在甘州区旅游道路系统设置了三级旅游绿道，重点建设骑行道、跑步道和健步道系统。

1. 一级绿道

一级绿道被称为“车轮上的休闲”。该绿道系统遵循道路建设风景化、交通体验休闲化、环境影响最小化的规划和建设思路，按照“经廊同构”的思路，与城区的八大出口串联，进行有机更新，做实特色游，构建“道路+节点”服务架构，将区内的道路建设为风景大道、文化大道、产业大道。一级绿道结合交通线路的布置，打造 8 条乡村旅游风景道。结合公路服务站建设，配套设置休闲餐饮点、购物点、观景台、旅游民宿和自驾车营地等，提供高标准的旅游交通服务。

2. 二级绿道

二级绿道为游憩型道路，各乡村旅游节点内部主干道及各乡镇连接通道，主要以自然走廊为主，由机动车道，人、自行车综合行道来承担绿道功能。在重点乡村区域大力开发自行车游线，建设环保型自行车道，设置多个租车节点，配备自助式公共自行车租赁系统，将自行车骑行打造为“最甘州、最时尚”的游览方式，进一步强化甘州绿色乡村游憩氛围。大力发展绿道慢行系统，解决绿色出游及“最后一公里”交通末梢问题。

3. 三级绿道

三级绿道为自然生态型道路，各乡村旅游节点外部连接道，以湿地景区、山体景区、农林区、沙漠体验为主，为野生动物迁移和物种的交流、自然科考及徒步旅行提供良好的条件，依托自然山水景观、田园林地风格，打造四季花木，营造四季皆美的生态氛围。

### （五）驿站系统

在建设慢行系统的道路边建设慢行驿站，形成驿站体系，主要设置临时休憩空间、简要的旅游咨询信息、简单的急救护理设备、应急求助设施等。驿站为骑游者提供相关补给和休闲的空间，提供的服务包括休憩、盥洗、饮水、简易维修、紧急救护、餐饮、单车修理、旅游资讯、交通集散等。

绿道驿站按照提供的服务内容的差异，由简到繁分为 5 个等级，在自行车慢行道沿线，每隔 3 千米设置一个一级驿站，每隔 5 千米设置一个二级或三级驿站，在乡镇所在地设置四级或五级驿站。

1. 一级驿站

一级驿站占地面积为 5~15 平方米。该级驿站主要提供维修设备、厕所、洗手台、初级外伤医护药品、简易休憩空间（包括饮水）、旅游宣传品设置及交通指引等设施服务。

2. 二级驿站

二级驿站占地面积为 15~75 平方米。该级驿站主要提供维修设备、淋浴设备、厕所、洗手台、初级外伤医护药品、简易休憩空间（包括饮水）、旅游宣传品设置及交通指引等设施服务。

3. 三级驿站

三级驿站占地面积为 75~150 平方米。该级驿站主要提供维修设备、淋浴设备、厕所、洗手台、初级外伤医护药品、充足休憩空间（包括餐饮）、旅游宣传品设置及交通指引、自行车配件贩售、自行车租赁与贩售等设施服务。

4. 四级驿站

四级驿站占地面积为 150~250 平方米。该级驿站主要提供维修设备、淋浴设备、厕所、洗手台、初级外伤医护药品、充足休憩空间（包括餐饮）、旅游宣传品设置及交通指引、自行车配件贩售、自行车租赁与贩售、旅游服务中心与道路救援、自行车停车场等设施服务。

5. 五级驿站

五级驿站占地面积在 250 平方米以上。该级驿站主要提供维修设备、淋浴设备、厕所、洗手台、初级外伤医护药品、充足休憩空间（包括餐饮）、旅游宣传品设置及交通指引、自行车配件贩售、自行车租赁与贩售、旅游服务中心与道路救援、住宿等设施服务。

### （六）自驾及营地系统

甘州区全域旅游交通系统还特别设计建造了自驾营地系统。自驾车线路分两级：一级是沿 8 条景观大道到达各景区的线路，二级是各旅游乡村、景区内部等乡村景观道路。两级自驾线路均配套设计自驾车营地，同时，两级自驾车线路也是甘州城市常住居民和临近地区休闲人群的首选游览线路。

自驾营地主要采用了三级建设系统。

1. 一级营地

一级营地为综合性户外营地，一般与游客服务中心或集散中心相配合设置，提供多种住宿体验和餐饮服务，设立专门的信息服务中心和应急救助中心。同时，还可根据实际情况设置物流服务点、金融服务点和通信服务点等公共设施。该级别营地代表有公航旅·国际露营基地、平山湖大峡谷露营基地。

2. 二级营地

二级营地为特色户外营地。该级别的营地一般是中小型的户外营地，主要借助现有的接待点或未来的重点项目设置，根据营地的主体设置特色游憩和接待设施。该级营地系统强调休闲游憩设施的配套建设以及多样化营地设置。农业主题的营地一般设置在农业景观较好的村庄附近，民俗主题的营地则设置在民俗文化鲜明的村庄附近。

3. 三级营地

三级营地为主题户外服务点。该级别营地一般为小型营地，作为主要接待点的配套设施设置，部分营地提供汽车租赁服务或提供私家车停靠和简单的餐饮服务，配套加油站或维修点等。

# 第六章　甘州区全域旅游实践路径

自 2016 年全国旅游工作会议提出发展全域旅游以来，全行业掀起了对全域旅游探索与实践的热潮。2018 年 3 月，国务院办公厅印发《关于促进全域旅游发展的指导意见》（以下简称《意见》），指出了全域旅游工作的开展路线，提出了“七个转变”，尤其强调“从单一景点景区建设向综合目的地服务转变”，至此，旅游模式开启了从“景区旅游”到“全域旅游”的转变。

甘州区辖区范围内共有 18 个乡镇，各个乡镇的旅游资源各具特色，既包括以平山湖大峡谷、湿地公园为主的自然风光景观，又有以甘州区县委纪念园、少年军校为主的红色乡村景点，还包括以奶牛养殖、现代设施农业为特色的“农业+”资源。旅游资源类型相对丰富，产业发展基础条件良好，具体而言，甘州区特色旅游资源主要包括：①民俗风情旅游资源；②田园观光旅游资源；③红色旅游资源；④现代设施农业旅游资源；⑤康养度假旅游资源；⑥非物质文化遗产旅游资源；⑦乡贤文化旅游资源等。

甘州区全域旅游实践的有益路径总结如下。

## 第一节　度假区与景区共建

甘州区自然风光怡人，生态环境良好，具有创建度假区的天然优势。甘州区在发展全域旅游过程中，主要依托优越的自然资源，将度假区与景区建设紧密结合，在景区周围区域创建了不同风格的度假区。

甘州区4A级、5A级高等级旅游景区，空间尺度大，引流能力强，已然形成辐射带动作用。目前，全区5A级景区1家、4A级景区5家，围绕这些高等级景区周边，完善设施、提升品质、丰富内涵，建成了不同风格的度假村。

充分发挥独特旅游资源优势，深入挖掘文化内涵，强化国家标准，合理定位，差异开发，在田园、湿地、历史文化等特色资源的基础上，甘州区大力开发了一批以山水观光、生态休闲、康体养生、休闲度假、文化体验为特色的休闲度假产品。

甘州区康养度假类村落主要针对短期度假、养老康体人群设置相关产品，以充满乡村风情的度假环境，完善的户外运动、康体健身、养老养生设施以及便捷的生活和交通设施满足不同度假人群的多元化需求。选择交通便利、基础设施条件优越、有较多可利用闲置用房或拥有较多建设用地指标、周边生态环境良好的村落，能够整村开发的优先选择，开发民宿或高性价比住宿，配套开发生态特色餐饮、农业特色休闲、公共交流空间、特色商品售卖等项目。

依托甘州湿地资源、中医药资源、绝佳生态环境等养生资源，联动河西制药、金盛中药、亚兰生物等中药材加工企业，加强建设特色湿地养生度假区、森林养生度假区、中医药养生产业、生态养生产品等，推进甘州养生旅游发展。

## 一、“金张掖·乐居”品牌建设

在度假区与景区共建过程中，甘州区融入了“金张掖·乐居”品牌建设，重点发展乡村旅游民宿，合理发展休闲农庄、民居客栈、帐篷营地、自驾游房车营地等多层次多元旅游住宿体系。乡村民宿是甘州乡村旅游（中小农家乐）升级发展的核心业态和重要抓手，应加快建设旅游民宿等新型旅游服务设施。依据《旅游民宿基本要求与评价》（LB/T 065—2019），加强民宿行业规范化管理，组建民宿联盟，提升民宿服务品质，大力发展极具“湿地之城”

“塞上江南”特色的康体养生民宿产业，打造一批特色鲜明、设施完善的精品民宿；鼓励城市城镇居民与农民利用自用住宅空闲房间，结合各乡镇及民宿主人文、自然景观、生态、环境资源及农林渔牧生产活动，为游客提供乡野生活之住宿场所；引导社会资本投入民宿发展，政府提供土地、产权、消防等方面的支持；重点打造了平山湖乡、甘浚镇、碱滩镇、乌江镇、花寨乡五大旅游民宿重点乡镇，全区旅游民宿达到 20 家左右，实现了甘州农家乐从“宜游”到“宜居”的升级发展。

甘州区在乡村旅游品牌创建过程中的主要做法包括以下五点。

### （一）丰富业态类型

倡导业态创新，形成老屋改造型、异域风情型、庭院别墅型、文化创意型、品质提升型等多种业态百花齐放的精品民宿发展格局。

### （二）全程指导监管

积极加入“金张掖民宿”平台，设立专职岗位、成立主管股室和专业协会，对乡村民宿的规划设计、建设施工、软性体验、活动策划和品牌管理等提供全程指导；加强乡村民宿的安全监管，确保所有民宿在消防设施、污水处理、治安安全、卫生管理等旅游安全方面整改到位、保障有力。

### （三）促进多元经营

鼓励模式创新，促进产权主体、交易主体和开发经营方式的多元化，形成了农户个体经营、农户联合经营、集体统一经营、外来投资经营等多元模式百家争鸣的精品民宿发展氛围。

### （四）提升人文素养

通过送教上门、举办培训班等多种方式，提高乡村民宿从业人员在经营管理、旅游文化、旅游安全、接待服务等方面的技能，培育一批有文化、懂技术、会经营、讲诚信的乡村民宿经营管理人才，从而在人文精神上摒弃民宿发展盲目“城市化”、照搬“高、大、上”的不良倾向，实现对“乡土化、体验化、生态化”的内生追求。

### （五）依托乡村旅游资源优势

以“音乐+民宿”“美术+民宿”“美食+民宿”“文创+民宿”“乡趣+民宿”等特色村落建设为主抓手，通过“微改造、精提升”，下足了“绣花”功夫，全面提升了乡村旅游和人居环境，发展壮大了乡村本土特色产业，打造了一批乡村微度假目的地。

## 二、特色庄园

特色庄园是以休闲农庄为主体的乡村旅游（大型农家乐）升级发展的另一核心业态和重要抓手，是“农庄+游购”模式的主体。为实现乡村旅游规模化、高品质、现代化发展的客观要求和优选方向，甘州区重点培育了十大示范农庄，提升了公众对庄园经济“崇尚自然、高端文化”的社会认同，摒弃了农庄低层次的规模化扩张道路，尤其重视农庄的业态规划和景观设计，全面提升了农庄的文化格调和品位。充分发挥庄园经济的综合效应，实现了庄园农业、加工业、服务业和旅游业的深度融合发展；推进了庄园的景区化提升，加强了庄园度假设施的主题化建设和旅游商品的创意性开发。

夏季是甘州区乡村旅游的旺季，市民暑期避暑及亲子旅游需求旺盛，景区旅游、城市旅游游客辐射到乡村旅游。挖掘甘州区避暑旅游资源，如南部靠近祁连山区，安阳乡苗家堡村、金王庄村，花寨乡滚家庄村等避暑气候相对优越，因此，可以结合民宿、露营等重点发展避暑度假旅游。同时，各乡村针对游客需要，开辟了综合性的乡村旅游综合体度假村，融农事体验、研学户外、乡村美食、休闲娱乐、乡村夜游夜娱、民宿度假等各类活动为一体，重点补充夜晚旅游产品活动，采用分时度假、乡村俱乐部等形式，为旅游者提供休闲度假服务。在开拓周边市场的同时，还积极拓展中远程客源市场的游客，综合考虑大景区辐射游客个性消费需求，在软硬件设施上追求品位较高、规格较高、服务一流的目标，为客人营造良好的乡村休闲氛围。

### 三、丹霞民宿

核心产品为乡宿甘州——丹霞民宿，水乡康养。该产品以乡村民宿、乡村客栈、乡村野奢、康养乡居等为重点打造乡村特色住宿产品。康养度假旅游是乡村旅游发展的新业态，能够弥补传统观光型产品体验不够丰富、停留时间短等弊端。甘州区甘浚镇、明永镇、花寨乡、安阳乡拥有良好的生态环境和气候条件，据此打造了乡村旅游度假产品体系。乡村度假产品需深入挖掘市场需求，大力提高乡村休闲会所、乡村康养基地、乡村温泉水疗等项目建设，强化游客旅游体验，延长游客在旅游地的停留时间，满足游客休闲康养的需求，改变乡村旅游产品开发层次较低、类型过于单一的局面。

## 第二节　基础设施和公共服务织线成网

### 一、安全保障服务体系完善

甘州区文旅管理部门及辖区内各旅游经营单位，编制了针对自身情况的旅游应急预案。预案编制完成后，各级单位及时落实了预案中编制的各项风险防范措施，加强了各级单位应急能力建设和风险转移与保障机制建设。此外，还建立了针对旅游主体、旅游客体以及旅游媒体的风险转移与保障机制。

甘州区文旅部门还牵头运作，推动气象、地震、环保、消防、公安等部门联合协作，构建了风险监测网络，针对旅游活动风险、旅游环境风险、设施设备风险、管理风险四大风险进行监测；在此基础之上，分析风险状况，及时发布旅游预警信息。预警信息发布后，及时对预警信息的落实进行核实。核查预警信息的接收情况、核查应对措施的落实情况。一旦发生旅游突发事件，根据突发事件等级进行事故分级响应，可以依托公共救援、公益救援、商业救援等不同性质的救援服务建立全方位、多层次、宽领域的救援体系。事故善后处理工作主要从事故全面评估、市场恢复提升、事故经验总结、事故建库归档 4 个方面开展。其中，市场恢复提升工作主要从旅游形象、游客心理、旅游产品以及旅游市场等层面展开。

## 二、卫生系统及旅游厕所体系建设升级换代

### （一）卫生系统

结合乡村振兴、美丽乡村建设，甘州区深入推进环境卫生整治。结合甘州区农村人居环境整治和全域无垃圾行动，甘州区加大了乡村旅游景区、旅游廊道、旅游村镇内部及周边环境卫生洁化、绿化、美化“三化”整治力度，旅游接待户改厨、改厕、改客房和整理院落“三改一整”，实现了旅游景区、旅游村镇污水处理全覆盖及垃圾分类回收、转运和无害化处理全覆盖。采用生态公厕，发挥其自身良好的循环属性与绿色建筑风貌优势。以垃圾箱为主体，根据人流量适当增减片区垃圾站设置，造型简洁，融于环境，并通过乡镇、村庄的小型垃圾中转站，将垃圾运出做后期处理。通过污水处理与水资源的循环利用，避免了旅游产业发展对乡村环境及水域造成破坏。

### （二）旅游厕所

甘州区推进实施了旅游乡村、农家乐厕所的整体改造，将主要旅游景区、旅游度假区、旅游场所、旅游线路和乡村旅游点的厕所以及对外服务场所厕所免费对游客开放，高峰期配流动备用厕所。此举实现了城乡旅游厕所全覆盖，数量充足、布局合理、干净无味、使用免费、管理有效。甘州区还推动所有交通沿线和临街、临景的企事业单位和乡村厕所免费向公众开放，推动厕所导向标识系统建设，推动公路服务站进行厕所更新改造，严格实施厕所管理。

合理布局乡村旅游厕所，根据旅游厕所标准和当地实际，宜改则改、宜建则建，新建和改扩建了一批旅游厕所，使厕所数量与游客规模成比例；在厕所设计方面，实现节水、环保、人性便捷，体现地方特色人文品位；加强旅游厕所的管理与维护，改善甘州区乡村地区及旅游景点景区厕所“简、脏、臭”现象，达到地面净、便池净、脸盆净、门窗净、墙面净、纸篓净的“六净”标准，力求数量与质量、实用与美观的协调。旅游重点乡镇、样板村、示范村、全国休闲农业与乡村旅游示范点、田园综合体、3A级及以上旅游景区至少建设3A级旅游厕所1～2座；旅游厕所建筑风格结合镇街文化特色或旅游项目自身特色采取古建筑风格、传统中式风格、生态创意风格等。规划期，甘州区乡村地区拟新建和改扩建旅游厕所50座，总数达到100座；改造智慧化旅游厕所6～10座；实现数量充足、干净卫生、使用免费、管理有效；研究推进市场多元供给和以商建厕、以商管厕、以商养厕。

## 三、统一规划设计旅游标识系统

根据《道路交通标志和标线》《旅游景区公共信息导向系统设置规范》《中华人民共和国公路法》《中华人民共和国道路交通安全法》等，市级统筹、县区联动，将通往旅游景区、红色旅游和乡村旅游点的标识纳入全市道路交通标识范围，统一设计规划，统一布局完善。在区域交界和入口处及高速、高铁站、火车站、机场、国道、省道、县道路口等重点区域设置数量充足、位置合理、规范清晰的交通标识牌，并根据乡村旅游的发展变化情况做到及时更新。在全域旅游标识中，突出乡村旅游示意图、旅游交通指引标识牌和景区导览标识牌。

乡村旅游交通示意图一体化展示了全域重点景区、交通连接线路、智能触摸与导览技术。旅游交通指引标识牌（周边导入系统）包括旅游景区方向距离标识、旅游景区方向标识。

景区导览标识牌包括道路导向指示牌、警示关怀牌、服务设施名称标识。周边导入系统从周边的主要游客抵达区（如周边主要交通站点和主要路口）

开始引导游客，向游客提供游览和公共设施信息，主要由旅游区标志和旅游景区、停车场、游客中心的位置标志及导向标志等构成。

## 四、旅游信息及服务建设智慧化

### （一）旅游集散服务体系

张掖市加快实施城市旅游集散中心的建设运营，增加完善乡村旅游集散换乘、旅游线路和产品推广、行程中讲解、自助查询、无线网络全覆盖、汽车租赁等多种功能；在重点旅游乡镇建设了三级旅游服务中心（见表6-1），以重点旅游乡村、重点景区共享，设咨询接待区、商品服务区、停车场、公共厕所、休憩设施、金融服务设施等，提供旅游线路，提供票务、乡村旅游服务预订和信息咨询服务等旅游服务。

表6-1　甘州区旅游服务中心分级系统

| 级别 | 功能分区 | 设施设备 | 服务功能 | 规划选址 |
|---|---|---|---|---|
| 一级旅游服务中心 | 咨询接待区、公共形象展示区、集散中心、旅游产品展示区、吸烟区、行政管理区、旅游购物区、休闲服务区、医务室、失物招领处、母婴及残疾人专用休息室、售票区、停车场、公共厕所等 | 信息和通信服务设施、金融服务设施、无障碍设施、休憩和安保设施；停车场总面积不小于500平方米，绿化良好，有必要的安全措施和调度设施，各类设施符合国家相关规定 | 应有旅游集散功能，日均客流量在600人次以上，提供票务、信息咨询、餐饮和住宿服务预订、外币兑换和网络服务等 | 甘州区旅游集散中心（张掖高铁西站）及张掖汽车站旅游集散中心 |
| 二级旅游服务中心 | 咨询接待区、公共形象展示区、吸烟区、行政管理区、母婴及残疾人专用休息室、售票区、停车场、公共厕所等 | 信息和通信服务设施、金融服务设施、无障碍设施、休憩和安保设施；停车场总面积不小于2000平方米，有必要的调度设施，各类设施符合国家相关规定 | 日均客流量在400人次以上，提供票务、信息咨询、餐饮和住宿服务预订、外币兑换和网络服务等 | 国家湿地公园、屋兰古镇大景区、平山湖大峡谷景区 |

续表

| 级别 | 功能分区 | 设施设备 | 服务功能 | 规划选址 |
| --- | --- | --- | --- | --- |
| 三级旅游服务中心 | 咨询接待区、商品服务区、停车场、公共厕所等 | 信息通信服务设施、金融服务设施、休憩设施，有必要的调度设施，各类设施符合国家相关规定 | 应提供旅游线路，提供票务和信息咨询服务等 | 旅游乡村游客中心、文创园区与休闲街区咨询服务点 |

通过建立旅游官网、布局旅游咨询中心、开通旅游服务热线、完善交通标识等举措，为游客提供甘州旅游基本信息、旅游产品促销信息、旅游安全信息、公共环境等相关信息服务。坚持以城带乡，推动城市公共设施向乡村旅游地优先延伸、城市公共服务向乡村旅游地优先覆盖。加快建设乡村旅游游客服务中心体系、标识引导和解说体系、散客自助游服务体系、自驾车旅游服务体系和安全救援体系，把建立包括乡村家庭旅馆在内的网上预订系统作为服务工程的重点来抓，提升本地乡村旅游的市场化、信息化程度，为游客提供优质、便捷的服务。

在现有规划建设上，甘州区增加完善了旅游集散换乘、旅游线路和产品推广、行程中讲解、自助查询、Wi-Fi 全覆盖等多种功能；结合甘州汽车站、客运站、火车站、机场设立旅游集散分中心，配置包括旅游交通换乘站、旅游咨询服务站、宣传展示区等旅游服务设施，提供集散换乘、旅游咨询服务、旅游线路和产品、旅行社旅游接待等服务功能。

### （二）智慧旅游体系

甘州区建设“游在甘州”智慧旅游平台，做到“一部手机游甘肃”甘州篇，在甘州全域全景电子地图中丰富乡村旅游信息，为文旅产业插上“数字翅膀”，打通便民利民通道，实现甘州游玩“一键索引”，提升数字旅游赋能水平。规划期，乡村地区 3A 级及以上旅游景区、样板村、示范村、田园综合体示范点、特色民宿、特色乡旅集市全面实现免费 Wi-Fi 全覆盖，手机信息畅通。依托甘州区智慧城市和智慧旅游建设工程，加快建设智慧乡村旅游综合服务平台、行业监管平台、电子商务平台，开发甘州乡村旅游网络虚拟漫游体验项目，推动乡村旅游产品网络化定制，乡村旅游商品全渠道营销，乡村旅游服务在线预售预订，乡村旅游管理在线实时调度，推进乡村旅游数据信息与交通、安全、气象、商贸等涉旅信息深度互联互通、共享互用，形成覆盖全区乡村旅游智慧旅游信息服务体系，积极推进旅游服务和产品营销的信息化。

1. “一部手机游甘州”乡村旅游板块

通过全覆盖的移动网络把服务传递给游客，融合交通、公安、商务、卫健、市场监管、民航、铁路、气象等部门涉文旅数据，形成甘州文旅发展“画像图”；结合“智慧旅游”和“张掖文化云”升级改造“张掖文旅智慧云”工程，新增社交文娱和电商直播，丰富智慧旅游平台功能。旅游者可利用智能手机获取全面的旅游服务支撑，将游客所需的各种信息进行整合并推送，利用手机客户端，为游客提供高质量、高水平的服务。

2. 开发甘州乡旅大数据平台及重点旅游村手机应用程序

大数据平台开发游客端、投资人端和农户端 3 种端口。游客端整合了周边旅游资源和旅游产品，投资人端和农户端将游客吃、住、行、游、购、娱等需求信息进行共享，实现三方数据实时共享、收益实时分配。游客端开设周边景点、特色美食和手工艺品、康体养生、民俗特色体验活动等功能，游客选择入住“甘州乡舍”各色民宿后，可通过手机应用程序迅速了解周边环境，并选择自己感兴趣的吃、住、行、游、购、娱项目。同时，在手机应用程序上，游客还可以自主发起并定制创意之旅，包括湿地音乐会或田野漫步等。手机应用程序会为游客筛选出最适合的场地和服务人员。在大数据平台上，游客还可以发布各种旅游活动及悬赏任务，农户接单并带领游客完成任务后，可领取赏金（服务报酬）。大数据平台开发强化“以内容生产为主、人人皆是主体”的创新，使游客从传统的乡村游玩活动的被动参与者转变成活动的创意策划者和召集者，解决了传统乡村旅游中“有风景、缺个性化体验”“风景四处雷同、体验千篇一律”的痛点。

3. 健全完善乡村旅游数字标识导航系统

健全完善乡村旅游数字标识导航系统，与高德地图、百度地图等对接，完善乡村旅游电子导航、线路推荐服务体系。

4. 创新常态化疫情防控前提下的旅游产业发展模式

完善分时预约、在线预定、流量监测、科学分流、少接触式服务，积极发展在线旅游，推动线下、线上旅游“同体验、同效益”。

## 五、健全升级农村基础文化设施和交通系统

### （一）基础设施升级

甘州区建设面向村民、接纳游客的乡村社区生活中心，设立图书室、读报室、村史馆、幸福礼堂等文化活动中心，鼓励有条件的示范区建设乡村剧场、文化舞台、社区大学等文化空间，鼓励村民组建民乐队、合唱团等艺术团体，开展广场舞、交谊舞等展演活动，形成了丰富多彩的乡村文化娱乐活动。有条件的村庄创建了丝绸之路摄影家基地、张掖美术写生基地、全国野生动植物摄影研学基地等公共文化空间，吸引各类艺术家扎根乡村创作，鼓励艺术家带动村民和游客参与或体验艺术创作，在乡村留下作品和故事，成为特色文化设施。

通过实施微创意、微改造“双微”工程，利用乡村建设中的公共基础设施建设、农村人居环境整治提升行动，积极开展有利于乡村旅游发展的“双微”工程。加快乡村停车场、驿站、标识系统、旅游厕所等旅游公共服务设施建设进度。加快推动智慧旅游基础设施建设，扩大宽带通信、移动互联、无线网络及监控摄像头等设施覆盖面。

在重要风景道路两侧、美丽乡村示范点及涉旅村庄，鼓励村民在房前屋后和新村里的可利用空间，种植花果豆菜，形成小菜园、小果园、小花园。通过打造村庄“小而美”的整体景观效应，提升村庄的景观效果。

结合乡村生活、乡村娱乐、乡村政治等多方面要求，挖掘各具特色的戏台、书屋、村史馆、文化广场等传统公共空间，满足宜居、宜业、宜游的复合化公共空间发展需求。

### （二）新建公共交通网络

全域旅游的发展推动了城乡公交旅游服务的一体化运营。在张掖西站综合客运枢纽及旅游集散中心设置了乡村旅游窗口，规范汽车租赁、网约车、出租车的服务质量和价格。将乡村旅游样板村纳入全区景区直通车，在平山湖、甘浚镇等乡村旅游资源聚集区开辟特色的旅游公交，在旅游旺季及节庆期间开设乡村旅游环线车、赏花公交等。通过发展乡村旅游公交，可以让游客深入乡村旅游景区（点），缩短行程的同时延长停留时间，有针对性地解决目前迫切需要提升的公共交通问题，盘活旅游资源。设置多个乡村景区（点）巴士站。

### （三）完善自驾游体系

按照《汽车露营地开放条件和要求》（TY/T 4001—2013），对甘州区自驾车营地进行标准化建设。完善自驾车服务体系，树立甘州区乡村自驾旅游服务品牌。规划建设自驾游智能应用平台，完善汽车租赁点的一体化服务水平，为自驾车游客提供包括住宿、露营、越野、就餐、汽车维护、医疗救援等综合服务。沿乡村绿道布局“旅游休闲驿站”，提供餐饮补给、休闲娱乐等服务。引入“共享汽车”模式，启动甘州智慧租车服务系统开发项目，尝试“落地自驾，异地租还”的自驾游新模式；进一步完善租赁服务功能；联合百度地图、高德地图实时查询道路情况；实现智能一卡通网上预约登记；联合微信、支付宝建立智能缴费还车系统。依托张掖市旅游集散中心，制作畅游张掖（甘州）自驾车旅游手册。结合高速、国道和部分县道打造主题风景道，提升自驾吸引力。建立和完善标准化道路交通引导，完善个性化、文化型景区内部道路引导。健全营地配套设施建设，做好自驾旅游硬件服务保障。

# 第三节　多要素融合发展共生共促

甘州区乡村旅游将红色资源、湿地生态资源、民俗旅游资源、现代设施农业资源作为发展基础和产品特色，以产业融合、业态提升为手段，广泛开展农林牧渔“内向”融合、产加销服“顺向”融合、农文旅教“横向”融合、科工贸金“逆向”融合、产园产村产城“多向”融合，升级农家乐、乡村民宿、休闲观光园区、休闲农庄、休闲乡村、康养和教育基地等业态，将甘州区乡村旅游打造成为甘州区旅游的新名片，扩大乡村旅游产业规模，充分发挥乡村旅游发展的带动作用，提升产业影响力。

## 一、文旅发展与生态价值实现共生共促

甘州区由于拥有天然的、无可比拟的生态优势，全域旅游品牌形象被定为“丝路明珠·塞上江南”“彩虹张掖·乐游甘州”，乡村旅游品牌为“诗意田园·生态甘州”，进一步将特色旅游形象凝练为“丝路水乡·甘州故事”，以构建游丝路甘州故事、体民风乡识甘州和赏塞上（江南）田园风光的“陇上乡遇（彩虹水乡）·八声甘州”等旅游形象品牌，以此发展甘州区全域旅游，借助丝绸之路旅游品牌的知名度，打造塞上江南的丝路全域旅游产品。

甘州区发展全域旅游的理念是将文旅发展与生态文明建设紧密结合，以甘州区丰富的山、水、林、田、湖、草、沙等生态资源为基础，加强对乡村旅游资源的保护，划定生态功能保护区，严格控制区内工矿、高污染企业的开发建设，对已废弃的工矿进行植被再造以提升景观生态环境，以“生态优先、绿色发展、旅游提质”为发展路径，塑造良好的生态休闲环境，开发生态旅游专项产品，促进全域旅游高质量发展。

甘州区核心旅游产品“乡游甘州——丝路田园，塞外江南”乡村观光旅游产品就是以甘州区的山水田园、特色产业、村落民宅、民间节庆为重点打

造乡村生态观光、特色产业观光、田园风情观光、现代农业观光、美丽乡村观光等系列观光产品。该产品在完善观光农业、花卉种植、采摘园、田园综合体等设施建设基础上，紧扣区域特色，结合花卉、果蔬、稻鱼等特色产业，发展“旅游观光+户外采摘”乡村旅游体验游、“旅游观光+教育研学”农学研究基地游、“旅游观光+养生清胃”绿色无公害健康游等旅游形式，引导生态园、采摘园、果园、湿地园等开发休闲体验项目，完善服务设施，提高观光旅游产品的科技含量。延展乡村旅游的时间维度，推出不同于城市夜生活的乡村夜间旅游产品。依托乡村稻田、果园、花海等自然景观，以夜幕为背景，通过照明、布景、多媒体等多种渲染技术，打造乡村灯光秀等夜间景观。

另外一条生态旅游观光路线为沿黑河沿线建立的湿地观光路线。该旅游线路串联的景点依次为张掖国家湿地公园、张掖芦水湾旅游度假区、乌江镇平原村环黑河湿地生态游水云乡生态景区、张掖黑河生态景区、张掖水生态公园。该旅游线路的特色为融合了甘州区湿地景观的主要分布景区，将张掖国家湿地公园、芦水湾旅游度假区串联起来，游客通过线路体验，感受张掖湿地的优美风光，了解湿地恢复与变迁的历史，并通过湿地博物馆等场所对湿地保护、湿地动植物资源等知识的普及，在欣赏美景的同时提升自身环保意识。

农旅融合就是要将都市农业和旅游二者相结合，是当下一种较为新颖的旅游休闲方式，融合了现代都市农业生产与传统旅游观光，有效带动了环城市近郊地区的经济发展，对现代旅游业的可持续发展起到了积极的推进作用，也为企业参与旅游项目投资运营指出新的方向。都市农业旅游由都市农业发展而来，它结合了都市农业与旅游业的属性和功能，同时又依附于都市。农旅融合延展产业链条，拓展旅游空间，丝路绿洲、现代农业孕育了众多农业园。依托中国·张掖国际玉米种子、蔬菜精深加工、现代畜牧、食用菌、有机农产品、设施农业六大产业园，完善设施、提升服务，培育乡村旅游增长极。

## 二、城乡融合构建全新业态

乡村旅游主导下的“城乡融合第三空间”是指结合城乡融合发展的战略，从空间地理、乡野生态、民宿建筑、民俗文化、乡村产业、乡土精神、田园生活等层面，系统地构架出以旅游为抓手的城乡融合创新模式。“城乡融合第三空间”能有效地解决城乡发展中的诸多问题，在文化、产业、生态、思想等多个层面起到示范与带动作用，为未来城乡一体化的发展指明方向。

“第三空间”是区别于第一、第二的空间形态。在规划界，“第三空间”还没有确切统一的定义，一般被用来指代不同于日常生活的空间场所，人们可以在这里享受不一样的体验与精神的愉悦。“城乡融合第三空间”是立足乡村既有资源，以乡村旅游为主导，以创意乡土文化为底蕴，以现代乡村产业为核心，对乡村土地进行综合的、合理的开发利用，将乡村产业发展、乡村基础设施、乡村民居、社会文化建设等生产生活要素集约配置的地域空间形态，是一种规模化、多功能、现代化、开放性的乡村聚合空间。“第三空间”具有以下特点：一是功能的多样性。“第三空间”不仅指向乡村居民，也指向乡村旅游者以及城郊居民，这就要求其必须具备城镇与乡村的多重复合功能。二是效益的综合性。“第三空间”的本质特征决定了它不仅追求经济效益，而且追求文化效益、生态效益和社会效益，追求全方位的综合性效益。三是要素的系统性。“第三空间”各个项目要素之间构成共生互补的能动关系。四是产业的全景性。“第三空间”的目标是构建系统化的乡村产业体系，这一体系可称为“乡村全景产业链”。产业链囊括一产、二产、三产，是多产协同发展的良性产业结构，是乡村产业在产业层次、产业配比上的优化模式。五是城乡的融合性。从城乡融合发展的视角出发，旨在打破城市和乡村相互分割的壁垒，逐步实现城乡经济和社会生活紧密结合与协调发展，逐步缩小城乡差距，使城市和乡村融为一体，而“第三空间”正是形成城乡经济社会一体化新格局的重要模式。

都市农业旅游是让城与乡实现互动，把农业与旅游相结合，营造都市绿色景观。都市农旅融合是指通过都市农业生产及相关活动来吸引游客，将农业资源转化为旅游产品，以此来实现经济、社会、生态等效益的均衡。

近年来，随着“农业+旅游”模式的大力推广，我国传统休闲农业和乡村观光旅游得到了快速发展。根据相关部门的数据统计，2018 年，全国已有超过 30 亿人次前往乡村地区休闲旅游，接近旅游客群市场的 50%。

甘州区的文旅资源以乡村旅游资源最优，在全域旅游发展过程中尤其重视乡村旅游资源的开发，促进城乡文旅资源及业态的融合。甘州区城市近郊是市民休闲的热点区域，环甘州的新墩、梁家墩、上秦和长安镇近郊乡村需求旺盛。依托环城带优美的乡野田园风光、生态环境和民俗文化，甘州区构建了全新旅游业态。在处理好乡村的土气、老气、生气、朝气和烟火气的前提下，围绕品乡村风情、赏田园风光、尝农家饭菜、采有机果蔬、购绿色产品、住特色民宿等新产品、新业态为乡村旅游赋能，以康养、美食、旅居、民宿、购物等乡村消费主流，拓展乡村旅游消费空间。鼓励乡村旅游样板村、示范村创建国家 A 级旅游景区和旅游度假区，培育发展一批休闲农业观光园、家庭农场和休闲农庄。推进乡村旅游与城市休闲、景区旅游有机对接，引导市民、游客游乡村，扩大乡村旅游市场及消费规模，把乡村游作为增加旅游内循环的主要途径。

甘州区依托乡村旅游资源，以休闲农业、等级创意乡宿、美丽乡村等形式发展乡村旅游新形态，推进乡村旅游与精品农业、特色农业相结合，利用当地农业经济的特色，以特色化、品牌化、链条化为发展原则，打造一批特色农业产业园、绿色农产品特产供应基地、国家级 GPA 中药材种植产业示范基地及特种养殖产业园区，推动乡村旅游与乡村振兴融合。

### （一）乡味甘州，品味乡村美食

一方面，创建了“乡味甘州—舌尖甘州 · 甘州有礼”核心品牌。该品牌旨在挖掘和打造甘州美味的餐饮体系。在挖掘甘州区本土特色饮食文化、有机绿色食材的基础上，推出独具地方特色的美食菜品、乡村食堂、乡村美食街区等。以美食为吸引，促进文旅消费，引爆美食经济、夜经济，打造“舌尖甘州”。建设多元化、满足多层次需求的餐饮体系，强调游客从种植、采摘、烹饪到加工等全过程参与、全产业链开发。结合不同地域乡村的特色物产，突出特色和主题，集聚打造乡村美食体验街区，建设一批乡村美食村、乡村美食体验馆、乡村创意餐厅、DIY 餐厅和乡村味吧，在提供饮食服务的同时体验美食制作过程。融合现代信息技术手段，建设乡村 VR 体验馆、乡村酒文化体验馆、乡村私房菜馆等一批特色乡村体验场馆，融入酒吧、茶馆等夜间休闲体验元素，丰富业态，发展一批乡村夜市。利用乡村农特物产，推广一批夜宴产品，培育乡村深夜食堂和美食夜市。规范旅游餐饮服务标准，加强餐饮行业监管，精选“一乡一味”特色乡村美味，打造甘州区十大“舌尖甘州”乡村美食系列。

另一方面，创建了土味的购物体系，突出地域特色，凸显“甘亲情”开发“甘州有礼”旅游商品，促进乡村农产品的直销。打造以“土、特、名、优、农、副”产品为主、以“独一份”“特别特”“好中优”“错峰头”为特色的特色农产品并将其转化为旅游商品，大力发展乡村农副产品、土特产品、特色风味小吃以及特色手工艺品。鼓励游客从创意、选材、制作到包装等全过程参与、全产业链开发。加大旅游商品研制和开发投入力度，重点开发方便携带、特色明显、具有收藏和保存价值的旅游商品。

有针对性地开发特色旅游路线（美食体验）：前进牧业石岗墩牧场—碱滩镇普家庄村—沙漠公园—党寨花家洼村。该线路以品尝张掖农家美食为特色，以品尝农家饭、特色饭为主题，让游客体验张掖的特色美食，并在线路中串联前进牧业景区，让游客感受草原文化的同时品尝乳产品，除此还可以在沙漠公园尽情享受西北独特的大漠风情。

### （二）“甘州乡村记忆”重现工程

“丝路甘州 · 乡村记忆”旅游品牌围绕“乡村”做文章，利用乡景、乡味、乡居、乡耕、乡俗、乡音等乡村元素营造“丝路原乡、甘州老村”的生活场景和乡村记忆，将原乡风景、传统民俗、历史文化、传统工艺等通过乡村资源场景化、情境化、沉浸式产品创新创意成为旅游吸引物。

### （三）构建乡村旅游综合体

推动新型城镇化建设与现代旅游产业发展的有机结合，建设一批集观光、休闲、度假、养生、购物等功能于一体的特色旅游城镇和特色景观旅游名镇。依靠特色旅游资源打造生态人文小镇、乡村休闲度假小镇、康体养生养老小镇、红色研学度假小镇等特色旅游小镇，重点打造甘浚丹霞小镇、靖安乡弱水湾度假小镇、蔬园·乡居田园小镇、甘州驿文化小镇等。

### （四）全新业态建设

1. 体育旅游

发挥体育赛事与旅游融合发展的优势，将乡村旅游点积极融入体育赛事线路。办好张掖·中国汽车拉力锦标赛、生态马拉松赛、丝绸之路冰雪山地马拉松赛等户外运动精品体育旅游赛事活动；着力开发沙漠越野、赛车体验、极限运动、电音节等极具人气的特色健身游项目；全力打造丝绸之路、河西走廊户外运动高端精品体育赛事融合旅游发展新高地。

2. 营地基地建设

采用“政府主导、行业支持、企业化运行”模式，打造“自驾驿站+精致营地+特色小镇+美丽乡村”，提供“基础+特色+综合”专业服务体系。明确营地住宿登记、安全救援等政策，对接个性化、定制化的乡村旅游市场需求，建设甘州旅游自驾车、房车、露营地等营地网络体系，以自驾车营地为据点，引导自驾车游客游览营地周边景点景区与美丽乡村，带动周边地区餐饮、住宿、购物等旅游发展，打造以自驾车营地为依托的据点式自驾车旅游新模式，变“一日游”为“过夜游”。充分依托甘州的生态、湿地、田园、山地、沙漠等资源特色，建设自驾车营地及露营地 10 处、房车营地 1~2 处。

3. 低空旅游

以旅游发展传统要素为基础，引进和利用创新要素，全方位利用甘州地貌资源，提倡各行业积极融入。借力临泽通航产业园，布局建设平山湖大峡谷景区临时起降点，开发直升机、滑翔伞、热气球等低空观赏旅游项目，逐步发展黑河低空游、打造“彩虹之下低空游”甘州高端旅游品牌。以业态产品创新带动政策创新，进行低空旅游从业人员专业技能培训，建设能满足游客多体验需求的综合性旅游目的地。

4. *研学旅游*

按照“教育为本、安全第一”的原则，依托甘州独特丰富的研学资源，建立共青团组织、教育主管部门、文化旅游管理部门统筹指导和旅游企业具体实施的研学旅游管理服务和运营机制，将研学旅游纳入学生综合素质教育范畴，依托自然和文化遗产资源、农林企业、科研机构，建设一批研学旅游基地，积极开发研学旅游课程，培育专业化研学导师队伍。充分发挥首批张掖市中小学生研学旅游基地甘肃前进休闲农业发展有限公司、甘州区平山湖大峡谷—喀尔喀小镇研学基地，第二批张掖市中小学生研学旅游基地甘肃三元乳业有限公司、张掖金满园农业科技有限责任公司、甘州区长安镇前进村农村实用人才培训基地等功能，着力打造以现代农业示范园、黑水国遗址、公航旅·张掖国际露营基地等为重点的多元化研学基地，精心开发集现代农业、地质科普、文化体验、文博考古、红色教育、户外运动于一体的复合型研学旅游产品，把甘州打造成西部重要的中小学及大学生、社团、企业研学目的地，培育旅游消费新的增长点。

以全国中小学生研学实践基地——张掖市综合实践学校为示范性研学基地，在传承与创新少年军校经验的基础上，优化升级手工技能区、军事训练区、生命与科技实践区、拓展训练区、学农实践区等功能区域，着重加强校园实践与乡村实践研学的结合，将学校打造成内涵丰富、设施一流的国家级研学营地。2022 年，甘州区与张掖荒漠科学馆合作挂牌成立河西文物考古工作站；2023 年，甘州区建成全国知名、全省一流的黑水国（西城驿）文物考古研学实训基地。充分发挥河西学院“1+X 研学旅游策划与管理”职业技能等级证书考核站点的作用，到 2024 年，发展 1 家研学旅游教育培训机构，开发 1 套研学教育课程。打造张国臂掖影视拍摄基地、丝绸之路摄影家基地、甘州写生基地、全国野生动植物摄影研学基地等摄影美术大师写生创作基地

（村），规划在样板村分别建立写生、摄影等工作室，供艺术家进行创作，将作品进行展示，引导艺术家参与研学活动，提高研学旅游品位。

5. 创意农业

积极将科技和人文要素融入农业生产，进一步拓展农业功能、整合资源，把区域的传统农业发展为融生产、生活、生态为一体的现代农业。

（1）打造大地景观

选择有条件的样板村作为试点，通过规模化的花卉种植，形成七彩田园景观；通过农作物的精细化种植和文化设计，形成花海农田；发展农业生态科技，形成富有特色的立体彩色森林。

（2）开发创意商品

通过融入文化元素，拓展创意维度，开发出旅游工艺品、旅游纪念品、旅游日用品和名优土特品等类型丰富而卖点独特的农业和乡村旅游商品，做大做强“甘州有礼”特色品牌。

（3）延伸产业链条

通过对花卉、牛羊、蔬果、芦苇等农产品的深度加工和创意开发，形成完整健全的产业链条，增加地方特色农产品的附加值。

（4）塑造特色品牌

大力培育牛羊、大米、花卉、果蔬等具有甘州地域特色的农产品品牌，积极申报和推广甘肃省著名商标、中国驰名商标、农业农村部名牌等品牌农产品，提高农业附加值。

6. 婚庆旅游

以重点景区和样板村为载体，发掘甘州旅游资源（产品）中蕴含的爱情元素，创新若干主题婚纱摄影、主题婚礼服务和主题蜜月度假产品，促进甘州婚庆旅游业态的全面发展。

（1）庄园婚庆系列

以花海风情园等为代表，发展浪漫花园婚庆产品；以意大利乡居等为代表，开发异域风情婚庆产品；以渔庄等为代表，发展丝路渔乡婚庆产品。

（2）荒漠婚庆系列

以红沙窝为重点，发展主题婚礼服务和主题蜜月度假产品。

（3）湿地婚庆系列

以湿地老村为依托，发展传统婚庆产品；以芦水湾度假区为依托，发展时尚婚庆产品。

7. 康体养生

依托全区生态资源优势，打造“养生养老”的休闲旅游度假胜地，开发温泉养生、避暑养生、中医药养生、日光沙疗等康养旅游产品，有前瞻性地发展示范康体养生养老旅游基地。

（1）丰富主题类型

根据重点乡镇及样板村特色，以沙漠公园温泉度假区、甘浚祁连温泉小镇等康养项目建设为依托，深入挖掘区内温泉旅游资源，丰富游客度假消费项目，打造甘州温泉养生度假、康体养老项目。鼓励开发温泉疗养、药膳美食等可体验、可消费的养生保健旅游项目，加快实现养生保健产品进乡村景点、进民宿、进农家乐的步伐。鼓励和支持碱滩镇、安阳乡、花寨乡发展以中药材种植基地为依托的田园风情养生观赏园，综合发展生态农业型、户外运动型、中医中药型、绿色居住型、文化养心型等养生养老度假产品，形成类型丰富、特色鲜明的主题业态。全面提升张掖全国综合养老示范基地、张掖石油度假村养老服务中心、张掖孔文养老创新实验基地的综合服务质量，加强与省内外养老基地的合作交流，提升康养旅游产业质量。

（2）鼓励多元投资

出台用地、税收、融资等方面的优惠政策，吸引企事业单位、社会团体、个人等社会力量投资兴办养生养老机构，形成多元化的投资渠道。

（3）倡导联盟模式

大力推广“一地一企入会，多地养生养老”的运作模式，构建养生养老联盟网络，努力将甘州建设成为全国度假型养生养老的特色基地和枢纽节点。

8. 沉浸式体验

乡村旅游高质量发展要求旅游景点为游客提供沉浸式体验和对乡土文化与生活的深度体验，让游客通过视觉、听觉、触觉、嗅觉、味觉综合感知信息，获得对甘州乡村生活的不同理解和多样化体验，完成“沉浸式体验”。在不同空间内，运用声、光、电、花、草木等元素，营造出一种有别于现实的场景，使参与者融入其中，引起共鸣。在主题民宿、主题集市、主题农庄、主题节庆等建设运营中，积极采用沉浸式耕作体验、沉浸式景观体验（如穿越古代、光影秀景等）、沉浸式住宿体验（多元主题IP）、沉浸式手工体验（师徒DIY手工制作室）、沉浸式夜游（乡村奇妙夜、果蔬花灯+时光隧道+流光田园）、沉浸式乡村演艺（游客参与+主客共享）等多样化沉浸式技术，将游客从旁观者转变为参与者、扮演者。通过深度“沉浸”，实现游客体验层级依感官、认知、情感等梯度逐级提升，以“深”游促“慢”游，延长游客的停留时间，发挥旅游的乘数效应。

9. 路演营销

路演是旅游市场营销的升级版。路演的目的是引起目标人群的关注，让他们产生兴趣并最终达成销售，并使旅游品牌得到宣传。常用的路演形式包括新闻发布会、产品发布会、产品展示、产品试用、优惠热卖、现场咨询、填表抽奖、礼品派送、有奖问答、卡拉OK比赛、文艺表演、游戏比赛、研讨会、座谈会、论坛和促销推介会等现场活动。路演的主题根据甘州旅游总形象和分支形象、四季形象确定，先后确定了“诗意田园，八声甘州”“甘州甘味，绿洲论坛”“甘州小调·屋兰灯阵”“丝路摇滚·前进之夜”“绿洲民谣·西域乡宿”等多个主题。路演场地选择在大终端、人流量大、有空地可以搭建舞台和帐篷的场所，如广场、商场、街区、社区、学校等。演出形式以明星名人+演艺公司+乡村选秀+自编自导（乡村旅游促销员、民宿农家乐人员自己出节目，自己主持）为主。创作甘州主题的歌曲、曲艺、诗词、脱口秀等，形成市场引爆效应。同时，发放路演彩页和优惠券、小礼品、文创旅游产品、旅游土特产等，进一步扩大路演的营销效果及现场销售、预订商品规模。

10. 网红地打造

①西遇·宿集。西域汉服舞动热带水果园、古道客栈酒醉神秘老板娘。②平山湖村。骆驼客讲述东迁故事，蒙古族姑娘的丹霞情缘。③屋兰古镇。九曲黄河灯阵掌灯人、屋兰少女香囊传承人。④前进村。奶牛博士与奶牛皇后的研学之路。⑤张掖臊面西施与炒炮帅哥。⑥甘州小调的时尚传唱。⑦八声甘州诗词斋、以诗会友书画院。⑧丝路稻田汉服秀。⑨特色庄园和庄园主人。⑩甘州有礼直播带货网红。

11. 影视旅游

依托甘州深厚的历史文化底蕴和丰富的旅游资源以及现有成型的电影、电视拍摄村镇，积极利用拥有拍摄场景、演员群演、器材设备、服装道具、影视人才等资源的张国臂掖影视拍摄基地智慧场景资源库，提供便捷的咨询和影视周边服务，吸引各类影视剧组将张掖甘州乡村作为外景拍摄地，放大取景地的影视宣传效应。同时，将影视外景、场景、道具、经典片段旅游体验化，引导游客进行角色扮演，体验拍摄技巧，巧妙地融入甘州故事，活化影视体验。

12. 彩虹乡村建设

积极投身张掖彩虹城市建设，以甘州生态绿色为底色，深入挖掘山川、河流、麦田、湿地、冰川、沙漠等“地貌大观园”资源禀赋，科学地规划、打造彩虹乡村、彩虹街区、彩虹廊道、彩虹田园、彩虹动线等旅游景点，全面构建彩虹乡村价值体系、品牌体系、展示体系、传播体系，助力文旅发展。围绕“彩虹文化”，依托区域资源禀赋、生态优势、文化特色和项目基础，加快打造“彩虹乡村”示范节点，即一乡、一景区、一村、一廊道、一湾、一桥、一路、一街区、一社区。

（1）“一乡”：打造平山湖乡示范点

建设“印象平山湖”文旅展销厅和文化遗址公园、蒙古族大营等，通过电商平台展示销售喀尔喀蒙古族民俗文创产品和平山湖特色畜牧产品。新建甘州区侨史馆和喀尔喀民俗文化展览馆，打造彩龙岭网红打卡民族风情观光廊道，对平山湖乡民房、集镇等建筑设施进行民族特色化改造提升，打造蒙古族传统色彩文化的“网红打卡乡”。

（2）“一景区”：打造平山湖大峡谷景区示范点

在平山湖大峡谷景区五号观景台开发骆驼车、驼队、卡丁车等娱乐项目和蒙古族摔跤、骑马等体育竞技体验项目，丰富景区产品供给，提升游客体验。

（3）“一村”：打造三闸镇庚名村示范点

同步实施新墩镇双塔村、甘浚镇丹霞小镇提升改造，以彩虹景观为主，进行墙体彩绘、光影塑造，打造彩虹特征显著的美丽乡村综合体。

（4）“一廊道”：打造北部彩虹生态廊道示范点

以张平公路为轴线，从滨河大道水云乡生态公园起，向北至平山湖蒙古族乡，全长 57 千米。系统梳理张平公路沿线水云乡生态公园、蔬园·乡居、新河田园综合体、北部湾生态谷、元宝枫国储林基地、喀尔喀小镇、平山湖大峡谷等 14 个旅游景点，串点成线、连线成面，具体实施张平公路路面彩绘、水云乡公园（二期）工程、“水云乡畔”共享农庄至蔬园·乡居段供粤港澳彩色蔬菜花卉基地、新河大地田园综合体彩色稻田、北部湾生态谷、元宝枫国储林基地、人祖山口至老寺庙农场 24.5 千米交通大通道、弱水湾飘带人行桥等 12 个项目，将北部生态廊道打造成乡情浓郁、色彩相宜、错落有致的彩虹示范点。

（5）“一湾”：打造黑河弱水湾示范点

实施乌靖大桥至鸭翅渠首段河道生态护坡和绿化工程，铺设彩虹路面，加快靖安堡及周边道路、绿化等配套工程建设，与乡村旅游共享共建。

（6）“一桥”：打造黑河弱水湾飘带人行桥示范点

在啃喇渠首跌瀑西侧，因地因势修建跨越黑河的彩色人行吊桥，与周围的区域步道、行车道顺接，形成完备连贯、色彩鲜明的交通景观，以此打造弱水彩虹的网红打卡地。

（7）“一路”：打造从高速东入口起、西至张肃公路东端的彩虹城市示范路

全段道路途经金张掖大道、南环路、张肃公路，采用彩色立体绿化（设置花篮、花架、植物雕塑等立体景观），对两侧五彩缤纷的花卉彩带、沿街楼体和墙体因地制宜地进行美化、亮化、净化改造，提高城市色彩丰富度和饱满度。

（8）“一街区”：打造特色鲜明的“彩虹街区”

在乡村旅游特色街打造彩色路面、彩虹墙体、彩虹亮化、彩虹商铺，改造门头牌匾，激活商业业态，聚集人流商气，整体形成特色鲜明的“彩虹街区”。

（9）“一社区”：打造色彩鲜明、主题突出的彩虹社区

在老旧村落连片提升改造的规划、设计、建设过程中融入彩虹元素，进行外墙彩绘，种植有色树种，搭配彩色花卉，安装彩色光影，打造色彩鲜明、主题突出的彩虹社区。

13. *夜游经济*

开发夜游乡村、夜赏演艺、夜观灯光、夜品佳肴、夜购甘货、夜习科普、夜健体魄等个性化夜间乡村消费产品，支持有条件的乡村夜景打造、露天或小剧场演艺、特色活动、商街夜市等多种形式，丰富夜游内容，提升夜游体验；通过亮化美化夜游环境、提升夜游配套服务、维护夜游市场秩序等措施，激发文化和旅游消费潜力，推进乡村夜间经济发展，形成1~2个具有较强辐射带动功能的乡村夜间文旅消费主题区。

## 三、文旅融合讲好甘州故事

依托甘州的丝路文化、汉文化、农耕文化、民俗文化、非遗文化等多样文化，深入挖掘文化内涵，通过建设文化项目、举办文化活动、创新演艺产品、设计旅游纪念品等方式，促进甘州区文旅融合，在甘州区打造“文化乡居型”增长极。个性化、社群化成为当前乡村旅游的热点，以乡村旅居为特色，结合村落资源，面向军人、知青、科技工作者等特定客

群，培育一批军垦村、红军村、电影村、科学村、知青村、艺术村、地质村等旅游景点。

### （一）传统非遗文化搭台唱戏

古村古镇是乡村文化的集中呈现区，承载着乡村生活、市井文化、风俗礼仪等文化记忆，为市民乡村休闲所追捧。

依托传统文化开发的典型旅游线路有甘州—平山湖（喀尔喀）风情、稙侯驿文化。该线路依托平山湖喀尔喀蒙古族风情、甘州剪纸、甘州刺绣、九曲黄河灯阵，以甘州小调、河西宝卷、邵家班子杖头木偶戏、八声甘州等民俗文化活动、风俗礼仪、民间演艺、乡村赛事、非遗技艺为重点，建设完善非遗技艺传承基地，开展“非遗进景区、进乡村”活动，提升乡村旅游的文化内涵。打造甘州非遗工坊，提供非遗工坊产品，并选调非遗工坊产品参加各类展会、进入旅游景区展示展销。建设乡村婚礼广场、乡村剧场、乡村画廊、乡村博物馆、艺术村等一批艺术基础设施。融合乡村特质，创造性地开展户外婚礼等别样的礼节性活动，邀请歌舞团、曲艺团和音乐团体到乡村举办歌舞晚会和乡村音乐会，演出歌剧、戏曲、脱口秀等，培育乡村艺术团体。加大对文艺精品的创作和引进力度，鼓励打造中小型、主题性、特色类的文化旅游演艺产品，鼓励创新沉浸式戏剧等体验式文化消费内容，构成独具韵味的娱乐体系。打造“康体、艺术、童玩、节会”四大娱乐产品体系，突出特色，丰富娱乐活动形式与内容，增添活力，拓宽体验型经营思路，科学规划，保护与开发并重，完善设施，引领乡村娱乐新休闲。

### （二）红色研学

红色旅游研学是甘州区乡村旅游不可或缺的重要组成部分。依托甘州区大满镇、龙渠乡内高金成烈士纪念馆、甘州区县委纪念园、龙渠烈士陵园、西洞堡大捷遗址、少年军校等红色资源，启动实施中国女红军暨妇女抗日先锋团纪念馆项目，将红色节点“串点成线”，赓续甘州红色文化基因，打造甘州“红色文化长廊”。挖掘红色研学项目的历史文化价值，建设红色纪念馆、展览馆、博物馆，通过场馆建设和活动举办，宣扬甘州红色历史，利用红色文化的主题教育功能，针对中小学生、领导干部、企业员工、普通游客等不同群体，开展独具特色的红色党课、红色研学等项目，满足游客的差异化需求。

研学旅游是旅游业发展的新业态和新趋势，利用甘州区乡村旅游中的红色元素、教育元素，打造乡村研学旅游产品。以全国中小学研究实践教育基地和中共甘州中心县委纪念园为依托，建设甘州区红色旅游研学基地，推出研学旅游线路产品，将其作为乡村旅游产品的重要组成部分。研学基地内应开展以图片、雕塑、展览馆为主体的红色主题教育，并通过研学体验项目的开展满足游客多元化要求。同时，在现有的全国中小学研究实践教育基地基础上，增设教学体验区、视频观看区，通过军事主题公园将战场遗址复原模型、军用物品及武器模型等在展览区进行展示，让青少年群体直观感受红军战斗历史。另外，开发军事训练、国防教育、磨难教育、劳动教育等综合实践课程，通过科学设计研学旅游线路及课程，有针对性地满足全国中小学的实践教育功能。

在研学产品的打造方面，可依托张掖国家湿地公园、张掖大佛寺、平山湖大峡谷景区、屋兰古镇景区等景区资源，开展与环境、文化、民俗、地质科考相结合的研学旅游活动，以不同的主题元素和产品内容推出一日游、两日游等研学旅游线路产品，将研学产品作为甘州区乡村旅游发展的又一特色。

红色主题线路为甘州区红色文化主题公园—甘州区县委纪念园—全国中小学生研究实践教育基地—龙渠烈士陵园—龙渠会议遗址。该线路是甘州区主要红色旅游景区的主体，游客可以在景区内体验红色主题餐饮、住宿、素质拓展训练等项目，了解甘州红色文化的历史，丰富旅游体验。

### （三）丝路文化

代表性旅游线路为张掖市博物馆—张掖大佛寺—上秦镇徐赵寨村—屋兰古镇景区。该线路特色以丝路文化为主题，串联了张掖博物馆、大佛寺、屋兰古镇等景区，文化特色凸显。游客通过该线路，能够了解张掖丝路文化的起源与发展，感受文化传承的魅力，在丝路佛教文化、民俗文化的浸润中增强文化自信和民族自信。

## （四）乡土文化

文化游憩是以乡土文化与农村节庆为主体的乡村旅游方式。丰富的物质享受和单调的文化游憩已经成为区域乡村现代化进程中的一对矛盾，在一定程度上制约了乡村休闲向乡村生活的转型升级。弘扬乡土节庆就是要鼓励各乡镇、样板村大力开展具有乡土气息、传承地方文化、彰显民俗风情的旅游节庆，特别是瓜果采摘节、农事文化节、传统民俗节、非遗文化节、农民运动会、乡村音乐啤酒节等体验度高、观赏性强的乡土节庆，可以与日常文化娱乐活动形成互补，丰富游客和居民的乡村度假与乡村生活体验。

另外，夜间生活也是乡土文化的一部分，必须建设居民与游客共享的乡村公共生活空间，鼓励民歌舞蹈、地方曲艺的夜间展演和公众参与，引导乡村酒吧、乡村咖吧、乡村茶馆的健康发展，丰富游客和居民的夜生活。

大力发展具有乡土特点和为旅游者所喜爱的农事体验、乡村采摘、乡村骑马、乡村垂钓、越野、乡村游戏、乡村竞技、乡村保健、放牧、农产品加工等各种主题农事活动以及认识乡村和了解家禽牲畜与农作物等童玩活动，通过节庆效应凸显特色。

根据市场需求及本地的资源优势，设计体验活动，在趣味性、参与性、体验性上做文章，让“农家乐”的乐趣与农、牧、渔、林、花紧密相连，将甘州乡村自然风光、农村生活体验、趣味劳动等与当地文化文娱节目相结合，形成独特魅力。

此外，乡村旅游还可以增加以下休闲农业和农耕体验项目：①农业制度的演变，如土地改革的故事。②农业工具的演变，如犁地打谷体验。③农学著作介绍，如《天工开物》《齐民要术》中的农业智慧等。④农业物种的变迁，如对玉米、番茄等外来物种的介绍。⑤农业典故的整理，如神农制耒。⑥乡土文化艺术创作展示，如农民书画、民间剪纸、文创等。⑦农业民谚民俗民歌展示，如二十四节气歌。⑧农业活动的体验，如播种、插秧、采果、嫁接等。⑨农业物产的展示与销售，如各乡镇特产展销馆。⑩农业景观与农业成就的展示，如老照片、新科技等。

## 第四节　专业运营提升区域知名度

随着旅游市场竞争的加剧，各级组织对旅游项目运营效益的重视程度也水涨船高，旅游项目的运营因其自身产品的特点及其与周围景区的联动情况，可以分为单一运营和多元化运营。对于旅游项目多元化运营来说，运营者除了分析自身产品的核心竞争力，还要将其所有联动组合产品进行整合营销，以便发挥出旅游项目资源“1+1>2”的功能，而产品的组合以及营销策略、渠道等也将对旅游运营效果产生重要影响。

### 一、旅游形象及宣传口号策划

#### （一）旅游形象

甘州区地处丝绸之路重镇张掖市，以区内深厚的历史文化旅游资源内涵和以优美的黑河水域戈壁生态资源为代表，塑造了“丝路明珠·塞上江南”“彩虹张掖·乐游甘州”“彩虹丝路·如画甘州”等全域旅游品牌形象，借助丝绸之路旅游品牌的知名度，打造“塞上江南·乐游”乡村旅游产品。

甘州区把乡村旅游的基本形象确定为“诗意田园·生态甘州”，进一步凝练出的特色形象为“丝路水乡·甘州故事”。甘州区全域旅游的形象定位以构建“游丝路甘州故事”“体民风乡识甘州”和“赏塞上（江南）田园风光”为主题并确定为“陇上乡遇（彩虹水乡）·八声甘州”，并在形象宣传中针对不同的市场采用多种营销方式进行宣传。

甘州区旅游形象的策划还备用了其他宣传口号和形象，包括“如意丝路·乡乐甘州”和“彩虹水乡·八声甘州”。“如意丝路·乡乐甘州”以如意、乡乐为切入点，以乡情之乐、山水之乐、田园之乐诠释乡村旅游带给人的欢乐，有利于让人感到亲切，在心中产生向往美好的情愫。“彩虹水乡·八声甘州”结合张掖彩虹城市建设，打造彩虹乡村、彩虹水乡，以“八声甘州”代表全区深厚的历史民俗文化，研究打造丝路风声、原乡雨声、山居鸟声、稻田蛙声、甘州书声、驿站歌声、乡音和声、天籁人声“八声”甘州旅游产品，并在此基础上创作八声甘州新辞赋，用多种艺术方式让游客多元参与，深度体验。

### （二）宣传口号

针对甘州区的旅游资源特色，策划的全域旅游的宣传口号为“诗意田园·生态甘州”“彩虹张掖·乐游甘州”“彩虹水乡·八声甘州”“乡约甘州·乐水之州”“缤纷甘州·醉美乡村”“欢乐水乡·原乡甘州”“彩虹丝路·如画甘州”。

## 二、营销方案及案例

### （一）营销方案

甘州区的全域旅游营销方案坚持传统媒体与新兴媒体齐抓、形象宣传与产品营销并重、“走出去”和“请进来”相结合，建立政府、媒体、企业、中介、社会“五位一体”旅游宣传矩阵，开展线上线下多角度、立体式、全天候宣传营销。组织实施旅游推介和文化交流，积极开展“十乡百村”活动，依托全域旅游，实施乡村旅游引客、引会、引展、引摄、引赛、引演“六引”计划。推出甘州特色的品牌节会、知名赛事、美丽乡村、红色景点、精品民宿等旅游品牌，打造 10 个以上网红打卡地，实现全年有主题、四季有活动、每月有节会、周周有演出的甘州乡村旅游营销新局面。今后，甘州区将进一步深化“互联网+民生+媒体+旅游+服务”旅游营销内涵，开展兼备创新性、趣味性、互动性的营销，打造具有独特魅力的旅游形象。

## （二）营销案例

1. 媒体营销

加快建设文旅数字化一站式服务平台“游在甘州”，以甘州区乡村旅游官方平台体系为重点板块，推出甘州区乡村旅游微信公众号、视频号，官方抖音号、快手号。同时，建立甘州区乡村旅游手机应用程序，实现在线预订、网络营销、商品展销、线路推介等功能，预留整合链接端口，积极与“一部手机游甘肃”、张掖丹霞大景区官网电子商务等平台链接，建立一个影响丝绸之路乡村旅游的甘州区乡旅网络宣传营销平台。

积极利用微博、抖音、快手以及其他互联网平台推送甘州区的乡村信息，精心策划开展系列短视频大赛和摄影大赛，推进“短视频上的金张掖”文旅视频制作和宣发，实现作品发布与旅游产品、服务的无缝衔接，不断提升甘州旅游的知名度和美誉度。强化与主流媒体、新兴媒体的战略合作，借助抖音、快手、西瓜视频、爱奇艺、马蜂窝、小红书、大众点评、美团及携程等新媒体平台，综合运用原创视频、创意图片、3D 动画、H5 页面、AR 技术、影视植入、达人踩线、演艺动漫、云直播、云旅游等方式，开展兼备创新性、趣味性、互动性的营销。持续创作旅游攻略、分享旅游体验、进行旅游评价，不断提升张掖旅游口碑，增加品牌曝光率。同时，通过电视台、报纸、网络专栏、专刊等渠道刊登广告进行营销，扩大地区乡村旅游知名度。

乡村旅游形象传播要实现有计划、有目的的营销宣传，积极邀请行业龙头、专业团队进行策划、宣传，发布甘州美景、乡村贤达、历史故事、美食特产、文化音乐等主题推文；大力培养自媒体传播主体，有意识地借助或培养专业人士运营专属微博、抖音、贴吧、微信公众号等，做到定期更新内容，并在旅游旺季增加更新频率。

2. 拍摄一部特色鲜明的甘州乡村旅游宣传片

新拍摄剪辑一部充分展示甘州农耕文化、田园风光、村落民宅、生态农业等乡村旅游特色资源和产品，画质高清，时长5~8分钟的宣传片。按照传统媒体、新媒体不同平台投放的需求，制作不同时长的短视频宣传片。在主流媒体及自媒体广泛播放，强化宣传效果。同时，全区的6个全省文旅振兴乡村样板村、示范村、重点村，根据建设进度及时拍摄各种乡村旅游宣传片。

3. 节事活动营销

在本区范围内举办面向游客和市民的节事活动，承办大型的电视节目，设立门户网站，搞活网络营销，发布旅游者的游记和照片，吸引大众眼球；策划举办与乡村旅游节庆有关的主题活动，举办好沙枣花节、湿地荷花节等传统节会，恢复举办绿洲论坛、全国肉牛大会等具有影响力的节会，争取主办或承办全国种业大会、蔬菜产业论坛、村主任论坛等有潜力的节会，积极引进水上运动、冬季冰雪运动等新兴体育赛事，策划金色甘州百花节、丰收节、八声甘州乡村文化节、丝路民谣乡村音乐节等融合性节会，紧密结合乡村振兴，发挥综合效应。

4. 渠道营销

依托“一带一路”河西走廊旅游宣传联盟和甘蒙青环线城市旅游联盟，与重点市场的旅行社合作，策划甘州区乡村精品旅游新游线，在省外游客过夜时更多选择甘州区民宿，推广乡村旅游。同时，充分利用各旅行社平台，宣传乡村民宿、特色农家饭、甘州区乡村特色文化等，吸引游客前来观光体验。

建设“游在甘州”智慧旅游平台，做到“一部手机游甘肃”甘州篇，实现甘州游玩一键索引。借助电子商务平台进行农产品营销，实现农产品生产者与消费者之间的即时对接。开发农产品线上销售渠道，提升甘州农产品的品牌竞争力。进一步加强网红营销，积极发挥甘州“村野食叔”网红效应，研究打造“村野食爷”“村野食哥”“村野食嫂”“村野食婶”等网红系列。

5. 区域联运营销

与张掖市其他县（区）合作，由乡村旅游主管部门牵头，通过城乡旅游推介会、交易会、主题农事节庆策划、民俗活动推广、名人明星活动引导、大型农业公益活动等方式，加强甘州区乡村旅游品牌的对外宣传，提升甘州区乡村旅游形象，实施乡村旅游品牌营销战略。

6. 公共关系营销

邀请有影响力的人物来张掖市甘州区旅游，邀请张掖名人作为甘州区乡村旅游形象大使，邀请社会各界人士、文体明星等来甘州度假，邀请著名导演到甘州区拍摄相关影视作品，邀请全国网红游甘州、张掖网红进乡村，培育奖励百名甘州乡村旅游网红，支持网红到乡村创业、经营及营销。

7. 全媒体营销

实现从传统营销的电视广告投放、报纸杂志专题报道、重点客源城市户外广告投放向以微博微信内容创意、官方系列新媒体建设及运营、微电影营销、合作旅游网站推广为代表的新媒体营销、智慧营销的转变，形成集合搜索引擎投放、DSP 投放（数字信号处理）、网络媒体投放、传统媒体投放、大数据、问卷调查表发布及推广的全媒体整合营销。

8. 策划系列品牌营销活动

加强对美食、文化、名人等资源的挖掘和对耕耘、丰收等节事的梳理，包装策划十届百场乡村旅游精品赛事和活动，以节造势。加强与央视七套《美丽中国乡村行》栏目组、旅游卫视、甘肃卫视等主流媒体的交流合作，为甘州乡村旅游的湿地荷花节、采摘节、丰收节、非遗节等呐喊站台，助力集聚人气，进而带动乡村旅游发展。

# 第三篇
# 乡村旅游赋能乡村振兴

# 第七章　甘州区乡村旅游战略部署与实践路径

乡村自然环境、农耕文化、非遗传统工艺等旅游资源是全域旅游的发展基础，乡村旅游作为全域旅游的重要组成部分，发挥着促进农业转型升级、增加乡村居民收入、改善乡村环境和传承乡土文化、促进城乡要素流通的重要作用，在为乡村带来经济社会效益的同时，也为全域旅游的发展注入了新的活力，成为助力乡村振兴的重要途径。全域旅游强调整合城乡旅游资源整体协调开发，实现城乡一体化发展，在提升乡村基础设施、人才引进培养、客流输入、乡村环境整治、乡村文化传承保护、乡村产业发展水平提升、公共服务能力加强、乡村旅游资源开发、品牌建设与营销宣传力度提升等方面起着十分重要的作用。强化乡村治理，扎实推进乡村发展、乡村建设、乡村治理和农村精神文明建设，更是建设宜居宜业和美乡村，推动巩固拓展脱贫攻坚成果上台阶、乡村全面振兴见效的重要途径。

## 第一节　全面落实乡村振兴战略

依据国家有关乡村振兴战略的战略部署，甘肃省全面落实各项政策会议精神，2018 年甘肃省委、省政府发布《关于实施乡村振兴战略的若干意见》指出，实施乡村振兴战略，要以产业兴旺为重点、以生态宜居为关键、以乡风文明为保障、以治理有效为基础、以生活富裕为根本，2018—2020 年把打好精准脱贫攻坚战作为乡村振兴的核心任务；到 2035 年，乡村振兴取得决定性进展，农业农村现代化基本实现；2050 年全面实现乡村振兴，农业强、农村美、农民富。根据 2021 年 2 月中共甘肃省委、甘肃省人民政府印发的《关于全面推进乡村振兴加快农业农村现代化的实施意见》，“甘味”品牌战略全面实施，农民收入增长快于城镇居民，脱贫攻坚成果持续巩固拓展，同乡村振兴有效衔接、平稳过渡，乡村建设行动全面启动，农村人居环境和生态环境持续改善，农村改革重点任务深入推进，农村社会保持和谐稳定。2021 年 2 月，《中共甘肃省委、甘肃省人民政府关于实现巩固拓展脱贫攻坚成果同乡村振兴有效衔接的实施意见》发布，结合甘肃省的实际情况，把促进农民增收作为巩固拓展脱贫攻坚成果及全面推进乡村振兴的根本之举。2021 年 6 月，《甘肃省巩固拓展健康扶贫成果同乡村振兴有效衔接实施方案》发布，持续落实“四个不摘”要求，5 年过渡期内保持健康扶贫政策总体稳定，工作对象从原来的贫困人口逐步转为所有农村居民，从原来的贫困县逐步过渡到所有农村地区。

2021 年，张掖市成立实施乡村振兴战略领导小组办公室，要求切实巩固拓展脱贫攻坚成果。以更加坚定的决心、更加昂扬的斗志、更加有力的举措、更加强大的合力推动巩固拓展脱贫攻坚成果同乡村振兴有效衔接，使脱贫成果更加稳固、成效更加显著，使深入推进乡村振兴的基础更加坚实可靠。同时，加快推进村庄规划编制助力全市乡村振兴，将村庄规划编制工作纳入乡村振兴“十项重点工作”，加快推进“多规合一”实用性村庄规划编制。

张掖市积极落实上级下达的任务指标，加快乡村振兴建设步伐，2022 年 3 月发布《张掖市 2022 年巩固拓展脱贫攻坚成果同乡村振兴有效衔接帮扶工作要点》，把实施乡村振兴战略作为新时代“三农”工作的总抓手，按照产业兴旺、生态宜居、乡风文明、治理有效、生活富裕的总要求，“以两带四区四线”乡村振兴总体布局的示范建设为重点，统筹推进乡村振兴示范建设与农村人居环境整治、生态环境建设、全域旅游发展、全域无垃圾专项治理、农村“三变”改革、美丽乡村建设等重点工作，开展“一园三带”造林绿化示范建设，有力推进乡村振兴战略全面落实，并取得显著成效。编制《张掖市乡村振兴战略规划（2018—2022 年）》，进一步明确各项工作任务，通过强化工作机制、科学谋划布局、同步实施创建、重点示范建设四项措施，创新完善“基础设施集中建设、农民群众集中安置、公共服务集中配置、特色产业集中布局”的模式，全力打造乡村建设样板。以“乡村振兴继续走在全省前列”为目标，组织开展“十二项行动”，深入推进乡村全面振兴，努力为全省树标杆、出经验。

近年来，甘州区秉持以乡村振兴示范建设为引领，因势利导、因地制宜，大力推动乡村由典型示范转向整体推进、全域提升。2018 年，甘州区各乡镇发布《关于实施乡村振兴战略的意见》，加快结构调整步伐，加强农村环境治理，全面推进农业农村现代化，构建人与自然和谐共生、与绿色美丽共存的农业农村发展新格局。2019 年发布的《关于坚持农业农村优先发展做好全区“三农”工作的实施意见》指出，2019 年是决胜全面建成小康社会的关键之年，以实施乡村振兴战略为总抓手，持续加强党对“三农”工作的领导，对标全面建成小康社会“三农”工作必须完成的硬任务，围绕深化农业供给侧结构性改革，抓重点、补短板、强基础，加快推进农业大区向农业强区转变，全力创建全省乡村振兴示范区，为全面建成小康社会打下决定性基础，为乡村旅游中农业资源优势、生产优势和产品优势转化为质量优势、品牌优势和效益优势提供保障。

2020 年甘州区一号文件《关于推动农业农村高质量发展　确保如期实现全面小康的实施意见》（以下简称《意见》）指出，对标全面建成小康社会目标，以实施乡村振兴战略为总抓手，以供给侧结构性改革为主线，以“有机甘州”建设引领农业农村高质量发展，由数量规模型向品质效益型转变，集中力量完成打赢脱贫攻坚战和补齐全面小康“三农”领域突出短板这两大重点任务。《意见》同时强调，要壮大乡村主导产业，培育农业农村高质量发展新动能，大力发展循环农业产业，加快发展现代丝路寒旱农业，着力推动一二三产业融合发展，不断推进农业产业园区建设，全面推进乡村振兴战略实施；不断扩大示范带动效应，以点连线、以线带面，全面推进乡村振兴战略向纵深发展、向全域拓展，为甘州区乡村旅游发展带来新的契机。

2021年，甘州区制定、下发《甘州区实现巩固拓展脱贫攻坚成果同乡村振兴有效衔接的工作方案》，一手抓建档立卡脱贫人口“两不愁三保障”成果巩固，一手全面推进乡村振兴，有效地推动了全区巩固拓展脱贫攻坚成果同乡村振兴有效衔接工作的开展。根据《区委、区政府关于全面推进乡村振兴加快农业农村现代化发展的实施意见》，甘州区统筹整合各类涉农资金6.65亿元，重点支持边远乡村小杂粮、中药材、设施农业、肉羊肉牛、特色林果、乡村旅游等产业的规模化发展，为乡村旅游提供了丰富的本地资源。

甘州区科学编制全区18个乡镇国土空间规划和发展类村庄规划，做到“一村一特色、百村百风貌”。实施投资13亿元的乡村振兴PPP项目，全力打造陇原乡村“富春山居图”的甘州样板；持续推进“百村示范”建设行动，健全完善乡村基础设施和公共服务功能，2022年改造供排水管网38千米，建设自然村（组）道路112千米，铺设热力、通信管线27千米；持续改善农村人居环境，改造厕所1700个，拆除老旧空置房2000院，清洁村庄实现全覆盖。

2023年是全面贯彻党的二十大精神的开局之年，是巩固拓展脱贫攻坚成果同乡村振兴有效衔接的关键之年。甘州区深入学习贯彻党的二十大精神，锚定全省乡村振兴示范区创建目标，聚焦“守底线、抓发展、促振兴”，始终把巩固拓展脱贫攻坚成果放在突出位置，不断增强脱贫群众的内生发展动力，缩小脱贫群众与其他农民的收入差距，牢牢守住不发生规模性返贫底线，推进乡村示范建设行动。乘着乡村振兴的东风，甘州区将持续拓宽增收渠道，逐步实现共同富裕。

## 第二节　乡村振兴中的乡村旅游

2018年发布的《张掖市“双十双百”乡村旅游示范工程实施方案》提出，利用2~3年时间，打造十强旅游示范村、十佳旅游专业村，建成100个乡村旅游示范点（项目），选树100家乡村旅游示范户。为深入贯彻落实省、市旅游产业发展大会精神，支持文化旅游产业转型升级要求，《中共张掖市委 张掖市人民政府关于加快推进旅游业转型升级的意见》要求，“进一步加大金融支持力度，对文化演艺剧目开发和游乐、康体养生、特色小镇建设等补链延链重大旅游项目，给予贷款贴息支持”；促使文化旅游开发从粗放低效向优质高效提升，从产业链低端向中高端迈进，从短链向全链循环，引领文化旅游业向高端化、规模化、集群化方向发展，着力培育旅游经济新的增长点。

2022 年印发的《关于印发张掖市文化旅游产业链发展实施方案的通知》提出，要围绕“打造文化兴、生态美、百姓富的文化旅游强省”目标，提升乡村旅游产业基础水平，健全乡村旅游产业服务体系，推动乡村旅游产业转型升级，聚力乡村旅游产业融合发展，延伸乡村旅游产业消费链，扩大乡村旅游产业规模，通过培育品牌、树立典型，推动乡村旅游产业提质增效，满足游客消费升级需求，培育文旅经济发展新动能，进一步巩固拓展脱贫攻坚成果，助力乡村振兴。

2022 年，张掖市接待乡村旅游游客 797. 77 万人次，实现旅游综合收入 15. 34 亿元；2023 年中秋国庆假期，张掖全市共接待全国各地游客 257. 86 万人次，其中过夜游客 25. 84 万人次，实现旅游综合收入 13. 34 亿元。同期，甘州区全区共接待游客 148. 48 万人次，实现旅游总收入 8. 55 亿元，约占张掖市旅游综合收入的 64% 以上，其中乡村游共计接待游客 85. 5 万人，旅游收入 2. 57 亿元，成为张掖市发展旅游经济的中坚力量与核心区域。

围绕实施乡村振兴战略，甘州区改善乡村旅游业发展的基础条件，提高乡村旅游业整体接待水平和服务质量，全面开展全省乡村振兴示范区创建工作，与全省、全国同步，全面实现农业强、农村美、农民富。在乡村振兴战略实施过程中，从合法权益、村民待遇、基础设施奖补、人居环境、财政支持以及技能培训等方面为乡村旅游提供了明确的政策与资金保障，扶持力度逐年加大。此外，甘州区还深入实施乡村旅游“双十双百”示范工程，积极推荐文旅企业申报甘肃中小微企业专项贷款，推荐乡村旅游从业人员参选“金张掖”乡村旅游创业先锋，并给予现金奖补。

# 第三节　城乡统筹高质量发展乡村旅游

甘州区位于祁连山下弱水之滨，依托景区、跳出景区，让旅游走向广阔的乡村，加大推动乡村振兴示范点运营推介力度，举全区之力，推动旅游业全域“井喷式”发展，先后成功创建省级全域旅游示范区、省级乡村旅游示范区，被文化和旅游部列入首批“文化产业赋能乡村振兴试点”；逐渐形成一套独特的具有创新性的美丽乡村带动型全域旅游发展模式，即依托甘州区城乡旅游资源优势，创新实施全景、全时、全民、全业的“四全旅游发展，全民共建共享模式”；以“旅游+”理念优化产业结构，通过“旅游+农业、文化民俗、生态”等形成农业观光、乡村旅游、文化生态旅游等产业，整合现有产业，优化产业结构；以全时旅游构建产品体系，通过该产品体系构建，形成一年四季都有特色鲜明的旅游产品，早晚、晨午都有适合旅游者需求的旅游供给；以全民旅游创造美好生活，通过政策引导旅游产品的研发者、设计者、生产者、销售者，引导旅游活动的消费者、体验者，引导旅游地的居民等所有旅游活动的参与者积极参与到全域旅游的发展过程中。以美丽乡村带动全域旅游统筹发展，努力实现甘州区资源有机整合，以旅游业带动、促进经济社会协调发展、城乡统筹全面发展。

## 一、打通全域旅游大通道

以创建省级乡村旅游示范区为抓手，围绕“乡游、乡见、乡识、乡宿、乡味”主题，打造各具特色的文旅振兴乡村样板村。举办“农民丰收节”，开展“丰收了·游甘肃”“如意甘肃·陇上乡遇”等文化旅游惠民活动，每年更新发布乡村旅游经典线路，打造高质量乡村振兴“旅游版”，推动乡村旅游市场持续升温。甘州区委、区政府按照“以路兴业、以路兴游”的发展理念，依托全区现有路网框架，抢抓开放大通道建设、国防战备公路建设等机遇，连点成线、集线成片，贯通甘州东、南、北片区，实施甘州区全域旅游大通道项目。

大通道项目起点位于 S237 线张掖循环经济园区，终点至 S301 线甘民交界酥油口河处，涉及经开区循环经济园区、张掖农场以及三闸镇、碱滩镇、安阳乡等，全长 100 千米，根据不同路段设计为二级、三级公路，均为沥青路面，总投资 7.2 亿元。其中，借道国道 312 线、国道 227 线部分路段，涵盖已建成的屋兰古镇快速通道公路、现代循环产业园区主干道公路两段公路，长约 29 千米；新建公路 5 段，分别为张掖农场至循环经济园区公路 26.8 千米、甘州机场至屋兰古镇公路 8.7 千米、沙漠公园至马蹄寺（安阳段）公路 14.1 千米、畜牧园区至光伏产业园公路工程 9.4 千米、普家庄至屋兰古镇公路 11.9 千米，共计 70.9 千米。

大通道项目联结平山湖大峡谷、屋兰古镇、沙漠公园、马蹄寺等重点旅游景区和喀尔喀小镇、甘州水驿、弱水湾休闲旅游度假区、秺侯驿文化产业园、甘州驿特色小镇、陈寨村现代农业示范园、苗家堡村避暑山庄等乡村振兴示范节点，打通甘州区由北向南旅游大通道，形成四通八达的全域性路网框架。项目实施后，盘活了东、南、北片区文化、旅游、产业等资源，极大地促进了沿线产业从传统单一的农业生产向新兴多元的三产融合转变，催生了沿线产业态，激发了区域发展活力，增强了经济增长后劲，助推了乡村振兴由典型示范向整体推进、全域提升拓展，在甘州深度融入“一带一路”建设、区域经济高质量发展中起到积极的推动作用。

## 二、拓展全域旅游辐射空间

甘州区以平山湖大峡谷景区—喀尔喀风情小镇文旅片区为依托，辐射延伸至内蒙古阿拉善右旗巴丹吉林沙漠和额济纳旗胡杨林等知名景区，打造乡村民族文化旅游精品线路，培育平山湖蒙古族乡平山湖村为国家级乡村旅游重点村；培育长安镇前进村、新墩镇双塔村、甘浚镇速展村、碱滩镇普家庄村、上秦镇徐赵寨村为省级文旅振兴乡村样板村；大力发展极具“湿地之城、塞上江南”特色的康体养生民宿产业。2022 年，甘州区充分发挥乡村旅游辐射带动作用，使得乡村旅游从业人员达 10000 人，乡村旅游重点项目 28 个，全区新建及续建的重点乡村旅游项目 19 个，累计完成投资 26.5 亿元，大力拓展了旅游辐射的带动空间。

甘州区推进以旅游产业为主导的城乡建设和乡村振兴，有效解决城乡发展不平衡、不充分的问题，促进地区经济结构的调整和经济增长方式的转变。

## 三、重构城乡文旅格局

以城区各具特色的旅游资源为线索重构城乡文旅格局，甘州区进行整体规划、建设、管理和营销，逐步推进风景园区、旅游城镇、风景庭院、旅游村落、风景廊道等建设，实现“处处见景、时时见景”的城乡旅游风貌。充分利用甘州区独特的文化旅游资源和自然资源优势，促进文化、旅游、体育、农业、交通、教育等多个领域立体开放、深度融合，进一步提升全区旅游度假环境和文旅产业核心竞争力，实现由文化旅游资源大区向文化旅游产业强区转变，全力打造丝绸之路黄金旅游线重要旅游目的地、中国西部区域性游客集散中心和国际特色休闲度假名城。近年来，甘州区先后被命名为全国历史文化名城、中国优秀旅游城市、全国文化先进单位和“书香甘州”荣誉称号，文旅融合助推乡村旅游快速发展，成为乡村振兴的主要途径与重要抓手。

甘州区依托山水文化、民俗文化、农耕文化等文化资源，强化规划指导，积极打造集现代农业、休闲农业、农家旅游于一体的农村文化旅游观光项目。先后建成甘浚镇速展特色街区、平山湖喀尔喀小镇、新墩双塔民俗村、碱滩普家庄秺侯驿文化产业园、乌江谢家湾“水云乡畔”共享农庄、元丰新河大地艺术景观、明永西大湖草原水乡渔村、三闸甘州水驿、西部七彩休闲园乡村旅游等重点项目。积极扶持发展乡村文化旅游合作社，引导和支持社会资本开发农民参与度高、受益面广的文化旅游项目。

打造以地方农特产品为主的“甘州味道”和以文创产品为主的“甘州有礼”特色品牌，在张掖老街建成品牌发布暨运营中心。积极培育在全国具有一定影响力的乡村文化创意企业和在国内有较大影响力的乡村文化创意品牌。实施“节会带动品牌、节会提升品牌”策略，高质量举办品牌赛事活动，不断扩大甘州区乡村旅游的知名度和影响力。按照“一景区一品牌、一区域一特色”的开发模式，倡导在景区功能区划范围内开发深度游览项目，丰富旅游产品，提升景区服务供给能力，将基础设施与景区产品同步拓展，满足游客的增量需求。

为提升乡村旅游的知名度与质量，甘州区积极参加乡村旅游示范村评选，依托绚丽多彩的自然旅游资源、文化积淀深厚的人文旅游资源、研学科教意义深刻的红色旅游资源，选取具有发展潜力的乡村参评。目前，全区有国家级乡村旅游重点村 1 个，长安镇前进村依托前进牧业奶牛产业及设施农业的示范带动作用，打造集田园观光、休闲采摘、餐饮住宿、研学旅游、农事体验于一体的国家级乡村旅游重点村，评选出省级乡村旅游示范村 5 个、市级乡村旅游专业村 6 个。目前，甘州区还拥有正在争创的国家级乡村旅游重点村 1 个（平山湖蒙古族乡平山湖村），争创的省级文旅振兴乡村样板村 5 个、省级乡村旅游示范村 13 个（见表7-1）。

**表 7-1　甘州区乡村旅游示范村**

| 序号 | 名称 | 级别 | 评定年度 | 备注 |
|---|---|---|---|---|
| 1 | 长安镇前进村 | 国家级 | 2020 | 乡村旅游重点村 |
| 2 | 平山湖蒙古族乡平山湖村 | 省级 | 2019 | 培育样板村 |
| 3 | 甘浚镇速展村 | 省级 | 2020 | 培育样板村 |
| 4 | 碱滩镇古城村 | 省级 | 2019 | |
| 5 | 碱滩镇普家庄村 | 省级 | 2020 | 培育样板村 |
| 6 | 新墩镇双塔村 | 省级 | 2021 | 培育样板村 |
| 7 | 三闸镇新建村 | 市级 | 2019 | |
| 8 | 党寨镇马站村 | 市级 | 2015 | |

续表

| 序号 | 名称 | 级别 | 评定年度 | 备注 |
|---|---|---|---|---|
| 9 | 乌江镇谢家湾村 | 市级 | 2021 | |
| 10 | 上秦镇徐赵寨村 | 市级 | 2021 | 培育样板村 |
| 11 | 三闸镇三闸村 | 市级 | 2021 | |
| 12 | 龙渠乡墩源村 | 市级 | 2021 | |
| 13 | 党寨镇陈寨村 | — | 2021—2025 | 培育省级乡村旅游示范村 |
| 14 | 党寨镇花家洼村 | — | 2021—2025 | 培育省级乡村旅游示范村 |
| 15 | 乌江镇平原村 | — | 2021—2025 | 培育省级乡村旅游示范村 |
| 16 | 明永镇下崖村 | — | 2021—2025 | 培育省级乡村旅游示范村 |
| 17 | 明永镇沿河村 | — | 2021—2025 | 培育省级乡村旅游示范村 |
| 18 | 甘浚镇祁连村 | — | 2021—2025 | 培育省级乡村旅游示范村 |
| 19 | 甘浚镇甘浚村 | — | 2021—2025 | 培育省级乡村旅游示范村 |
| 20 | 新墩镇白塔村 | — | 2021—2025 | 培育省级乡村旅游示范村 |
| 21 | 新墩镇流泉村 | — | 2021—2025 | 培育省级乡村旅游示范村 |
| 22 | 靖安乡靖安村 | — | 2021—2025 | 培育省级乡村旅游示范村 |
| 23 | 上秦镇下秦村 | — | 2021—2025 | 培育省级乡村旅游示范村 |
| 24 | 碱滩镇二坝村 | — | 2021—2025 | 培育省级乡村旅游示范村 |
| 25 | 安阳乡苗家堡村 | — | 2021—2025 | 培育省级乡村旅游示范村 |

通过培育乡村旅游样板村，树立乡村旅游发展先进典型，发挥样板村的示范引领作用，带动了全区乡村旅游产业的发展，提供了更多的就业岗位，拓宽了群众增收致富的渠道，增加了群众的收入。同时，吸引了更多的游客参与乡村旅游，增加乡村旅游综合收入。

定期开展相关品牌推广活动，以有奖竞赛、官方平台展示和年度推广首选主体等方式，鼓励相关主体积极参与。每年设立专项资金，奖励并支持相关主体与品牌推广，制定行业支持措施，鼓励相关企业发展。大力推动甘州区文化演绎和研究工作进程，探讨传统文化在当代的全新传承方式，鼓励民间艺人、社区、学校和文化单位，积极参与地域品牌推广相关活动，并给予组织者和优秀参与者必要的奖励。

## 四、“一圈七带”城乡融合发展布局

甘州区围绕中央实施乡村振兴战略的部署要求和市委“两带四线区”乡村振兴总体规划，将乡村振兴战略作为一项系统工程，依托甘州区乡村旅游资源禀赋、区位优势、产业特色和人文历史，以夯实基础、做优乡村为主要思路，打造“一圈七带”乡村振兴整体格局，即以环城城乡融合发展圈为基础拓展张肃公路旅游融合发展示范带、227 线人居环境改善示范带、312 线三产融合发展示范带、张大公路生态产业发展示范带、高铁高速沿线环境美化示范带、黑河生态经济示范带和平山湖大景区综合旅游带。按照示范先行、以点带面、整体推进的发展思路，集中项目、政策和资金，全力打造国道 227 线农村人居环境改善示范带和 S213 线旅游融合示范带，具有一定的引领示范效应。

## 五、22 条旅游精品线路

甘州区每年发布一批乡村旅游精品线路，打造高质量乡村振兴“旅游版”，推动乡村旅游市场持续升温。

### （一）“一城两环六廊道”9 条线路

历史文化名城游：大佛寺（土塔、山西会馆）→万寿木塔→高总兵府→西街→劳动南街历史街区→明粮仓→民勤会馆→文庙县古民居→钟鼓楼→张掖老街→明清街。

环黑河湿地生态游：张掖国家湿地公园→公航旅 · 张掖国际露营基地→芦水湾生态景区→水云乡生态景区→张掖黑河生态景区→张掖水生态公园。

环旅游大通道景区游：平山湖大峡谷景区→屋兰古镇景区→张掖国家沙

漠体育公园景区→张掖马蹄寺景区→张掖七彩丹霞景区。

甘平公路彩虹廊道风情线："水云乡畔"共享农庄→新河大地田园综合体→元宝枫基地→平山湖喀尔喀小镇→弱水湾休闲旅游度假区→甘州水驿（西部七彩休闲园）。

东古城传统村落展示风情线：徐赵寨村（归园田居）→二坝湖水利风景区→老寺庙→屋兰古镇（古城村）→金满园休闲农庄。

张民公路田园休闲风情线：马站村→甘州驿→普家庄秺侯驿→石岗墩前进牧场→张掖国家沙漠体育公园→花家洼村。

张大公路红色基因传承风情线：前进村→中共甘州中心县委旧址景区→全国中小学生研学实践张掖营地→龙渠乡红色文化风情线→民生小镇→西洞堡大捷纪念园。

张肃公路丝路民俗体验风情线：双塔民俗村→农业科学院→速展村特色街区→甘浚丹霞小镇→丹霞湾。

西城驿科考研学风情线：水云乡生态景区→张掖黑河生态景区→西大湖湿地旅游景区→西城驿黑水国遗址→河西学院农业科技产业园→国风葡萄基地→华辰庄园。

### （二）"七彩甘州游"旅游专线打造

#### 1. "七彩甘州游"7 条线路

甘州区引进甘肃文旅集团、北京环城旅游等旅游企业，加快旅游大通道建设，串联市区重要旅游景点，实现旅游资源连点成线、集线成片、组团发展；开通运营"甘州风情"旅游专线，打造"七彩甘州游"旅游线路，推动旅游产业全域全季发展。

线路一（红色基因传承游）：甘泉红色历史文化旅游区→福音堂医院旧址→中共甘州中心县委旧址景区→全国中小学生研学实践张掖营地→龙渠乡红色文化风情小镇→西洞堡大捷纪念园→西城驿烈士陵园。

线路二（金色田园乡村游）：长安镇前进村→新墩镇双塔村→张掖黑河生态景区→谢家湾"水云乡畔"共享农庄→新河大地田园综合体→平山湖蒙古

族乡喀尔喀风情小镇。

线路三（橙色健身康养游）：平山湖喀尔喀风情小镇→张掖黑河生态景区→屋兰古镇→芦水湾旅游度假区→富来登温泉水乐园。

线路四（绿色生态游）：张掖黑河生态景区→芦水湾旅游度假区→水云乡生态景区→西大湖湿地旅游景区→弱水湾休闲旅游度假区。

线路五（蓝色水域游）：张掖水生态公园→水云乡生态景区→芦水湾生态景区→润泉湖公园。

线路六（白色冰雪游）：芦水湾生态景区→张掖国家湿地公园景区→平山湖大峡谷景区→屋兰古镇景区。

线路七（紫色夜间游）：大佛寺→万寿木塔→明清街→张掖老街→屋兰古镇。

2. 金色田园6条乡村旅游精品线路

线路一（黑河湿地生态游）：乌江镇谢家湾水云乡畔共享农庄→乌江镇元丰村新河田园综合体→三闸镇甘州水驿→北部湾生态谷→靖安乡现代高效农业产业示范园→靖安堡文旅水镇→弱水湾休闲旅游度假区。

线路二（丝路民俗体验游）：明永西大湖湿地旅游景区→沙井镇种乡史语文化公园→甘浚丹霞小镇→甘浚速展村→新墩镇双塔村→黑河生态景区。

线路三（红色基因传承游）：甘浚西洞堡大捷纪念园→龙渠民生小镇→龙渠会议遗址→中共甘州中心县委旧址景区→大野口生态农庄（花寨乡滚家庄）→吉祥寺砖塔（安阳乡高寺儿村）→甘州区农学教育实践基地→张掖国家沙漠体育公园景区。

线路四（休闲田园观光游）：长安镇前进村→党寨镇雷寨村→党寨镇马站村→党寨镇陈寨甘州驿→碱滩镇普家庄村。

线路五（美丽乡村花季游）：胡家园子→印象张掖·归园田居徐赵寨共享农庄→张掖市二坝湖旅游风景区→张掖市屋兰古镇文化旅游综合景区→金满园。

线路六（彩虹廊道风情游）：水云乡生态景区→彩虹城市廊道→平山湖喀尔喀小镇→平山湖大峡谷景区。

## 六、城乡统筹高质量发展

甘州区全域旅游的快速发展得益于国家整体战略目标的实施和政策红利，甘州是重要的交通枢纽和绿色有机农产品生产基地，也是丝绸之路经济带旅游目的地和集散地，“一带一路”倡议助推甘肃构建全面开放新格局；树立“创造美好生活”的核心目标，聚焦“三农”，落实乡村振兴战略，打造出目的地高质量发展的动力引擎，满足新阶段创造美好生活的核心诉求；立足甘肃省打造西部知名乡村旅游目的地的“十四五”预期目标，促进城乡融合发展体制机制的进一步健全。

《甘州区全域旅游发展规划》提出旅游与乡村振兴融合发展思路，将农、俗、游、展融为一体，延长农业产业链，培育休闲度假农庄等与农业、农村、农民直接相关的旅游业态。甘州区依托甘州特色果园、农田和花卉等资源基础，强化农业种植养殖的特色化、产业化和规模化，做大种植和饲育产业；以甘州存量“庭院经济”“风情园”和规模化种植为特色，建设集农耕体验、田园观光、教育展示、文化传承于一体的休闲农业体系，积极打造康养度假类村落、绿色农业振兴类村落、文旅游憩体验类村落等旅游业态。

乡村振兴战略的实施对甘州区全域旅游业尤其是乡村旅游发展提出了更高要求，也提供了重大机遇，乡村旅游产业迎来了黄金发展期。在全域旅游时代，乡村旅游已经成为促进区域综合转型发展的有效路径，甘州区城乡统筹型全域旅游能够领先全省，主要得益于以下几个方面的工作。

### （一）与乡村振兴战略全面融合

甘州区全域旅游发展紧紧围绕产业兴旺、生态宜居、乡风文明、治理有效、生活富裕的总要求，加快乡村振兴示范节点建设，集中全力打造继张肃公路、张民公路乡村振兴示范带和北部通道乡村振兴示范带，加快乡村振兴向整体推进、全域拓展。全面推进乡村振兴战略向纵深发展，引导农户积极参与到乡村振兴项目建设中，发挥国有企业参与优势，让更多的国企参与到乡村振兴的项目建设中，加快建设进度，聚力打造全省、全国乡村振兴示范区。

### （二）多极化战略助力全域旅游发展

甘州区全域旅游发展充分利用多样化的资源优势，明确了各乡镇功能分区与布局，拓宽了全域旅游产品类型，构建了以观光型产品为基础，以休闲度假、康养娱乐、红色旅游产品为主要组成部分的旅游产品体系，丰富了旅游产品类型，增强了游客的体验及感知价值。

### （三）特色明显的发展战略

甘州区全域旅游资源特色鲜明，红色资源、民俗资源、地方餐饮文化都具有较强的地方特色。甘州区全域旅游发展结合当地的资源特色，充分挖掘全域旅游资源的潜力，增强产品附加值，通过特色化、产业化的产品打造，提升了旅游发展优势，提高了乡村旅游发展竞争力。

### （四）精品化的发展战略

全域旅游产品品位决定其经济效益。在有限的空间内，甘州区全域旅游通过发展精品旅游产品，提高了单位面积的产值，促进了全域旅游可持续发展。一方面，通过提档升级、品牌项目及服务商的引入，在五年内打造了一批区域一流的农业观光、休闲体验产品；另一方面，通过乡村旅游目标构建，实现了形象突围，塑造了甘州区旅游新名片。

### （五）产业融合发展战略

甘州区全域旅游以观光农业、休闲农业为引擎，以丝绸之路沿线农耕文化为底蕴，结合张掖绿洲现代农业试验示范区建设，打造丝路农耕文化主题休闲、度假基地。以乡村旅游示范带建设为契机，以产业融合为发展思路，将农业发展与红色旅游、体育旅游、民俗旅游相结合，以“农业+旅游”为基本思路，做强了特色一产，丰富了丝路主题乡村旅游体系。

### （六）全域化的发展战略

甘州区全域旅游发展是举全区之力，贯穿全域旅游发展战略，打通全域旅游发展的时空限制，实现旅游发展的“全时间”“全空间”“全产业”“全要素”，在现有产品的基础上，延长旅游产业链，带动地区人气增长，使乡村居民积极参与到旅游发展中，实现创造美好生活的目标。

### （七）乡村旅游品牌（IP）的创建

2019 年，甘肃省提出了全省乡村旅游示范县的创建目标，制定了《全省乡村旅游示范县创建要求》。甘州区对照《全省乡村旅游示范县创建要求》，高质量落实“五个一”要求，以乡村旅游产业定位与体制机制、乡村旅游经济发展水平、乡村旅游产业综合功能、乡村旅游开发与环境保护、乡村旅游设施与服务配套、乡村旅游市场管理与游客满意率、乡村旅游人才与培训、乡村旅游安全等全省乡村旅游示范区验收指标为依据，加强甘州区乡村旅游基础设施建设，完善乡村旅游产业功能，提升游客满意度，将甘州区打造成全省乡村旅游示范县。

## 第四节　甘州区乡村旅游发展目标

甘州区乡村旅游发展紧紧围绕甘州区整体战略定位，坚持把规划摆在发展的首要位置，编制《甘州区全域旅游发展规划》《甘州区“十四五”文化和旅游发展规划》《甘州区乡村旅游发展规划》等纲领性文件。在“多规合一”理念的指导下，将城乡总体发展布局、乡村产业、土地利用、乡村景观等进行统一规划，将乡村旅游纳入区域发展新格局，充分吸收甘州各部门、各区域的工作成果和建议意见，达到科学严谨、综合落地、产业落实的高标准要求。

## 一、《甘州区“十四五”文化和旅游发展规划》重点发展目标

### （一）基础设施建设不断完善

推进基本公共服务实现均等化，优化完善区、乡镇（街道）、村（社区）三级文化基础设施，提升改造旅游基础设施，形成覆盖面广、结构合理、功能齐全、实用高效的公共文化旅游设施网格。

### （二）遗产保护传承能力明显增强

传承优秀中华传统文化，形成较为完备的历史再现工程体系，非物质文化遗产得到全面保护与有效传承，利用水平也进一步提高。充分融合非物质文化遗产与特色旅游线路，使非物质文化遗产保护理念深入人心。

### （三）创新水平进一步提升

不断创作生产出既有思想内容又有市场价值和甘州特色的文艺作品，扶持和鼓励原创性文艺作品创作与生产。文化整体实力增强，举办品牌文化活动，会展经济能力显著提高；通过会展经济带“活”、带“火”景点景区，形成一批具有省内外影响力和竞争力的文化旅游精品景区、品牌产品。

### （四）文旅市场进一步繁荣规范

牢固树立“绿水青山就是金山银山”的发展理念，促进产业融合、产城融合，全力助推甘州区创建全国文明城市，健全文旅市场管理机制，完善市场准入和退出机制，创新文旅市场管理方式，提升文旅市场管理能力。

### （五）人才队伍活力持续增强

进一步优化文化旅游人才发展环境，培育一批在学术上、业务上不断创

造新业绩的文化旅游专业人才及各类文旅志愿者，协调引进一批急需紧缺人才，形成结构合理、梯次清晰、门类齐全的高素质文旅人才队伍。

## 二、《甘州区乡村旅游发展规划》发展目标

### （一）发展战略

1. 全面融入乡村振兴战略

充分发挥乡村旅游在一二三产业融合发展中的作用，创新打造集“农业种植+立体养殖”“循环农业+创意农业+休闲农业”“生态科普+乡村休闲”于一体的丝路水乡生态农业，突出“乡村振兴+旅游产业”融合，延长休闲农业产业链，聚力打造全省、全国乡村振兴示范区。

2. 多样化、品牌化发展战略

充分利用多样化的资源优势，拓宽乡村旅游产品类型，构建以观光型产品为基础，以休闲度假、康养娱乐、红色旅游产品为主要组成部分的乡村旅游产品体系，提高游客体验及平均消费，打造乡村旅游精品，提高乡村旅游发展竞争力。

3. 创新发展战略

以创新思路统领甘州区乡村旅游发展，积极推进发展思路创新、产品创新、业态创新、营销创新、模式创新、投融资创新，全面推动甘州区乡村旅游跨越式发展。

### （二）发展目标

2022—2026 年，甘州区乡村旅游基础设施和公共服务设施进一步完善，乡村旅游产业规模不断扩大，产业结构明显优化，乡村旅游服务质量和水平全面提升，富农惠农作用更加凸显，形成布局合理、类型多样、功能完善、特色突出、产业集聚效益良好的乡村旅游发展格局。甘州区成功创建省级乡

村旅游示范县，全国休闲农业重点县，新创建全国乡村旅游重点村 1~2 个、文旅振兴乡村样板村 6 个。力争培育 10~20 家等级民宿、100~200 家旅游民宿、1 个民宿集群，新培育 5~10 家乡村旅游合作社和 1~2 家乡村旅游龙头企业，体系化打造“丝路水乡，甘州故事”，成为西部著名、全国知名的乡村旅游品牌。探索形成乡村旅游转型发展的“甘州模式”，逐步形成“丝路情、绿洲味、文化型、现代感、可持续”的特质。

总体来看，甘州区各乡镇及旅游村的乡村旅游规划内容主要涵盖空间结构规划、产业规划、产品体系规划、公共服务、基础配套设施规划及运营保障等方面。空间结构以重点乡村旅游项目为核心，道路、水系等串联各节点，形成点、线、面相结合的乡村旅游空间结构，将乡村旅游实施项目与策划项目进行统筹考虑，形成产业体系，建设一二三产业融合，吃、住、行、游、购、娱一体的乡村旅游产业集群。公共服务及基础配套设施规划是乡村旅游发展好坏的基础条件，在甘州区乡村旅游发展规划中，对公共服务设施、基础建设设施极为重视，形成了完善、全面的乡村旅游公共服务体系。乡村旅游运营是项目持续长远发展的保障，在规划中也对其进行详细分析，根据各个景点发展现状与基本情况，制定了符合当地发展的运营方案，为乡村旅游的发展提供保障。

## 第五节　甘州区乡村旅游实践路径

作为全域旅游高质量发展最主要的动力引擎，甘州区秉持“绿水青山就是金山银山”的发展理念，通过强化顶层设计、夯实基础设施、聚集重点项目、加大资金扶持、丰富产品业态、保持生态优先、文化产业赋能、加速提质创新、示范引领带动、优化市场环境、加强人才培育、构筑宣传阵地等途径，结合本区文化资源、生态资源、社会资源，持续开发乡村旅游产品，提高乡村旅游业发展的基础条件，提高乡村旅游业整体接待水平和服务质量，助力乡村振兴。实现乡村旅游总收入居全省领先水平，乡村旅游投资规模居全省领先水平，游客人均消费居全省领先水平，年接待人数居全省领先水平，乡村旅游就业人口居全省领先水平，农民从业人员年均收入居全省领先水平。实现对区域内经济社会资源尤其是对乡村旅游资源、相关产业、生态环境、公共服务、体制机制、政策法规、文明素质等进行全方位、系统化的优化提升。实现全区资源有机整合、产业融合发展、社会共建共享，城乡统筹、全域发展，带动和促进甘州区经济社会绿色转型与高质量发展，绘就产业美、生态美、文化美与生活美的宜居宜业美丽甘州乡村新画卷。具体做法如下。

## 一、强化顶层设计

甘州区以乡村振兴示范带为重点，强化顶层设计，坚持示范引领、梯次推进，因地制宜地做好项目规划、产业布局等重点工作，以示范带建设整体推进乡村全面振兴，成为乡村旅游的战略指引和建设纲领。通过出台一系列纲领性文件和措施办法，使乡村旅游发展总体思路更加明晰、发展目标更加具体、重点任务更加突出、体制机制更加健全，为乡村旅游示范区创建奠定了坚实的基础。

坚持把规划摆在旅游发展的首要位置，谋定而后动，成立全域旅游高规格创建领导小组，编制《甘州区全域旅游发展规划》《甘州区乡村振兴战略规划（2018—2022 年）》《张掖市甘州区域乡村建设规划（2018—2023 年）》，按照产业兴旺、生态宜居、乡风文明、治理有效、生活富裕的总要求，对全区实施乡村振兴战略作出总体设计和阶段谋划。根据地区发展及创建要求，编制完成《甘州区国土空间总体规划（2021—2035 年）》《甘州区乡村旅游发展规划》及各乡镇、重点旅游村的村庄规划，明确了村庄发展定位，建立了完善的土地、资金、交通、通信、水电等保障体系，构建了用地保障渠道，以此促进土地要素有序流动和合理配置。

《甘州区“十四五”旅游产业发展专项规划》提出，到 2025 年，甘州区文化事业实现繁荣发展。围绕举旗帜、聚民心、育新人、兴文化、展形象建设社会主义文化强国，推出一批彰显甘州特色、思想性艺术性观赏性相统一、人民群众喜闻乐见的精品文艺力作，促进文化艺术创作体系不断完善，文化艺术事业繁荣发展。文化遗产保护传承利用体系基本形成，实现科技化、系统性保护。现代公共文化服务体系持续提升，公共文化服务效能得到全面优化；文旅产业带动作用全面凸显，文化旅游成为经济社会发展和综合竞争力提升的强大动力和重要支撑。

全面贯彻党中央、国务院、甘肃省委及省政府和张掖市委、市政府关于经济社会发展的一系列重大决策及战略部署，《甘州区“十三五”旅游产业发展专项规划》提出全区着力优化、完善“1134”产业发展空间布局：“一线”即丝绸之路历史文化旅游带主线；“一核”即张掖丝路名城核心旅游区；“三带”即自然文化产业带、历史文化产业带、红色文化产业带；“四区”即大佛寺文化产业园核心景区、近郊休闲旅游区、竞技体育特色旅游区、自然人文景观区。要适应和把握经济新常态，大力实施旅游强区战略，全力发展全域旅游，全力推进旅游业供给侧结构性改革，大力实施“双创”，着力优化产业基础、着力改革体制机制、着力壮大市场主体、着力丰富产品供给、着力提升服务质量、着力拓宽投融资渠道，进一步培育旅游与文化体育康养等新兴产业融合发展增长极，扩大“湿地之城”“赛车之都”城市旅游形象知名度和影响力，将甘州区打造成为丝绸之路黄金旅游线上重要旅游目的地和游客集散中心。

## 二、夯实基础建设

甘州区在高铁西站建成旅游集散中心 1 座，全区乡村旅游点建成游客中心 8 座，游客中心均设置服务区、办公区和附属区为游客提供乡村旅游宣传、咨询等服务。

完善乡村旅游景点公路、步道等交通设施，推进乡村道路沿线美化、绿化、洁化、亮化工作，强化乡村的环境整治、道路秩序整治，打造乡村旅游特色景观廊道，对全区八大出城口进行拓宽改造，建成甘平公路、S18 线、国道 312 线、国道 227 线等一级公路，村村通公路全线贯通，形成旅游大通道，打造精品旅游线路，实现交通枢纽到重点景区公路交通无缝对接、城区与乡镇之间“零换乘”。

完善乡村旅游重点村、示范村、文旅振兴样板村及乡村旅游点的游客中心、停车场、旅游厕所、标识标牌等公共服务设施。全区乡村旅游数字标识导航系统，正在与高德地图、百度地图对接，乡村旅游重点村、示范村、文旅振兴样板村及乡村旅游点引导标识正在逐步完善，为乡村旅游提供了坚实的基础设施保障。

高质量运营张掖西站综合客运枢纽及旅游集散中心，发挥机场、车站、加油站、酒店等窗口单位旅游服务咨询前沿作用，完善游客输送、旅游购物、住宿餐饮、休憩娱乐等服务功能，扶持发展旅游汽车租赁公司，改善游客落地出行条件。

生态环境保护贯彻始终，在环境设计过程中以生态理念为指导，强调通过基础设施建设保障甘州区的生态提升，通过生态小品的建设让生态概念得到更直观的体现。厕所和垃圾桶等的合理设置，将农村“厕所革命”和旅游厕所建设结合起来，统筹规划、统一布局。推广智慧生态厕所，严格执行旅游厕所质量等级评定标准，优化景区厕所规划设计，推进旅游厕所生态化、智能化、景观化，让旅游厕所成为一道亮丽景观。将排水系统、垃圾回收站和污水处理等基础设施有效配置，设置生态小品，使其不仅成为生态科普设施，而且成为游憩服务设施，作为传导生态理念的重要措施和手段，为甘州区乡村旅游发展提供了基础设施保障。

## 三、聚焦重点项目

甘州区重点争取循环农业、生态工业、文化旅游、通道物流、数据信息等项目支持，坚持项目带动战略与资金争取，为乡村旅游助力乡村振兴发展提供了发展方向与经济政策等保障。不断扩大乡村旅游投资规模，大力扶持乡村旅游发展。截至 2022 年上半年，全区新建及续建的重点乡村旅游项目 19 个，累计完成投资 26.5 亿元。全区加快推进西大湖湿地旅游景区、水云乡生态景区、弱水湾生态旅游度假区、新河田园综合体景区 4 个 3A 级旅游景区创建工作，持续推进甘浚丹霞小镇、新墩镇双塔丝绸之路文化村、党寨镇陈寨甘州驿民宿小镇、靖安堡文旅水镇、三闸北部湾生态谷乡村旅游重点项目建设，为乡村旅游高质量发展积蓄新动能。

## 四、加大资金扶持

近年来，甘州区深入实施乡村旅游“双十双百”示范工程，根据区委一号文件、《甘州区“共享农庄”支持政策》和《加快推进全区文化旅游产业高质量发展的扶持政策》文件精神，落实以奖代补、先建后补、财政贴息等扶持措施和奖励，2021 年共计兑现政策资金 303 万元。全区乡村旅游项目固定资产投资 14. 3 亿元，推荐 10 户文旅企业可申报甘肃省中小微企业专项贷款，推荐 15 名乡村旅游从业人员可参选金张掖乡村旅游创业先锋，并给予现金奖补。根据创建要求，认真研究制订专项资金使用计划，主要用于乡村旅游规划编制、数字化网络平台系统建设、标识牌完善、乡村旅游推广宣传片和小程序展示平台制作。

## 五、丰富产品业态

甘州区鼓励各种经济成分特别是民营经济从事特色文化产品和旅游商品的研制、开发、生产和销售，促进绿色食品、农副土特产品、传统手工艺品和旅游工艺品、纪念品等文化旅游商品的开发销售和景区旅游商品的连锁经营，增强乡村旅游购物功能，延长旅游产业链条，增加乡村旅游收入，提升文旅产品品质。扶持一批潜力大、前景好的旅游商品研发生产企业和具有地方标志性特色文化内涵的旅游纪念品等优势旅游商品种类，创建知名旅游商品品牌，加速旅游商品产业化发展。

坚持激活存量与做优增效并举、传统产品提升与新兴业态开发并重，依托优势旅游资源，促进旅游与文化、体育、康养、农业、红色文化、研学等融合，大力发展极具“塞上江南”“湿地之城”特色的康体养生民宿产业。加快培育一批乡村旅游新业态，建成专业旅游村镇，发展农家乐，培育星级农家乐，带动增加农村就业人数。建设融高效农业技术集聚、绿色有机果蔬生产、旅游观光度假、精品果蔬采摘为一体的田园综合体和现代农业示范园区，培育发展康养、美食、旅居、民宿、购物等乡村消费主流，引导建设城市周边旅游度假带，促进旅游新业态的发展，不断推进乡村旅游业的转型升级，拓展乡村旅游消费空间。

大力发展会展经济，切实把会展经济作为区域新优势、发展新引擎、城市新品牌，全面启动对外国际文化旅游推广营销，加强与国际组织、协会、文化和旅游部驻外办事处等机构的密切联系，积极引进世界旅游组织机构，开展国际友好城市结对，加盟并扩展《丝绸之路自驾旅游护照》外延。力争成为“一节一会”开幕式举办地，组织开展敦煌写经书法艺术节、古道新知·丝绸之路与河西走廊学术交流会等高级别文化活动。着力实施引客、引会、引展、引摄、引赛、引演入甘的“六引”计划；推出一批具有地域特色的品牌节会、知名赛事、文化街区、红色景点、精品民宿和网红打卡地，实现年年有主题、季季有活动、月月有节会、周周有演出，形成外向型会展经济发展的良好格局。

## 六、生态保护优先

甘州区围绕生态文明建设，突出生态经济和生态文化特色旅游，牢固树立“绿水青山就是金山银山”的理念，以筑牢守好国家西部重要生态安全屏障为己任，始终坚守生态文明底线，把国家所需、未来所向、群众所盼和甘州所能有机结合。良好的生态环境已经成为甘州区发展乡村旅游最大的底气，空气质量优良天数全年达到 300 天，主要旅游区地表水水域环境质量符合《地表水环境质量标准》（GB 3838—2002）中的 A 类标准。

甘州区通过科普活动、志愿活动和有组织的生态旅游活动，让湿地保护更贴近市民和旅游者，让水源地保护普及大众。针对青少年和家庭亲子客群，设置了专门的科普活动场馆，组织专门的科普活动。组织志愿者进行科普活动推广，人们通过志愿活动实际参与水源地保护工作和对应的宣传事务，并成为水源地保护的主要民间力量。在专业人士带领之下，进行生态旅游活动，让湿地保护“活起来”，这些举措有效地保护了甘州湿地的生态环境。

## 七、文化产业赋能

甘州区坚持以文化促振兴、文明带振兴、文旅强振兴，在乡村振兴的征程中体现文化担当，展示文化魅力，推进文化惠民。积极挖掘地方特色文化，通过整合长城遗址、黑水国遗址等历史遗迹，打造长城遗址公园和黑水国考古遗址公园景区。挖掘整理民间传说、乡间戏曲、民俗技艺，建成金日磾展馆，改编甘州小调、邵家班子杖头木偶戏曲目，开展甘州剪纸、甘州刺绣等非遗项目，为乡村旅游发展提供了丰富的人文资源。以文创带动创造品牌营销环境，培育甘州文创产业，以丰富地域旅游产品类型，健全品牌表现形式，强化地域品牌认知度。引导经营主体的品牌行为，使之能够与地域品牌的建设相适应，成为品牌建设体系中最具活力和创造力的主体。

依据《甘州区红色旅游发展规划》，以甘泉红色历史文化旅游区、龙渠乡红色文化风情线、红西路军中共甘州中心县委旧址“一区、一线、一址”为核心，启动实施中国女红军暨妇女抗日先锋团纪念馆项目，着力打造红色旅游精品线路，创建红色基因传承创新示范区。以甘泉红色历史文化旅游区为核心，串联福音堂医院旧址、博物馆、湿地公园，推动“红色旅游+生态观光+文化体验”实现无缝对接；以龙渠乡红色文化风情线为依托，串联民生小镇，探索“红色旅游+户外拓展+特色餐饮”体验新模式；以红西路军中共甘州中心县委旧址景区为平台，串联全国中小学生研学实践教育张掖营地，打造“红色旅游+军事体验+研学实践”研学旅游新模式。发挥党史研究机构、博物馆、纪念馆及红色旅游企业的主体作用，深度挖掘红色文化内涵，开发红色旅游产品，在理论、产品、服务等方面积极创新探索，增强红色旅游发展活力，红色旅游人数年均增长35%以上。

甘州区依托资源和区位优势，围绕产、商、文、旅四大核心要素，挖掘特色文旅资源，在保留乡韵乡愁的基础上，将农业、村居、田园、民俗、文化与旅游紧密结合，以周边万亩城郊湿地公园、千亩供港澳蔬菜和采摘园生态垂钓园为依托，进行个性化改造，建成乌江镇谢家湾“水云乡畔”共享农庄，成为将文化产业转化为乡村创意的典型示范与特色魅力产业。建成的甘浚镇速展村民宿和西遇·宿集特色街区、党寨镇陈寨村“甘州驿”休闲农庄、靖安堡文旅水镇、碱滩镇古城村的屋兰古镇景区和民俗村、新墩镇双塔村丝绸之路文化村、平山湖蒙古族乡喀尔喀小镇等乡村特色示范点，在建设理念上保持乡村风貌，提炼乡村文化，拓展业态空间，充分融入非物质文化遗产、农耕文化、手工艺产品等元素，实现农业文化旅游“三位一体”发展，形成了以自然生态为依托、文化产业为引擎、乡村特色为支撑的产业发展模式，为乡村振兴注入新动力，拓宽融合发展新路径，实现乡村文化产业发展的现代化、科技化与高效化。

加快影视文艺旅游开发，依托当地府城、古民居、书院等甘州古建资源，培育一批集影视基地、旅游度假、休闲观光于一体的综合性旅游基地，打造张国臂掖影视基地，提供便捷的咨询和影视周边服务，吸引各类影视剧组将甘州作为外景拍摄地，放大取景地的影视宣传效应。建成丝绸之路摄影家基地、甘州写生基地、全国野生动植物摄影研学基地等摄影美术大师写生创作基地（村）。依托甘州深厚的历史文化底蕴和丰富的旅游资源以及现有成型的电影、电视拍摄村镇，探索“文艺+旅游”发展思路，开发文艺旅游产品。

加快研学旅游开发。建立共青团组织、教育主管部门、文化旅游管理部门统筹指导和旅游企业具体实施的研学旅游管理服务和运营机制，充分发挥河西学院“1+X 研学旅游策划与管理”职业技能等级证书考核站点作用，整合各类研学资金，畅通研学旅游外引内促渠道，培育研学旅游“洼地”。依托甘州独特、丰富的研学资源，打造以全国中小学生研学实践教育张掖营地、现代农业示范园、沙漠体育公园博物馆、平山湖地质公园博物馆、黑水国遗址、红西路军西洞堡大捷遗址、龙渠会议遗址、中共甘州中心县委旧址、高金城烈士纪念馆、龙渠烈士陵园、西城驿烈士陵园、甘州党史陈列馆、红色基因传承工程展览馆、红色综合教育基地、党史教育基地、公航旅·张掖国际露营基地等为重点的多元化研学基地。精心开发集现代农业、地质科普、文化体验、文博考古、红色教育、户外运动于一体的复合型研学旅游产品，把甘州打造成西部重要的中小学及大学生、社团、企业研学目的地，培育旅游消费新的增长点。

## 八、体制机制创新

### （一）甘州区旅游业的体制机制创新

甘州区构建以城市投资和旅游投资为支撑，多种投资平台相互协调、互相支撑的投融资框架结构。全方位、多层次地开展招商引资，广泛吸纳社会资本和民间资金发展旅游产业，重点策划、推出一批优势旅游项目，鼓励省内外优势企业和知名企业，通过参股、收购、合资、租赁等方式，创办旅游企业和参与景区建设。大力发展民营旅游企业，鼓励各种经济成分、社会力量投资兴办旅游经济实体，开发旅游项目。探索甘州文旅基金、开发性银行政策资金、PPP 开发资金、商业银行信贷资金 ABS 资产证券化、政府贴息、贷款资金等多种融资方式，利用社会资本公司、甘肃绿色生态文化旅游产业发展基金、国家发展改革委 PPP 项目办公室等投资平台，导入知识资本、成熟品牌等优质资源。加快旅游行政管理部门的职能转变，充分发挥企业、行业协会和中介组织的职能作用，进一步强化行业协会的自律性、服务性功能，健全行业自律机制，规范行业行为。

### （二）产业要素品质提升

1. 丰富“甘州·乐餐”品牌

打造一批有影响力的餐饮品牌，加大对乡村农（牧）家乐的培育力度，推行农（牧）家乐评星定级和进等升级，全区星级农（牧）家乐总数达 70 家以上。

2. 营造“甘州·乐居”环境

提升和丰富甘州旅居水平和层次，提高乡村旅游接待能力和服务水平。加强民宿行业规范化管理，提升民宿服务品质，打造一批特色鲜明、设施完善的精品民宿。发挥民宿联盟的桥梁纽带作用，借助“金张掖民宿”线上平台，加大对乡村旅游民宿的宣传推广力度。

3. 完善“甘州·乐行”功能

提升数字旅游赋能水平，依托5G专网、光纤地网、智慧专网，实现智能导游、电子讲解、信息推送、智能找厕、智慧停车等功能。按照乡村旅游标准，进一步优化旅游交通网络，全面完善区内旅游标识标牌系统，合理调整公交车运营线路和站点设置，开通重点乡村旅游景区直通旅游大巴，完善乡村旅游景点景区的绿道慢行系统，推动城乡旅游交通服务一体化。

4. 开发“甘州·乐游”路线

开展历史文化名城游、环黑河湿地生态游、环旅游大通道景区游，整合乡村红色文化、民俗、非遗等旅游资源，打造22条旅游精品线路，助推乡村旅游取得实质性进展。

5. 打造“甘州·乐购”基地

打造速展特色街区、双塔丝绸之路文化村、沙漠体育公园、平山湖喀尔喀小镇、犀兰古镇等乡村旅游购物基地，在张掖老街培育以特色农产品为主的“甘州味道”和以文创、非遗为主的“甘州有礼”特色品牌。深入挖掘乡村文化资源，鼓励开发以剪纸、刺绣、根雕、民族服饰为题材的乡村文创产品，为乡村旅游提供高质量的文创产品。

6. 体验“甘州·乐享”生活

开发夜间消费产品，整合张掖老街、明清街等特色街区资源，争创国家级夜间文化旅游消费集聚区，打造夜游甘州文旅IP。平山湖大峡谷景区、沙漠公园景区实现民族晚宴、篝火晚会等夜游体验项目常态化开展，《张国臂掖》《甘州乐舞》《八之戒》等剧目常态化演出。充分挖掘非遗资源，开发非遗旅游产品，推进非遗项目进乡村，激发文化旅游消费潜力。

## 九、示范引领带动

甘州区围绕乡村旅游基本要素，深入挖掘乡村特色资源，因地制宜，以“一村一品”为目标，精心打造“陇上乡遇”全省乡村旅游示范品牌。通过品牌引领，培育乡村旅游业态、产品，做强乡村旅游产业，巩固拓展脱贫攻坚成果，助力文旅振兴乡村。2021—2025年，以“乡游、乡见、乡识、乡宿、乡味”为主题逐步打造培育长安镇前进村、平山湖蒙古族乡平山湖村、新墩镇双塔村、甘浚镇速展村、碱滩镇普家庄村、上秦镇徐赵寨村为省级文旅振兴乡村样板村。集中打造长安镇前进村为国家级文旅振兴乡村样板村。依托前进牧业奶牛产业的示范带动作用，打造集田园观光、休闲采摘、餐饮住宿、研学旅游、农事体验于一体的国家级乡村旅游重点村，不断扩大乡村旅游产业规模，增强示范引领作用，激发乡村旅游产业发展后劲。

## 十、优化市场环境

持续推进乡村旅游市场秩序规范整治行动，定期开展安全培训和应急演练，提高乡村旅游行业灾害风险防控能力。深入开展乡村旅游市场、食品安全专项整治行动，确保交通、应急、市场监管、公安、消防等行业执法无盲区。深化乡村旅游市场秩序规范整治行动，坚决打击欺客宰客、强迫购物、价格欺诈等违法违规行为。对全区乡村旅游景点景区、星级农家乐、民宿、游戏娱乐场所等进行不定期的常态化巡查、检查，确保乡村旅游市场安全、平稳发展。以文旅行业高质量发展为主线，通过内外兼施发力，织密行业监管网。持续开展乡村旅游服务质量提升行动，全面推行示范村、农家乐、民宿评星定级，切实提升乡村旅游服务质量。

## 十一、加强人才培育

甘州区将文旅产业人才培训纳入全区人才培训年度计划任务。进一步深化“树标培优”行动，依托A级旅游景区、旅游星级饭店，确定旅游人才培训基地，强化与中央文化和旅游管理干部学院、西北师范大学、兰州文理学院、河西学院等高校的交流合作，鼓励大学毕业生开展旅游创业行动。坚持区内重点培养与引进区外力量相结合，打造旅游企业家人才队伍。成立乡村旅游智库、旅游专业人才信息库和网上旅游人才市场，整合高校专家和行业精英力量，提供项目策划、创业辅导、经营管理、市场营销、产品研发、人才培训等一站式服务，为乡村旅游和旅游扶贫提供智力支撑和决策咨询。实施乡村旅游实用人才培训工程，农业、人社、旅游、扶贫等部门要将乡村旅游人才培养纳入培训计划，采取多种方式对旅游管理人员和从业人员开展经营管理、宣传营销、商品研发、质量标准、文明礼仪等知识培训，切实提升乡村旅游从业人员的综合能力。做好百名乡村旅游带头人培养工作，扶持培育一批乡村旅游经纪人。加强乡村旅游人才储备，选聘高等院校旅游管理类相关专业毕业生到具备条件的农村工作，选拔农村优秀青年到高等院校接受旅游管理类相关专业培训。每年举办各类乡村旅游培训班不少于15期，组织培训乡村旅游从业人员2000人次以上。

## 十二、构筑宣传阵地

### （一）全面实施多主体营销

1. 大品牌推广平台

甘州区制定多主体营销方案和官方品牌推广渠道，明确甘州品牌形象，搭建甘州品牌体系。线上品牌宣传平台有官方微博和微信公众号，抖音、快手，官方文旅推介网站，知名旅游中介推介网页，直播、短视频平台官方号等。线下品牌宣传的主要方式为委托或建立专门机构，协调旅行社地推，参与城市间旅游展览推广活动，进行社区宣传，在甘州区及主要目标市场铺设平面广告。

2. 经营主体自主营销

鼓励文旅相关经营主体充分发挥主观能动性，积极参与品牌建设，实现自身产品和品牌推广的同时，成为甘州品牌建设的有机组成部分。积极参与官方推介活动，鼓励产品带有鲜明的企业个性，凸显自身品牌，编制地域产品优产名录，成为地域品牌有机组成部分。借助官方平台，推广自身产品和服务；借助政府力量，建立自身品牌形象；借鉴外来经验，完善自身品牌体系。

3. 全民参与营销

不仅让从业者成为甘州品牌的重要组成部分和宣传者，还要通过乡村旅游建设，丰富当地居民的文化休闲生活，增强当地居民的幸福感和地域自豪感，从而让甘州居民也成为甘州品牌的推介人。

### （二）构筑旅游宣传矩阵

建立政府、媒体、企业、中介、社会“五位一体”的旅游宣传矩阵，开展线上线下多角度、立体式、全天候宣传营销。依托“一带一路”河西走廊旅游宣传联盟和甘蒙青环线城市旅游联盟，实现区域城市互惠、游客互送、线路互动、节会互参格局。组织实施旅游推介和文化交流，开展“百城百场”文化旅游双向互动交流活动，实现目标市场城市“点对点”营销。建设“游在甘州”智慧旅游平台，打造“一部手机游甘肃”甘州篇，实现甘州游玩一键索引，进一步深化“互联网+民生+媒体+旅游+服务”功能。

运用原创视频、创意图片、3D 动画、H5 页面、AR 技术、影视植入、达人踩线、演艺动漫、云直播、云旅游等方式，开展兼备创新性、趣味性、互动性的营销，打造具有独特魅力的宣传标签。积极邀请行业龙头、专业团队参与策划、宣传，发布各类文化体育旅游主题推文；征集甘州旅游目的地口号和甘州旅游品牌标识，做强甘州品牌形象，不断提升甘州旅游的知名度和吸引力。

# 第八章　甘州区乡村旅游开发现状

## 第一节　甘州区乡村旅游资源概况

甘州区因自然美景和物阜民丰并存，素有“鱼米之乡”之美誉；又因具有良好的生态环境和区位优势，被誉为山清、水秀、天蓝、地绿的“塞上江南”，宜居、宜游、宜乐的“湿地之城”，明净、清新、亮丽的“清凉之都”与文明、和谐、美丽的“戈壁水乡”。甘州全区现存历代不可移动文物245处，其中全国重点文物保护单位10处，使甘州区成为一座名副其实的古城。

### 一、甘州区A级旅游景区

甘州区旅游资源丰富，A级旅游景区众多，有张掖大佛寺景区、张掖平山湖大峡谷景区、张掖国家湿地公园、张掖芦水湾生态景区、张掖屋兰古镇景区、甘泉红色历史文化旅游区6个国家4A级旅游景区，还有公航旅·张掖国际露营基地等7个国家3A级旅游景区及1个省级旅游度假区。甘州区A级旅游景区情况见表8-1。

表 8-1　甘州区 A 级旅游景区

| 序号 | 景区名称 | 等级 | 地址 | 评定时间 |
|---|---|---|---|---|
| 1 | 张掖大佛寺景区 | 4A（6 家） | 张掖市甘州区民主西街大佛寺巷 | 2005 年 12 月 |
| 2 | 张掖国家湿地公园 | | 张掖市甘州区 312 国道北段 | 2011 年 12 月 |
| 3 | 张掖平山湖大峡谷景区 | | 张掖市甘州区平山湖蒙古族乡 | 2016 年 12 月 |
| 4 | 张掖芦水湾生态景区 | | 张掖市甘州区滨河新区西北部 | 2018 年 11 月 |
| 5 | 张掖屋兰古镇景区 | | 张掖市甘州区碱滩镇古城村 | 2020 年 12 月 |
| 6 | 甘泉红色历史文化旅游区 | | 张掖市甘州区北水桥街 | 2021 年 12 月 |
| 7 | 二坝湖景区 | 3A（7 家） | 张掖市甘州区碱滩镇二坝村二社 | 2011 年 5 月 |
| 8 | 公航旅・张掖国际露营基地 | | 张掖市甘州区滨河新区北三环路 | 2018 年 11 月 |
| 9 | 张掖国家沙漠体育公园 | | 张掖市甘州区城南 13 千米处 | 2020 年 12 月 |
| 10 | 中共甘州中心县委旧址景区 | | 张掖市甘州区大满镇城西闸村 | 2021 年 9 月 |
| 11 | 水云乡生态景区 | | 张掖市甘州区滨河新区北端玉水苑对面 | 2022 年 4 月 |
| 12 | 张掖黑河生态景区 | | 张掖市甘州区滨河新区黑河甘州段西岸 | 2022 年 4 月 |
| 13 | 西大湖湿地旅游景区 | | 张掖市甘州区明永镇下崖村 | 2022 年 4 月 |

## 二、甘州区乡村旅游资源分类

根据《旅游资源分类、调查与评价》（GB/T 18972—2017），甘州区乡村旅游资源共 6 个主类、11 个亚类、27 个基本类型（见表 8-2）。

表 8-2　甘州区乡村旅游资源分类

| 主类 | 亚类 | 基本类型 | 资源单体名称 |
|---|---|---|---|
| A 地文景观 | AA 自然景观综合体 | AAA 山丘型景观 | 合黎山、大梁坡、小红崖子、盘道山、青龙山、棋坡山、红沙窝北山 |
| | | AAC 沟谷型景观 | 平山湖大峡谷 |
| | AC 地表形态 | ACA 台丘状地景 | 张掖国家沙漠体育公园 |
| B 水域景观 | BA 河系 | BAA 游憩河段 | 黑河、山丹河 |
| | BB 湖沼 | BBA 游憩湖区 | 二坝湖旅游风景区 |
| | | BBC 湿地 | 张掖国家湿地公园、芦水湾国家级旅游度假区 |

续表

| 主类 | 亚类 | 基本类型 | 资源单体名称 |
|---|---|---|---|
| E 建筑与设施 | EA 人文景观综合体 | EAB 军事遗址与古战场 | 秺侯驿 |
| | | EAC 教学科研实验场所 | 全国中小学生研学实践教育张掖营地 |
| | | EAD 建设工程与生产地 | 五一粮油加工厂旧址、张掖化肥厂旧址、五里墩电厂旧址、西武当瓷窑址 |
| | | EAE 文化活动场所 | 秺侯驿文化产业园、西部七彩休闲园、芦水湾旅游度假区水天一色广场 |
| | | EAF 康体游乐休闲度假地 | 张掖园艺公园、平山湖国际赛车城 |
| | | EAG 宗教与祭祀活动场所 | 东山寺、象佛寺、将军庙、上龙王庙、灵隐寺 |
| | | EAI 纪念地与纪念活动场所 | 西城驿烈士陵园、西洞堡大捷纪念园、龙渠烈士陵园 |
| | EB 实用建筑与核心设施 | EBA 特色街区 | 双塔丝绸之路文化村、喀尔喀蒙古族风情小镇、甘浚镇速展特色街区、谢家湾水云乡畔、九盈休闲农庄、雒家大院、普家庄秺侯驿文化产业园 |
| | | EBK 景观农田 | 前进村田园综合体、新河田园综合体稻田艺术景观 |
| F 历史遗迹 | FA 物质文化遗存 | FAA 建筑遗迹 | 屋兰古镇、龙渠会议遗址、黑水国遗址、东古城城楼、甲子墩墓群、双墩滩墓群、吉祥寺砖塔 |
| | FB 非物质文化遗存 | FBB 地方习俗 | 二月二、惊蛰、五月十三、祛病节、冬祭节、燃灯节、寒食节 |
| | | FBC 传统服饰装饰 | 四模衫、圆领袍、羊皮袄、大裆裤 |
| | | FBD 传统演艺 | 河西宝卷、甘州小调、九曲黄河灯阵、邵家班子杖头木偶戏、狮子上缆绳 |
| | | FBF 传统体育赛事 | 张掖国际汽车拉力赛、黑河生态马拉松赛、平山湖冰雪马拉松赛 |
| G 旅游购品 | GA 农业产品 | GAA 种植业产品及制品 | 乌江稻米 |
| | | GAC 畜牧业产品与制品 | 传祁乳业 |

续表

| 主类 | 亚类 | 基本类型 | 资源单体名称 |
| --- | --- | --- | --- |
| H 人文活动 | HA 人事活动记录 | HAA 地方人物 | 李怀存、唐文其、高金城 |
| | | HAB 地方事件 | 中国工农红军西路军龙渠会议 |
| | HB 岁时节令 | HBA 宗教活动与庙会 | 西来寺庙会、社火、道教、佛教、伊斯兰教、天主教、基督教 |
| | | HBB 农时节日 | 杏花节、丰收节 |
| | | HBC 现代节庆 | 荷花节、沙枣花节、敦煌写经艺术节、全国露营大会 |

## 三、生态旅游资源概述

### （一）河流水系

据《抚新记程》记载，“隋朝韩世龙守黑水国驻此，有古垒四，去后一夕为风沙所掩”。在文献记载中，“黑水国”曾是一片面积约 30 平方千米的古绿洲，或因黑河改道，或因人类活动，导致沙漠化；隋代张掖郡治迁址至以东区域（今甘州），此后黑水国风光不再，唐代设巩闽驿，元代设西城驿，明代设小沙河驿，主要是传递政务情报的驿站。经过唐、宋、元、明 4 个朝代的冷落萧条，直至清代彻底湮灭。相关研究推测，或许是由于汉代及后来朝代移民屯边引发的大规模开发，人为扰动加剧，造成水源及生态环境承载过重，周边生态植被遭到破坏，无法抵御风沙侵袭，古城逐渐被风沙淹没。据此可见，黑河中游古代城市的变迁与沿岸生态环境的恶化有着必然的联系，进一步佐证了甘州区发展与黑河生态保护之间的密切联系。甘州区环城水系以现有黑河引水渠和灌溉渠系为基础，修复沿线水生态环境，将黑河水引进甘州城区，再由“八大明渠”汇入黑河国家湿地公园，再次进入黑河，沿线共串联两处绿化节点。同时，在主要河流沿线，开展水岸生态环境重塑工程，充分考虑公共休闲和生态改造的协调共赢，努力实现黑河全流域水环境的提升。

### （二）湿地

甘州区拥有黑河湿地与西大湖湿地两大湿地，黑河湿地区域内保护完好的天然湿地有 3 万多亩，湿地类型多样，资源丰富，景观优美，有湿地植物 45 科 195 种、野生动物 116 种，是目前西北地区类型多样、最具特色的湿地。现已建成张掖国家湿地公园，公园配套完善了入口广场、游客服务中心、观景亭廊、观鸟亭、景观桥、环卫、标识系统等旅游设施，并开发了激情漂流、游船画舫、苇塘垂钓、溜冰运动、趣味自行车、休闲马车等旅游项目，成为甘州区美丽的后花园和游客避暑度假的旅游胜地，向人们展示了甘州“戈壁水乡”“湿地之城”“塞上江南”的独特魅力。湿地公园于 2009 年被国家林业局批复为“国家湿地公园试点”，2011 年被国家旅游质量等级评定委员会评定为国家 4A 级旅游景区。景区自建设以来，按照“保护优先、科学修复、合理利用、持续发展”的基本原则，重点实施了退耕还湿、水源涵养、水系疏浚、植被恢复、景观绿化、旅游服务、动物栖息地等生态恢复项目和旅游服务等工程。截至 2022 年，累计完成退耕还湿地 3163 亩，恢复湿地植被 5000 多亩，疏浚渠系 23 千米、河道 4 千米，修筑围堰坝 11 道，形成湿地自然湖泊水面 2800 亩。

西大湖湿地旅游景区位于明永镇下崖村，东接火桥河，南邻水乡渔村，西依黑水国北城遗址，北靠乌江镇敬依村，总面积约 11 平方千米。景区突出“原生态、少干预、强保护、续文脉、低成本、亲自然”的理念，优化湿地与“乡、渔、城、养、林”等周边区域的和谐共融，以乡村旅游为基础，以生态湿地为景观，打造集观光休闲、娱乐体验、生态康养于一体的综合性旅游景区。景区景观资源丰富，交通便利通达，基础设施完善，景区内水乡渔村、西柳观渔、湿地草原、千眼泉等景观资源质量较高。景区还以黑水国农作物种子发掘以及丝绸之路种子传播的农业历史文化为背景，打造了五谷、花卉、草药、蔬菜、林果等多元农作物景观化“百种园”。此外，还有特色水产养殖与“千眼泉”地貌奇观，采用无痕生态化手法设置生态观测点，优化西大湖生态慢行系统，最大化地激活了西大湖湿地旅游景区的生态价值。

### （三）绿地系统

甘州区以生态提升为基础打造宜居环境，重点打造三大类景观绿地，包括城区公园、沿路分布的防护绿地以及黑河流域、东大山自然保护区的生态型区域绿地。防护绿地沿甘州区主要道路建设，打破传统道路绿化窠臼，将经济作物种植与高科技农业相结合，导入公路绿化系统，让农业生产与景观绿化有机融合，打造河西走廊特色防护绿地系统。基于张掖市和甘州区关于创建全国文明城市的决策部署，加大生态植被修复保护力度，以黑河大林带、黑河生态园、黑河生态新城环城防护林为重点，打造绿带贯通、林草护岸、绿化美化、林水相融的生态景观。坚持造林绿化重点工程与农田林网、村庄绿化、经济林建设相结合，加快推进道路林网、水系林网、农田林网、环村防护林及特色经济林基地建设。以交通沿线、县乡通村公路为重点，完成绿色通道建设 210 千米，实施张肃公路及张民公路乡村振兴示范带甘州段造林绿化工程。针对黑河流域和东大山自然保护区，以胡杨林培育为抓手，培育生态防护绿地，有效改善并提升区域生态条件，适当导入文旅游憩和科普体验业态，寻求人与自然和谐相处的有效路径。

## 四、甘州区乡村旅游品牌名录

甘州区采取大营销理念整合资源优势，通过整体包装、统一设计和宣传营销，形成统一乡村旅游品牌。通过举办各类节会赛事活动，进一步扩大甘州乡村旅游的认知度和美誉度；举办“农民丰收节”，开展“丰收了·游甘肃”“如意甘肃·陇上乡遇”等文化旅游惠民活动。围绕“乡游、乡见、乡识、乡宿、乡味”的主题，打造各具特色的文旅振兴乡村样板村，建立“甘美天下·州藏古今”旅游形象品牌体系，打造提升旅游品牌形象，形成立体的产品体系。

## （一）乌江贡米

甘州区乌江境内水网密布，多条天然水系汇聚，构成了黑河水脉最密集的区域，也孕育了乌江独具一格的生态环境。乌江是张掖地区传统农耕的代表，种稻历史可溯及唐代，历代史料都有讲述乌江水稻种植的壮美景象，“乌江稻浪”曾是甘州八景之一，乌江大米曾既为朝廷贡米也为军粮储备之首选。据《旧唐书》记载，武周长安元年（701 年），甘州刺史李汉通广置屯田，稻丰收稔，一缣数十斛，积军粮数十年。宋朝司马光在《资治通鉴》里评说：“自安远门西尽唐境万二千里，闾阎相望，桑麻翳野，天下称富庶者无如陇右。”南宋诗人范成大有诗云：“泉清土沃稻芒蚤，县古林深槐赝高。”“米香塞北三百里，誉满河西古甘州”讲述乌江大米在元代进贡朝廷，闻名全国。明代甘州行太仆寺卿郭绅《观刈稻》诗云：“甘州城北水云乡，每至深秋一望黄。穗老连畴多秀色，实繁隔陇有余香，始勤东作同千耦，终庆西成满万箱。怪得田家频鼓腹，年丰又遇世平康。”清代光绪元年陕甘总督左宗棠订购乌江大米千余石作为军粮，备以收复新疆。清代甘肃学政蔡金台作诗《乌江遇雨志喜》：“策马乌江路，闲游偶一临。喜兹嘉澍足，慰我老农心。麦陇斜翻浪，秧田细似针。此帮贤令尹，德沛万家霖。”

新中国成立后，乌江水稻种植进入黄金期。1995 年，乌江大米被原国内贸易部授予“中华老字号”称号并颁发证书。从 2010 年开始，制种玉米面积逐渐上扬，水稻面积缩减，传统乌江老品种水稻近乎销声匿迹。2015 年，全镇水稻种植面积已不足百亩，一个繁衍了千百年的优良品种濒临消失。最近几年，在“在发掘中保护、在利用中传承”的思想引导下，“乌江贡米”正在全方位复兴，传承千年乌江贡米文化。如今，人们借助乌江独特的水资源禀赋，依托现有的平原村水稻种植和鲜鱼养殖基础，向周边的东湖、敬依、管寨等村推广乌江贡米、鲜鱼养殖产业，实现“鱼米之乡”与“公司+合作社+基地+社员”的产业化链条模式，坚持品牌化、高端化发展，投资改造富海粮油加工厂色选生产线，装配一流加工包装线，做好稻米加工、分级、色选、抛光、包装工作，实行龙头企业统一收购、统一加工、统一注册、统一包装、统一销售，实现保护合作社员的种植收益，同时振兴“张掖乌江贡米”“鱼米之乡”的品牌影响力。

### （二）金花寨小米

金花寨小米种植专业合作社是于2008年7月由当地农民甄彬牵头农户自愿入股成立的农村专业合作经济组织。合作社采取“专业合作社+种植大户+基地+农户”的模式，开展种植、收购、加工、贮藏、销售等经营服务活动，2000年成功注册了“金花寨”商标。金花寨小米、黄米的平均生长期分别为180天和120天，比同类小米、黄米多50天和30天。由于生长环境无污染，由祁连山雪水和矿泉水浇灌，是真正的绿色产品。经清华大学分析中心检测，金花寨小米中含的硒是同类小米的2倍，一般小米中检测不出的锶，在金花寨小米中每100克含有138微克。

品牌是市场的最佳竞争力，金花寨高度重视品牌培育，把绿色、富硒、有机等食品流行元素融入小米的宣传推介中，多次参加全国和全省农业博览会和农产品交易会。2010年，金花寨有机小米获得国家有机食品认证；2011年，获得“甘肃金奖农产品”称号；同年，合作社种植区被评为“国家标准化谷子示范区”；2012年，在中国绿色食品博览会上荣获畅销产品奖和优秀商务奖；2013年，经省级专家多项指标检测，“金花寨”品牌的商业价值已超过4000万元，经权威专家从属性、品质、档次、文化、个性等多方面论证，“金花寨”商标的品牌价值已达6000万元；同年，荣获第七届中国国际有机食品博览会金奖和甘肃名牌产品；2014年；金花寨荣获国家级农民专业合作社示范社，被国务院授予全国扶贫先进集体。金花寨小米还先后获得了第八届中国国际有机食品博览会金奖和第十五届中国绿色食品博览会金奖。近年来，通过网络、电视等媒体开展广告宣传，提高产品知名度，并开展电子商务。经过努力，金花寨小米一步步得到市场认可和广大消费者的青睐，“金花寨”金字招牌的商业价值也有了突飞猛进的提升。

### （三）祁连牧歌牛肉

甘肃祁连牧歌实业有限公司是国家级农业产业化重点龙头企业、国家级绿色工厂，公司以“造国产好牛肉”“做西北人骄傲的牛企”为愿景，形成了集饲草种植、牛羊养殖、活畜贸易、屠宰加工、冷链运输、市场销售于一体的全产业链模式，为甘州区牛产业的高质量发展、打造甘味“牛企”品牌作出了贡献。整个牧场现存栏肉牛 1.5 万头，是西北地区最大的肉牛养殖基地，获评国家级畜禽养殖标准化示范场。近年来，甘肃祁连牧歌实业有限公司充分挖掘张掖得天独厚的农畜资源优势，以“张掖肉牛”“山丹羊”等地标产品为主，引领做大地域特色牛羊产业。全面构建线上线下一体化营销网络，巩固夯实西北市场，大力开拓高端市场，线下签约超市发、京东7FRESH、麦德龙、沃尔玛等大型商超和知名餐饮企业，线上入驻京东、美团等大型电商平台，并在黑龙江、山东等 14 个省市完成新零售布局及仓储配送中心建设，产品覆盖全国 26 个省（区、市），在北京、上海、广州等六大一线城市实现 40 分钟极速达。祁连牧歌在 2020 年、2021 年两次荣登京东金榜，成为国产牛肉代表品牌；在线下商超，特别是在北京，祁连牧歌是冷鲜牛肉的最大供应商，一度占据北京地区大型商超冷鲜牛肉总销量的 60%以上，2021 年活牛贸易及产品销售收入达 4.6 亿元。

## （四）前进牧业牛奶

2022 年，前进牧业以甘州区、高台县、临泽县、景泰县荷斯坦奶牛养殖园区为中心，建成牧场 19 个，养殖奶牛 5 万头，加快构筑饲草加工、奶牛养殖、乳制品生产、有机肥制造的全产业链，日产生乳 800 多吨，年产值 16 亿元，利润 2.3 亿元，顺势成立前进牧业集团公司，一跃成为甘肃乳企领跑者。同年 4 月，中国奶业 D20 企业联盟发布公告，按照“20 强企业+20 家观察员”的构成比例，全国奶业最强企业评选揭晓，前进牧业集团公司榜上有名。

在第 28 届中国兰州投资贸易洽谈会上，前进牧业作为张掖特色农产品代表，集鲜奶收集、储运、加工于一体的奶产业链，以模型形式精彩亮相，传祁乳品琳琅满目，“奶业劲旅”名不虚传。如今，前进牧业借助“金张掖”的金字招牌，传承文化基因，弘扬陇货优势，打造甘味品牌，品牌溢价、规模溢价、科技溢价已呈“星星之火，可以燎原”之势。以企兴村，村企联动，是前进牧业的成功之道，也是反哺新农村之路。近年来，甘肃前进牧业发挥甘肃奶产业“链主”优势，复制推广“张掖第一村”的成功经验，先富不忘带后富，主动构筑“四链”，为乡村振兴再助力。

### （五）甘州娃娃菜

党寨镇坚持质量兴农、绿色富农、品牌强农战略，聚力高效设施农业发展，着力发展优势特色产业，创新建立“片区党委+合作社+农户”发展模式，持续发展壮大现代设施农业规模，建成高标准智能日光温室 3168 座、钢架大棚 5123 座、带棉被钢架大棚折标 118 座的现代设施农业长廊，全镇设施农业面积达到 1.2 万亩，设施农业收入可达到总收入的 38%以上，为乡村振兴战略全面实施提供有力支撑。

甘州区党寨镇宋王寨村充分利用日照充足、土层深厚等优越条件，种植娃娃菜上百亩，并远销各地，形成了良好的农产品品牌，已入选“甘味”区域公用品牌目录，种植户通过“党支部+合作社+公司+农户”的订单式模式，拓宽农民增收渠道，周边村民参与娃娃菜的采摘、包装等工序，也成为增收致富的途径之一。

### （六）“发年鑫鼎”蔬菜

甘州区蔬菜生产逐步向多元化、规模化、区域化态势发展，基本形成了以近郊乡镇、交通干道沿线乡镇、沿山冷凉乡镇为主的重点蔬菜乡镇集群，建成了一批规模化的优质蔬菜生产基地，呈现出日光温室、钢架大棚、露地蔬菜 3 种生产模式并行，高原夏菜、加工蔬菜、制种蔬菜、设施蔬菜四大优势蔬菜齐头并进的多元化蔬菜产业发展新格局。2020 年，全区蔬菜监测平均合格率达到 99%，农产品质量安全检验检测体系基本形成。经过多年打造，“发年鑫鼎”入选“甘味”企业商标品牌目录，蔬菜品牌影响力逐年提高，“两品一标”蔬菜产品较多，形成了一批品质优越、市场知名度和占有率较高的特色优势蔬菜产品。

## 第二节　甘州区乡村旅游开发现状

张掖，西汉以“张国臂掖，以通西域”得名，自古以来就是丝绸之路上的商贾重镇和咽喉要道，是国务院公布的中国历史文化名城和中国优秀旅游城市。甘州区是张掖市委、市政府所在地，是张掖市政治、经济、文化中心，是丝绸之路文化发展带的重要节点、“一带一路”甘肃黄金段陇海兰新经济带上的重要节点城市和新亚欧大陆桥的战略要地。这里的隋代木塔、明代钟楼、西夏大佛寺等名胜传承着历史文脉，展现出不同时期的时代风貌和文化内涵，构成独特的文化理念，是一座名副其实的古城，已成为甘青大环线上重要的旅游目的地。甘州区乡村旅游基础底蕴深厚，发展前景广阔，本节主要从旅游经济、产业、生态环境、文化保护与传承、市场、公共服务与设施配套、人才及管理、品牌与影响力等方面具体阐述其发展现状。

### 一、旅游经济持续增长

甘州区大力扶持乡村旅游，不断扩大投资规模，发展主体类型多元，产业布局逐步优化，发展机制不断创新，乡村旅游蓬勃发展。目前，乡村旅游已从零星分布向集群分布转变，空间布局已从城市郊区和景区周边向更多适宜发展的区域拓展。2021 年，甘州区乡村旅游人均消费 214.07 元，居甘肃省领先水平，甘肃乡村旅游游客接待量达 1.31 亿人次，实现乡村旅游收入 390.33 亿元，分别恢复至疫情前的 103.2%和 114.8%，高于国内旅游的整体恢复比例，实现了“十四五”良好开局。2022 年，甘州区生产总值为 253.58 亿元，旅游业综合收入 63.72 亿元，乡村旅游综合收入 23.94 亿元，游客人均消费约 300 元。2022 年，全区共接待游客 1251.94 万人次，其中乡村旅游接待游客 798.3 万人次（见表 8-3）。乡村旅游从业人数约 10000 人，其中农民就业人数占比达 85%以上。从近年来的数据可以看出，在乡村旅游收入和旅游接待人次上，甘州区乡村旅游持续增长，稳中有升，位于甘肃省前列。乡村旅游业在农村经济发展中的地位与作用逐步增强，乡村旅游业对休闲农业经济的拉动性、社会就业的带动力以及对文化与环境的促进作用日益显现。

**表 8-3 甘州区乡村旅游游客及收入统计**

| 项目 | 2017 年 | 2018 年 | 2019 年 | 2020 年 | 2021 年 | 2022 年 |
|---|---|---|---|---|---|---|
| 旅游接待人次（万人次） | 789.58 | 1034.31 | 1339.04 | 860.81 | 1136.34 | 1251.94 |
| 乡村旅游接待人次（万人次） | 95.4 | 100 | 152 | 259.65 | 573.449 | 798.3 |
| 人数占比（%） | 12.08 | 9.67 | 11.35 | 30.16 | 50.46 | 64.00 |
| 旅游接待人数增长率（%） | 34.60 | 30.90 | 29.00 | -35.70 | 33.50 | 10.17 |
| 旅游综合收入（万元） | 437545 | 591061 | 773723 | 488548 | 639800 | 637200 |
| 乡村旅游综合收入（万元） | 14023.8 | 14700 | 22344 | 38947 | 86017.4 | 239400 |
| 收入占比（%） | 3.21 | 2.49 | 2.89 | 7.97 | 13.44 | 37.60 |
| 旅游综合收入增长率（%） | 40.60 | 34.80 | 30.90 | -36.80 | 20.20 | -0.40 |

## 二、产业规模不断扩大

甘州区紧盯国家实施乡村振兴战略机遇和省、市十大绿色产业培育发展机遇，加强政策集成研究，围绕国家省、市投资领域和重点，科学谋划储备项目，强化衔接沟通，提高捕捉、筛选项目信息的能力，持续深化文旅产业供给侧结构性改革，实施全域旅游提质增效三年行动计划，形成全资源整合、全要素调动、全链条延伸的乡村旅游发展格局。巩固提升全国旅游标准化试点城市成果，健全完善旅游示范村、农（牧）家乐、民宿、露营基地、地方名吃等标准体系。深入开展乡村旅游游客导入、业态培育、秩序整顿、宣传推介、景区提档、线路通达六大行动，推进全区旅游产业转型升级，不断提升旅游产业发展的核心竞争力。

甘州区坚持乡村旅游与美丽乡村建设、生态文明建设、扶贫开发、农村产业结构调整互促共进，实现了以产业促发展、以旅游带就业的发展目标。

为了不断拉长文旅产业链条，丰富文旅产品新业态，甘州区始终坚持把旅游作为首位产业，按照区委、区政府确立的“四业并举”目标，依托资源禀赋和产业基础，初步形成全域生态、历史文化、红色文化、康养研学、绿色生态和民族风情“文化旅游+”的“6+N”文化旅游产业链新格局。

### （一）吃

甘州区乡村旅游产业中的餐饮业已初具规模，形成了“七彩丹霞宴”“甘州老席”等特色饮食系列，制定了甘州名优小吃标准化目录清单，并开展了名菜名店评选活动，命名旅游餐饮名店、名小吃 20 家。依托谢家湾“水云乡畔”共享农庄、西部七彩休闲园、徐赵寨村共享农庄等乡村旅游景点景区，推出地锅鸡、烤全羊、大锅台等乡村旅游特色餐饮品牌。

### （二）住

甘州区鼓励乡村居民通过新建、改建、扩建等方式打造特色乡村农家乐，截至 2021 年已有农（牧）家乐 79 家，其中星级农（牧）家乐 42 家（见表8-4）、旅游专业合作社 8 家。在乡村旅游示范村镇、乡村旅游重点村、A 级旅游景区等景点建设的基础上，完善了乡村基础设施和配套服务设施，重点打造了特色乡村旅游民宿和客栈，目前全区特色乡村民宿有 30 家、客房约 600 间。

**表 8-4　甘州区星级农（牧）家乐**

| 序号 | 农（牧）家乐名称 | 等级 |
|---|---|---|
| 1 | 甘州区权兴餐饮娱乐有限公司（高家大院） | 五星级 |
| 2 | 张掖金月楼餐饮管理有限责任公司 | 四星级 |
| 3 | 甘州区九盈休闲农庄 | 四星级 |
| 4 | 冀乡村渔夫山寨餐饮园 | 四星级 |
| 5 | 甘州区栖霞生态园 | 四星级 |

续表

| 序号 | 农（牧）家乐名称 | 等级 |
| --- | --- | --- |
| 6 | 符家大院 | 四星级 |
| 7 | 白家大院 | 四星级 |
| 8 | 张掖市绿松休闲园 | 四星级 |
| 9 | 平安庄园 | 四星级 |
| 10 | 尹家大院农家餐饮苑 | 四星级 |
| 11 | 李军农家乐园 | 四星级 |
| 12 | 甘州区涵宇生态休闲农庄 | 四星级 |
| 13 | 一景水寨 | 四星级 |
| 14 | 西部七彩湿地休闲园 | 四星级 |
| 15 | 金月生态园 | 四星级 |
| 16 | 院子故事 | 四星级 |
| 17 | 水云乡畔归乡记农家院 | 四星级 |
| 18 | 乡土风情农家乐 | 四星级 |
| 19 | 自家小院农家乐 | 四星级 |
| 20 | 水云别院农家乐 | 四星级 |
| 21 | 百丰园餐饮 | 四星级 |
| 22 | 福兴聚餐饮店 | 四星级 |
| 23 | 自在居餐饮店 | 四星级 |
| 24 | 自家人农家乐餐园 | 三星级 |
| 25 | 巧媳妇生态美食庄 | 三星级 |
| 26 | 梦金园农家乐 | 三星级 |
| 27 | 甘州区额尔古纳农家餐饮园 | 三星级 |
| 28 | 凤祥农家乐园 | 三星级 |
| 29 | 张掖市甘州区兰亭果园休闲苑 | 三星级 |
| 30 | 甘州区鲍福生农家乐 | 三星级 |
| 31 | 甘州区晨恋餐饮农家院 | 三星级 |
| 32 | 甘州区盛世颐乐烧烤园 | 三星级 |

续表

| 序号 | 农（牧）家乐名称 | 等级 |
| --- | --- | --- |
| 33 | 丁记佰年生态休闲园 | 三星级 |
| 34 | 甘州区金龙生态休闲园 | 三星级 |
| 35 | 张掖市岗根拜嘎丽旅游服务有限责任公司 | 三星级 |
| 36 | 甘州区羊家将餐饮店 | 三星级 |
| 37 | 甘州区屿之声餐饮店 | 三星级 |
| 38 | 甘州区泓雅轩餐饮店 | 三星级 |
| 39 | 甘州区水云乡畔游乐园 | 三星级 |
| 40 | 甘州区安隅小院大锅台农家院 | 三星级 |
| 41 | 甘州区杜家特色美食店 | 三星级 |
| 42 | 甘州区孟庚托诺餐饮牧家乐 | 三星级 |

### （三）行

依托5G专网、光纤地网、智慧专网，实现智能导游、电子讲解、信息推送、智能找厕、智慧停车等功能，按照乡村旅游标准，优化旅游交通网络，全面完善了区内旅游标识标牌系统，合理调整了公交车运营线路和站点设置，开通了重点乡村旅游景区直通旅游大巴，为游客提供便捷的交通，并完善了乡村旅游景点景区的绿道慢行系统，推动了城乡旅游交通服务一体化。

### （四）游

甘州区构建了系统完善的旅游线路系统，打造了22条精品线路；建成了以公路干道为纽带、以自然风光带为廊道、以景点景区为依托的自驾游网络体系；开展历史文化名城游、环黑河湿地生态游、环旅游大通道景区游；整合乡村红色文化、民俗、非遗等旅游资源，开发乡村旅游精品线路，培育“七彩甘州游”特色品牌，助推彩虹城市和乡村建设行动。

### （五）购

购物是旅游过程中不可或缺的一项活动，甘州区在速展特色街区、双塔丝绸之路文化村、沙漠体育公园、平山湖喀尔喀小镇、屋兰古镇等乡村旅游景点都设置了购物基地。同时，推出以特色农产品为主的“甘州味道”，以文创、非遗为主的“甘州有礼”等特色品牌，以剪纸、刺绣、根雕、民族服饰为题材的乡村文创产品，形成精品乡村旅游文创产品，吸引游客前来消费。

### （六）娱

依托张掖国际汽车拉力赛、黑河生态马拉松赛、平山湖冰雪马拉松赛、荷花节、沙枣花节、敦煌写经艺术节等大型节会与赛事活动，将乡村旅游元素植入活动中，吸引各地旅游者前往，不断提升甘州区乡村旅游知名度。

## 三、生态旅游蓬勃发展

良好的自然生态资源和独特的人文生态资源是生态旅游发展的基础，是乡村旅游吸引力、竞争力和生命力的源泉。发展生态旅游，不仅要有效保护、合理利用自然生态资源，维护生物多样性，保持自然生态系统平衡，而且要把保护和发展当地人文资源纳入生态旅游发展规划中。甘州区坚持生态优先、旅游环境生态化、旅游消费多样化的发展方向，将得天独厚的生态旅游资源优势转化为发展优势，从古韵湿地水泊到绿洲农业旅游区，彰显丝路文化、绿洲文化、黑河文化、湿地文化，最大限度地赋予每个旅游景区以鲜明的生态文明内涵。

张掖黑河生态景区位于黑河甘州段西岸，东至黑河防洪堤坝、西至弱水大道、南至兰新高铁线、北至连霍高速，总面积 3.11 平方千米，为国家 3A 级旅游景区。景区将往年黑河沿岸水流侵蚀严重、砂石料坑遍布、寸草不生、千疮百孔的景象，通过乔灌、常绿、落叶相结合，多色彩、多树种搭配种植方式，按照点状开发、连点成线、连线成面的设计思路，将绿化造林、景观打造和生态治理有机结合，打造集生态观光、健身休闲、康体养生、研学旅游等诸多功能于一体的复合型生态区。如今，张掖黑河生态景区已是湖泊交错、满目青翠、郁郁葱葱的绿色“林海”，甘州区用实际行动践行“绿水青山就是金山银山”的发展理念，为甘州区寻找到一条西北内陆通过人工改造发展绿色经济的可行之路。

二坝湖旅游风景区位于黑河支流山丹河下游，在二坝水库的基础上开发建成，水库总面积2700亩（包括水库、鱼塘、芦苇湿地等），其中水域控制面积1400亩，正常蓄水296万立方米，是融防洪、水产养殖、补充地下水为一体的综合型水库。其中，栽植各类风景树木30多种4000多棵，坝面建设环湖路灯、观景台、码头等基础设施配套。二坝湖旅游风景区担负着甘州区碱滩、三闸、上秦3个乡（镇）、6个村、1个国有农场的地下水补充和部分村社灌溉任务，并保护着下游国道312线、通信光缆等重点设施的防洪安全。2006年，二坝湖旅游风景区被水利部评为“国家水利风景区”；2011年，被评为3A级旅游风景区。景区内亭台楼阁，曲径长廊，芦苇湿地相互映照，别具一格，现已成为区内外游客休闲、旅游、度假、娱乐的好去处。

## 四、文旅融合深度发展

文化是人们赖以生存的精神支柱，为积极适应民族文化保护传承的新形势，甘州区对区域内各民族传统文化遗产进行了深入挖掘、研究和整理保护。为全面贯彻落实党的十九大精神和习近平总书记视察甘肃时的重要讲话精神，弘扬优秀传统文化，依法推进非物质文化遗产保护利用和传统技艺振兴发展，助力脱贫攻坚和乡村振兴，加快推进文化旅游融合发展，2020年甘州区委宣传部、区文体广电和旅游局、甘州区文化馆联合组织区内的专家、学者和专业技术人员，成立专门非遗普查小组，在全区范围内深入开展非物质文化遗产资源普查工作。截至2022年，甘州区保护并公布的项目有九曲黄河灯阵、甘州社火、甘州小调、邵家班子杖头木偶戏、乌江镇狮子舞、金氏中医正骨法、河西宝卷、甘州方言、甘州刺绣、甘州剪纸、甘州八门武术、甘州面塑、甘州搓鱼子、甘州臊面、甘州牛肉小饭、牛肉粉皮面筋、甘州婚俗、甘州地蹦子、甘浚闹春牛等，其中省级项目 5 项、市级项目 10 项、区级项目 13 项（见表 8-5）；待保护和公布的项目有平山湖喀尔喀蒙古族服饰、平山湖喀尔喀蒙古族长调、张掖南酒——纯米药曲坛酵酿造技艺、陈寨村盛氏燕青拳及进山棍、甘州传统社火道具——龙制作技艺、甘州酿皮 6 项；待整理和保护的项目有平山湖喀尔喀蒙古族美食、甘州社火太平车制作技艺、甘州泥塑、甘州霸王鞭、甘州雕刻技艺 5 项。

**表 8-5 甘州区非遗保护项目名录**

| 序号 | 项目级别 | 项目名称 | 项目类别 | 项目编号 | 列入名录时间 | 申报地区或单位 | 项目保护单位 |
|---|---|---|---|---|---|---|---|
| 1 | 国家级名录 | 甘州小调 | 传统音乐 | Ⅱ-179 | 2008 年 | 张掖市甘州区文化馆 | 张掖市甘州区文化馆 |
| 2 | 省级名录 | 乌江镇狮子舞 | 传统舞蹈 | Ⅲ | 2017 年 | 张掖市甘州区文化馆 | 张掖市甘州区文化馆 |
| 3 | 省级名录 | 甘州社火 | 传统舞蹈 | Ⅲ-9 | 2008 年 | 张掖市甘州区文化馆 | 张掖市甘州区文化馆 |
| 4 | 省级名录 | 邵家班子杖头木偶戏 | 传统戏剧 | Ⅳ-4 | 2008 年 | 张掖市甘州区文化馆 | 张掖市甘州区文化馆 |
| 5 | 省级名录 | 金氏中医正骨法 | 传统医药 | Ⅸ | 2017 年 | 张掖市甘州区文化馆 | 张掖市甘州区文化馆 |
| 6 | 省级名录 | 九曲黄河灯阵 | 民俗 | Ⅹ-8 | 2008 年 | 张掖市甘州区文化馆 | 张掖市甘州区文化馆 |
| 7 | 市级名录 | 河西宝卷 | 民间文学 | Ⅰ-2 | 2007 年 | 张掖市甘州区文化馆 | 张掖市甘州区文化馆 |
| 8 | 市级名录 | 甘州剪纸 | 传统美术 | Ⅵ-1 | 2010 年 | 张掖市甘州区文化馆 | 张掖市甘州区文化馆 |
| 9 | 市级名录 | 甘州刺绣 | 传统美术 | Ⅱ-1 | 2010 年 | 张掖市甘州区文化馆 | 张掖市甘州区文化馆 |
| 10 | 市级名录 | 甘州方言 | 民间文学 | Ⅰ-1 | 2010 年 | 张掖市甘州区文化馆 | 张掖市甘州区文化馆 |
| 11 | 市级名录 | 甘州搓鱼子 | 传统技艺 | Ⅷ-1 | 2015 年 | 张掖市甘州区文化馆 | 张掖市甘州区文化馆 |

续表

| 序号 | 项目级别 | 项目名称 | 项目类别 | 项目编号 | 列入名录时间 | 申报地区或单位 | 项目保护单位 |
|---|---|---|---|---|---|---|---|
| 12 | 市级名录 | 甘州臊面 | 传统技艺 | Ⅷ-1 | 2015 年 | 张掖市甘州区文化馆 | 张掖市甘州区文化馆 |
| 13 | 市级名录 | 甘州牛肉小饭 | 传统技艺 | Ⅷ-1 | 2015 年 | 张掖市甘州区文化馆 | 张掖市甘州区文化馆 |
| 14 | 市级名录 | 牛肉粉皮面筋 | 传统技艺 | Ⅷ-1 | 2015 年 | 张掖市甘州区文化馆 | 张掖市甘州区文化馆 |
| 15 | 市级名录 | 甘州面塑 | 传统技艺 | Ⅷ-1 | 2018 年 | 张掖市甘州区文化馆 | 张掖市甘州区文化馆 |
| 16 | 市级名录 | 甘州八门武术 | 传统体育、游艺与杂技 | Ⅵ-1 | 2018 年 | 张掖市甘州区文化馆 | 张掖市甘州区文化馆 |
| 17 | 区级名录 | 甘州婚俗 | 民俗 | Ⅹ-1 | 2007 年 | 张掖市甘州区文化馆 | 张掖市甘州区文化馆 |
| 18 | 区级名录 | 甘州地蹦子 | 传统舞蹈 | Ⅳ-2 | 2007 年 | 张掖市甘州区文化馆 | 张掖市甘州区文化馆 |
| 19 | 区级名录 | 甘浚闹春牛 | 传统舞蹈 | Ⅳ-3 | 2007 年 | 张掖市甘州区文化馆 | 张掖市甘州区文化馆 |
| 20 | 区级名录 | 平山湖喀尔喀蒙古族服饰 | 传统技艺 | Ⅷ | 2019 年 | 张掖市甘州区文化馆 | 张掖市甘州区文化馆 |
| 21 | 区级名录 | 平山湖喀尔喀蒙古族长调 | 传统音乐 | Ⅱ | 2019 年 | 张掖市甘州区文化馆 | 张掖市甘州区文化馆 |
| 22 | 区级名录 | 陈寨村盛氏燕青拳及进山棍 | 传统体育、游艺与杂技 | Ⅵ | 2019 年 | 张掖市甘州区文化馆 | 张掖市甘州区文化馆 |
| 23 | 区级名录 | 张掖南酒——纯米药曲坛酵酿造技艺 | 传统技艺 | Ⅷ | 2019 年 | 张掖市甘州区文化馆 | 张掖市甘州区文化馆 |
| 24 | 区级名录 | 甘州传统社火道具——龙制作技艺 | 传统技艺 | Ⅷ | 2019 年 | 张掖市甘州区文化馆 | 张掖市甘州区文化馆 |
| 25 | 区级名录 | 甘州酿皮 | 传统技艺 | Ⅷ | 2019 年 | 张掖市甘州区文化馆 | 张掖市甘州区文化馆 |
| 26 | 区级名录 | 金丝彩釉画 | 传统技艺 | Ⅷ | 2022 年 | 张掖市甘州区文化馆 | 张掖市甘州区文化馆 |
| 27 | 区级名录 | 传统扎染技艺 | 传统技艺 | Ⅷ | 2022 年 | 张掖市甘州区文化馆 | 张掖市甘州区文化馆 |

续表

| 序号 | 项目级别 | 项目名称 | 项目类别 | 项目编号 | 列入名录时间 | 申报地区或单位 | 项目保护单位 |
|---|---|---|---|---|---|---|---|
| 28 | 区级名录 | 甘州油塔儿 | 传统技艺 | Ⅷ | 2022 年 | 张掖市甘州区文化馆 | 张掖市甘州区文化馆 |
| 29 | 区级名录 | 甘州管派古琴琴歌 | 传统音乐 | Ⅱ | 2022 年 | 张掖市甘州区文化馆 | 张掖市甘州区文化馆 |

文化是旅游的灵魂，旅游是文化的载体。作为文化领域中最具代表性的旅游产品，非物质文化遗产是一项具有巨大优势和潜力的旅游产品和文化旅游业态。

## 五、非遗文化传承保护

截至 2022 年的统计数据显示，甘州区共有中共甘州中心县委旧址、龙渠会议遗址等 10 处红色遗址遗迹；有黑水国遗址、甲子墩墓群等国家级文物保护单位 9 处、省级 8 处、市级 53 处；有国家级非遗项目甘州小调，省级非遗项目 5 个、市级非遗项目 18 个。非物质文化遗产保护具有深远的战略意义和现实意义，甘州区以“保护与宣传并重，传承与创新同行”为工作宗旨，坚持“保护为主、抢救第一、合理利用、传承发展”的指导方针，从注重其真实性、整体性、保护性、传承性和创新性等方面整体推进，认真开展非物质文化遗产保护工作，进展顺利，成果喜人，并取得了一定的社会效益。

甘州区制定《甘州区非物质文化遗产保护工程方案》（以下简称《方案》），按照“长远规划，分期实施”的原则，将保护工程时间定为 16 年，并划分为 3 个阶段：2005—2008 年，为普查和抢救阶段；2009—2013 年，为全面开展和重点保护阶段；2014—2020 年，为补充完善和健全机制阶段。同时，《方案》还确定了每一个阶段的具体目标、工作原则和主要保护对象。之后，甘州区又下发了《甘州区关于实施非物质文化遗产保护工作的意见》，明确了非物质文化遗产保护工作的意义、具体要求、方针原则、保护范围、保护制度等；落实了组织保障、工作职责、宣传交流等工作责任；成立了区非物质文化遗产保护工程专家委员会，对此项工作进行专门指导；确定区文化馆为“保护工程”具体实施单位，在全区 18 个乡镇和 5 个街道办事处分别落实了以文化专干为“保护工程”负责人的主要力量，从而在全区形成了非物质文化遗产保护网络，确保了工作的有效衔接和全面开展。

甘州区重点扶持发展了甘州小调、邵家班子杖头木偶戏、甘州剪纸、甘州刺绣、传统戏剧等具有代表性的非遗项目，积极指导乡镇、社区开展大型民间文化活动，充分利用春节、元宵节、端午节、中秋节、“文化和自然遗产日”等每一个宣传节点和宣传机会，组织代表性传承人举办各种宣传展示和展演活动，先后成功举办了两届全区民间工艺美术品展销会、五届“魅力甘州”城乡文化实用人才才艺展示活动，现有省级非遗扶贫工坊 1 个，指导成立了 3 个甘州小调演唱自乐班和 1 个甘州区民间艺术团，积极争取项目资金，建成了 3 个省级非遗项目传习所，组织项目代表性传承人走进乡镇、街道、村社，积极参与“文化惠民行”“文化三下乡”等活动，并到高校演出，实现民间艺术与高校“联姻”，走共谋发展的道路，有效推动了非物质文化遗产保护工作的开展；同时，每年都精心挑选作品、积极组织部分项目参加敦煌文博会、丝路记忆非遗展示展演活动及成都国际非物质文化遗产博览会等。

自 2017 年起，甘州区加强对张掖屋兰文化、省级非遗项目九曲黄河灯阵的挖掘、传承和创新，整合当地文旅资源及附近的现代生态农业示范基地，通过文化旅游、农业产业融合发展，打造了集文化、旅游、民俗体验、非遗传承保护、游乐探险、田园度假观光等诸多功能于一体的文化旅游综合体——屋兰古镇景区，吸引了大量游客前来观灯、游阵、祈福。该灯阵也成为彰显张掖魅力、最具活力的张掖新的文化旅游名片，开启了张掖旅游“夜游”模式。为更深、更好地促进旅游资源与文化资源的融合，扩大张掖旅游知名度，河西宝卷、甘州小调、甘州社火、邵家班子杖头木偶戏、甘州剪纸、甘州刺绣、甘州传统手工艺制作等省、市、区级非遗项目也同时在景区屋兰古镇进行展示、展演，既助推了乡村旅游的发展，也促进了非遗文化的传承，更丰富了广大人民群众的文化生活，增强了文化自信，有力地推动了文化和旅游融入经济社会的发展，发挥了非遗文化在乡村振兴、脱贫攻坚中的重要作用和意义。

## 六、市场监管力度加大

甘州区深入贯彻《中华人民共和国旅游法》，坚持依法治旅，深化乡村旅游市场秩序集中整治，着力完善多部门联合执法检查机制，加强乡村旅游市场监管，维护市场秩序，制定了完善的旅游综合监管体系。按照统一领导、属地管理、各司其职、权责一致的原则，将乡村旅游纳入全区市场监管体系，根据各有关部门的工作职能，建立综合协调、部门联动、分工协作、统一行动的旅游联合监管工作机制，形成旅游市场联合执法合力，提高旅游市场监管的权威性、有效性和一致性，规范旅游市场秩序，切实维护旅游者和经营者的合法权益，促进旅游产业健康有序发展。结合“雷霆行动-2022”专项行动，采取“日常巡查+突击检查”“联合排查+集中整治”“明察+暗访”相结合的方式，对全区乡村旅游经营场所进行全覆盖、无死角监管。

落实旅游投诉受理、交办、查处、反馈、问责和旅游投诉先行赔付等工作制度，营造诚信经营、公平竞争、文明有序的旅游市场环境；健全乡村旅游景点安全管理制度，加强对乡村旅游市场的规范化管理，进一步充实一线安保力量，完善危险地带安全防护设施和游客特殊情况的安全处置预案。建立紧急救援体系和救护服务，加强乡村旅游点陆地、湖面、街道全方位安全监控设施建设，完善 24 小时实时监控系统，提高应急处置能力。组织开展安全生产、疫情防控应急演练、安全知识培训，进一步提升文旅行业从业人员的应急处置能力；对全区旅游景区、星级饭店、旅行社、娱乐场所和各类游乐设施设备的安全消防风险隐患进行不定期的常态化巡查、检查，确保乡村旅游市场安全、平稳发展；综合运用信用监管、市场监管和综合执法手段，深入开展旅游市场、食品安全专项整治行动，构建多元化、立体化、全覆盖的旅游市场综合执法监管体系，确保交通、应急、市场监管、公安、消防等行业执法无盲区；强化政府调控和行业监管职能，适时启动价格调控机制，严防恶性竞争和哄抬物价，切实规范旅游市场秩序。

## 七、配套设施优化升级

甘州区共有一级游客服务中心 3 处、二级游客服务中心 20 处、三级游客服务中心 30 多处，为游客提供旅游咨询、旅游包车、酒店预订、便民服务、志愿服务、停车服务、旅游购物等服务，拥有访问迅速、信息涵盖面广、客服随时在线、信息及时更新的文旅甘州官网微信公众平台与官方微博，各大旅游门户网站、预订专线电话、服务中心等，均可以提供酒店预订、美食预约、观光车预约等服务，区内酒店客房、服务中心、游客集中区域均实现免费 Wi-Fi 全覆盖。

针对自助旅游者的咨询、导览、导游、导航、分享评价、实时信息推送等智能化旅游服务系统，“一部手机游甘州”已实现。区智慧城市指挥中心平台已成功接入智慧旅游、智慧水务、雪亮工程等系统，初步建成各部门协调联动的智慧服务体系，具有交通、气象、治安、客流信息等全数据信息采集功能，由专人负责数据采集与运维工作。

完善乡村旅游重点村、示范村、文旅振兴样板村及乡村旅游点的游客中心、停车场、旅游厕所、标识标牌等公共服务设施，结合省级全域旅游示范区创建工作、国家 A 级旅游景区质量问题专项整治与品质提升行动，在区域内设置道路指示牌，在高速路口、甘州机场、高铁西站、国道 227 线、国道 312 线、甘平公路等外部交通沿线安装旅游标识标牌 300 多块，在 A 级景区、游客集散中心、乡村旅游点、城区公交站点、停车场、购物中心等场所设置旅游标识标牌共计 1000 多块。

为切实改善农村人居环境，甘州区按照政府主导、规划先行，示范引领、有序推进，分类施策、整体提升的基本思路，着力新建一批、改造一批、提升一批，加快推动“厕所革命”。截至目前，甘州区共有旅游厕所 156 座，其中 A 级厕所 104 座，占比 66. 67%。

## 八、人才管理体系完善

甘州区通过培训及比赛等活动加强对旅游人才的培养，每年定期举办旅游行业服务技能大赛，不断提升从业人员的服务能力和业务水平。仅 2022 年，就举办旅游行业从业人员标准化培训班 5 期，培训约 3000 人次；举办全区旅游行业服务技能大赛 2 次，参赛人员 500 人；举办全省乡村旅游培训班，培训学员 2000 余人。

在中共甘州区委组织部、甘州区人力资源和社会保障局印发的《关于组建乡村振兴专家服务团的通知》的基础上，组建乡村文化旅游专家服务团，并印发《甘州区 2022 年度乡村文化旅游专家服务团工作方案》，制定甘州区《关于向用人主体放权促进基层人才有序流动的实施意见》，加快人才引进力度；制定《关于优化政策环境进一步引进留住用好基层一线人才的实施方案》，积极培养和推荐区内为文化旅游作出突出贡献的个人，对旅游发展作出突出成绩的单位进行表彰，轮训乡村旅游骨干，组织乡村旅游骨干外出参观培训，为甘州区发展乡村旅游提供了坚实的人力保障。

乡村旅游专家服务团重点进行乡村旅游经营管理、市场营销和乡土文化资源开发等知识培训，提高乡村旅游行业从业人员的业务素质，培育适应新时代乡村旅游业发展需要的人才队伍。依托河西学院专家智库，探索建立乡村旅游项目建设管理辅导机制，吸纳智库乡村旅游专家、实战派专家、文创人才、非遗传承人、乡村工匠等人才开展专业辅导，引导乡村旅游精品化发展。通过对全区旅游行业从业人员的培训，不断提高从业人员的业务素质，培育适应新时代旅游业发展需要的人才队伍，提升乡村旅游行业的服务质量和接待水平。

## 九、实施精准宣传营销

强化乡村旅游形象宣传，主动适应互联网发展新趋势，完成网络服务平台项目建设，以数字技术、云旅游手段推动乡村旅游资源深度宣传。不断加强与各大旅游网站合作，持续深入宣传推介乡村旅游形象。结合“走出去”和“引进来”进行宣传，积极对接组织参加各类旅游资源推介会和招商会。全区乡村旅游外部标识标牌已委托第三方设计公司设计施工，与高德地图、百度地图正在对接乡村旅游数字标识导航系统，制作展示农耕文化、田园风光的特色乡村旅游宣传片。建立乡村旅游官方平台，开通乡村旅游微信公众号、视频号，官方抖音号、快手号；建立乡村旅游小程序展示平台，实现在线预订、网络营销、商品展销、线路推介等功能，并预留整合链接端口；通过新闻、网络等形式加大对创建省级乡村旅游示范区的宣传、报道力度，努力营造良好的舆论氛围。

加大宣传力度，营造浓厚的乡村旅游品牌创建氛围。采取大营销理念整合资源优势，通过整体包装、统一设计和宣传营销，形成统一乡村旅游品牌，组织征集甘州旅游形象标识和宣传口号，共征集口号 2 万余条、形象标识 98 个,现已选定“彩虹张掖 · 乐游甘州”的标语及标识。甘州区推出“彩虹张掖 · 乐游甘州”花游季、清凉季、彩林季、冰雪季四季旅游系列活动，举办花游季杏花节、梨花节、沙枣花节、油菜花节、荷花节等系列活动，正式对外发布甘州文旅标识和旅游宣传口号，与国内知名旅行社签订旅游合作协议，发布“一城两环六廊道”“七彩甘州游”等 22 条甘州旅游精品线路，“如画甘州 · 桑麻之地度假之旅”入选全国乡村旅游精品线路，共同推动乡村旅游“火起来”。

## 十、品牌建设初见成效

甘州区把乡村旅游、旅游扶贫与乡村振兴战略有机结合起来，扎实推进乡村旅游品牌创建工作，积极完善专业旅游村、星级农家乐、乡村旅游点的基础设施、服务设施、旅游休闲设施等，旅游品牌创建多点开花，成效显著。甘州区不断创新全域旅游的融合发展思路，开发地方特色餐饮美食 40 多种，加大旅游文化商品开发力度，设计金花寨小米、普天菊粉、沙棘酒等 50 多种文化旅游商品，充分挖掘地方资源和文化资源，开发文创产品五彩驹、丹霞山、石头画等地方特色旅游商品。许静手绣七彩丹霞获得2020年中国特色旅游商品大赛铜奖，甘州娃娃菜成功入选甘肃省“甘味”农产品区域公用品牌，发年鑫鼎、金花寨、祁连牧歌、前进牧业成功入选“甘味”农产品企业商标品牌，一批较高品位的乡村旅游品牌逐步形成。

通过举办啤酒节、文艺演出等方式丰富甘州府城夜经济，恢复《甘州乐舞》《八之戒》等精品剧目演出，在甘州府城、张掖老街、明清街、甘州壹街等特色街区常态化开展文艺演出和商品展销，全区夜间经济强势发展。强化与中央电视台、中国新闻社等媒体的合作、交流，参与中央电视台《乡村大舞台》《欢乐城市派》等节目录制，参与甘肃省文旅厅组织策划的《陇上乡遇——当甘州遇上兰州》大型媒体采访活动的全程录制，拍摄完成甘州乡村旅游宣传片，制作完成甘州区和前进村二维码，向全国人民展示甘州独有的旅游资源和魅力。

开发文旅数字化一站式服务平台“游在甘州”，全面服务甘州区全域优质文旅企业及周边优质旅游产品，引导企业上线优品精品、在线推广引流，让文旅从业者获得更好的收益及更大的发展空间。平台围绕吃、住、行、游、购、娱选取部分优质资源作为首批数字化示范企业率先上线。截至目前，先后有131家企业申请加盟，通过审核完成入驻59家，优惠券创建30余款，上架各类文创、旅游、餐饮商品374种。平台还拥有全网对接能力，网页、微信公众号、手机应用程序均可直接接入，达人可直接把自己的“部落”接入个人微信公众号，从而具有更强的私域流量整合能力，在文旅政务服务方面实现技术、应用、运营和服务4个方面的创新，从而更好地帮助政府服务文旅企业，推动乡村旅游产业高质量发展。

# 第三节　甘州区乡村旅游发展SWOT分析

## 一、甘州区乡村旅游的优势

### （一）资源优势

甘州区自然旅游资源绚丽多彩，人文旅游资源积淀深厚，红色旅游资源较为丰富，根据《旅游资源分类、调查与评价》（GB/T 18972—2017）整理的乡村旅游资源共6个主类、11个亚类、27个基本类型，包括乡村遗址遗迹类、传统乡土建筑或构筑物、现代新农村建筑类、传统生产遗迹类、传统生产类、乡村地质地貌景观类、乡村水域风光类、民俗文化类、农耕文化类等旅游景点，为乡村旅游提供了丰富的旅游资源保障。

### （二）区位优势

甘州区的自然条件优越，地势平坦，土壤肥沃，黑河贯穿全境，是"一带一路"甘肃黄金段陇海兰新经济带上的重要节点和新亚欧大陆桥的战略要地，我国西电东送、西气东输、西煤东运、西菜东去、西粮东调的安全战略通道，甘青大环线上重要的旅游目的地，也是国家西部重要的生态安全屏障，更是绿洲经济社会可持续发展的承载区。境内航空、高铁、高速公路立体交通网络畅通，交通便利，通信发达。兰新铁路、国道312线、国道227线、连霍高速穿境而过，区乡公路四通八达，沿国道线南出扁都口可达西宁，北上可达内蒙古，通信光缆横贯全境，数字电话与全国并网。另外，中川—张掖—敦煌城际铁路、公路运输非常便捷。张掖甘州机场位于区西南侧，是重要的空中交通枢纽，能够快速实现客流集聚和疏散及相关物资流通。同时，甘州区位于张掖市中心区域，辐射周边县（乡），带动性极强，"村村通"公路全面覆盖，全域旅游交通便利，独特的地理位置和便利的交通为全域旅游发展提供了保障。

### （三）客源优势

甘州区地处河西走廊中部，是河西走廊重要的游客集散地，不仅拥有丰富的省内、省外客源市场，而且拥有人数众多的境外游客及自驾游游客，客源优势突出，有着发展全域旅游产业的独特优势。

## 二、甘州区乡村旅游的劣势

甘州区乡村旅游发展取得了一定的成效，但也存在不足和短板，主要体现在以下几个方面。

### （一）乡村旅游市场主体作用不明显

甘州区乡村旅游发展始终坚持“政府主导、企业主体”的发展理念。目前，在政府引导下，甘州区乡村旅游多点开花，发展形势较好，但企业作为乡村旅游市场主体负责运营管理的意愿不强，致使产品创新和乡村旅游品牌创建动力不足，在一定程度上延缓了甘州区乡村旅游快速发展的步伐。尽管乡村旅游资源丰富、特色突出，大部分景点景区轮廓已显，但由于缺少知名企业主导建设，对政府的依赖性较强，资金投入有限，发展的动力与活力不足。

### （二）品牌效应不突出

乡村旅游商品的丰富程度、品牌化程度及多层次、多元化供给不能满足市场的个性化、多样化需求，各乡村旅游特色景点在内容和性质上存在设计雷同、内容简单、市场定位不明等缺点，且经营特色不明显，在市场上没有响亮的品牌。

尽管目前区内建成的农家乐、民宿、采摘园等农村经营场所数量多，但高质量、高星级的较少，特色不突出，有些缺乏专业指导，没有形成品牌优势和集群效应，未产生明显的品牌影响力，经济效益和社会效益不突出。区域影响力不足，淡旺季明显，旅游淡季基本处于停业状态。旅游购物等附加消费占比较低，较难适应自驾游、自助游等主流消费趋势。

### （三）文化资源利用不充分

甘州区乡村旅游的文化资源利用率低，以农家乐为主，旅游开发规模小，档次有待提升。乡村旅游产品以餐饮服务接待为主，类型单一且档次有待提升，部分旅游景点基础建设较为落后，配套不完善，生态、文化内涵不高，经营管理者和从业人员缺乏礼仪接待、食品卫生安全等相关技能知识，服务质量不到位，缺乏吸引力。古塔、古城、古树和老宅等特色资源及文化内蕴未有效利用和充分挖掘。

### （四）宣传促销有待进一步加强

一些特色景点在宣传推介的形式、载体、信息化等方面发展比较滞后，主动搜集旅游信息资讯的敏感度不高，需要进一步加大市场传播力度，力争促销活动的多元化发展。

### （五）生态环境脆弱

甘州区生态环境较为脆弱，易受到破坏。甘州区处于典型的半干旱大陆性气候区，气候较为干燥，部分村庄内部及周边无森林及湖泊，且长期以来村庄大部分用地用于农业生产，生态敏感性较高。

### （六）高素质人才匮乏

受经济社会发展水平和地理区位、生活环境、资源条件等因素的影响，在高素质旅游人才引进方面，较发达地区而言，甘州区很难在政策环境以及薪酬待遇、发展平台等方面有竞争优势，人才吸引力依然不足。综观甘州区乡村旅游，乡村旅游从业队伍文化水平不高，管理经验相对缺乏，服务意识和服务技能偏低，对市场需求不敏感，新媒体营销和运营能力不足，吸引人才返乡创业的机制尚不健全。特别是乡村旅游高层次技术人才存在较大缺口，影响了旅游经济发展的整体质量和效益。

## 三、甘州区乡村旅游的发展机遇

### （一）政策机遇

《中共甘肃省委　甘肃省人民政府关于实现巩固拓展脱贫攻坚成果同乡村振兴有效衔接的实施意见》（甘发〔2021〕3号）、《甘肃省人民政府关于印发甘肃省国民经济和社会发展第十四个五年规划和二〇三五年远景目标纲要的通知》（甘政发〔2021〕18号）的文件精神，是甘州区大力实施文旅助力乡村振兴战略，以“一县一特”为目标，紧盯“五个一”创建要求，结合本区文化资源、生态资源、社会资源，持续开发乡村旅游产品，改善乡村旅游业发展的基础条件和基本政策保障。《甘州区“共享农庄”支持政策》和《加快推进全区文化旅游产业高质量发展的扶持政策》的文件精神，落实以奖代补、先建后补、财政贴息等扶持措施和奖励，深入实施乡村旅游“双十双百”示范工程，是甘州区发展乡村旅游的经济保障。《甘州区全域旅游提质增效三年行动方案（2022—2024年）》提出，要持续培育壮大文化旅游首位产业，全力推进文化旅游产业提质增效，努力把全域旅游业打造成顺应消费升级趋势的绿色产业、朝阳产业、幸福产业。《甘州区“十四五”文化和旅游发展规划》的发布，为乡村旅游发展指明了方向与内容。

### （二）时代机遇

甘肃省2021年创建乡村旅游示范县、乡村旅游样板村的政策支持是甘州区乡村旅游发展的最好机遇。通过此次示范县的创建，甘州区加强了自身旅游服务水平与建设，经考察评定位列第一，在取得优异成绩的同时，也给甘州区带来了更多的资源与优势，极大地促进了宣传，提升了知名度，吸引了更多游客前来旅游。后疫情时代焕然一新的乡村环境令人向往，出行条件的不断改善使短途周边游、城郊“微度假”成为热门选择，增加了乡村旅游地的到访率，促使乡村旅游更快、更好地发展。在乡村产业方面，呈现多种新业态与发展新趋势，依托当地资源本底形成了康养、研学、探险、摄影、商旅、休闲农业、乡村旅居等新的乡村旅游形式。甘州区在乡村振兴战略的引领下，农业农村发展迅速，各项优惠向乡村倾斜，更多的人开始关注乡村发展，为乡村发展建言献策，提供各方面的帮助，让乡村发展有了更多的可能性，通过旅游开发让乡村发展欣欣向荣。

## 四、甘州区乡村旅游发展面临的挑战

### （一）乡村旅游产业重构

在城镇化高速发展背景下，乡村面临人口老龄化、产业衰败等困境，为此需要寻求新的出路。为了改变这种状况，要将旅游市场需求引入乡村、鼓励各种生产要素流入乡村，重构乡村产业结构就成为振兴乡村的重要路径之一。重构乡村产业结构，必须遵循产业融合的发展规律，在打破传统三产界限的基础上，引入文化创意理念和技术，在乡村产业要素重组上将深厚的传统文化与新兴创意文化有机融为一体，用科技创新和文化创意驱动休闲农业和乡村旅游品种的丰富化和多样化，达到改造农业、美化环境、优化品质、创造财富的目的，成为发展乡村的新挑战。

### （二）乡村旅游政策创新

休闲农业与乡村旅游的发展是城乡一体化发展中复杂的系统，需要通过政策创新与变革来克服要素供给不平衡和不充分的矛盾，激发乡村发展后劲。甘州区休闲农业和乡村旅游的发展仍然面临一些困境与挑战，主要表现为：人才极度匮乏，乡村人力存量上过度老龄化，增量上吸纳力有限，发展人才短缺状况严重；有效资金短缺，产业投资风险大，贷款者散、小、弱的状况加大融资难度；土地制约较大，用地在类别上不明确、与国土利用空间规划不匹配以及土地供应机制等问题使用地需求得不到完全满足。

#### （三）周边各大景区的虹吸效应

甘州区周边有马蹄寺4A级景区、山丹军马场、张掖丹霞等各大景区，要避免与周边景区的资源竞争，形成合作共赢的发展态势。区域内部乡村旅游无特色，同质化严重，而旅游需求日益差异化，这势必导致各地区旅游产业的强有力竞争，对于乡村旅游遍地开花的甘州区也是一大挑战。

#### （四）基础设施的完善程度

基础设施是乡村旅游发展的首要条件。个别乡村道路、供水设施、供电设施以及停车场等基础设施有待进一步提高；以游客体验感为核心的需求需要进一步满足；交通、餐饮、住宿等公共服务质量需要进一步提升。

## 第四节　甘州区乡村旅游效益分析

近年来，甘州区深入挖掘乡村特色资源，大力实施文旅助力乡村振兴战略，因地制宜，以“一村一品、一县一特”为目标，结合内容丰富的文化资源、生态资源和社会资源，精心打造“陇上乡遇”乡村旅游品牌，持续开发乡村旅游产品，培育丰富乡村旅游业态，配套完善基础设施，提高管理运营水平，全面提升乡村旅游业整体接待水平和服务质量，乡村旅游发展成效明显。

### 一、乡村旅游的经济效益

#### （一）乡村旅游成为经济增长新引擎

目前，甘州区已成功创建省级乡村旅游示范区，长安镇前进村成功创建国家级乡村旅游重点村，新墩镇双塔村、甘浚镇速展村等 5 个村成功创建为省级乡村旅游示范村，乌江镇谢家湾村等 2 个村创建为省级文旅振兴乡村样板村；此外，创建市级乡村旅游专业村 6 个，培育靖安草莓庄园、上秦蔬菜瓜果庄园等乡村旅游景点 50 余家，培育农（牧）家乐 100 多家、星级农家乐 42 家、乡村民宿 32 家，打造“水云乡畔”共享农庄等乡村网红打卡点 60 处，成功创建西大湖湿地旅游景区、水云乡生态景区、新河田园综合体景区等国家 3A 级旅游景区，形成了互为支撑、相得益彰的“示范乡镇—示范村—示范节点”示范体系。2023 年 1—11 月，甘州区乡村旅游接待游客 966. 64 万人次，实现旅游收入 28. 99 亿元。2024 年 1—5 月，全区乡村旅游接待游客 393. 28 万人次、同比增长 44. 65%；旅游花费 11. 8 亿元，同比增长 44%，实现了旅游规模和速度双增长、旅游质量和效益双提升，乡村旅游成为甘州区经济增长的新引擎。

### （二）乡村旅游成为投资建设的重要领域

近年来，甘州区以乡村振兴示范带为重点，先后建成甘浚镇速展特色街区、新墩双塔民俗文化村、平山湖喀尔喀小镇、普家庄秺侯驿文化园、谢家湾“水云乡畔”共享农庄、三闸甘州水驿（西部七彩休闲园）等乡村旅游重点项目，全区新建及续建重点乡村旅游项目 19 个，累计完成投资 26. 5 亿元。通过不断深入实施乡村旅游“双十双百”示范工程，落实以奖代补、先建后补、财政贴息等扶持措施和奖励，加大乡村旅游项目资金投入。组织成立民宿、文创、饭店、餐饮“四大联盟”，发挥企业联盟桥梁纽带作用，加强行业自律，规范行业竞争，抱团发展，助力乡村旅游产业提质增效，乡村旅游成为投资建设的重要领域。“十四五”时期甘州区乡村旅游重点投资建设项目如表 8-6 所示。

**表 8-6 “十四五”时期甘州区乡村旅游重点投资建设项目一览**

| 序号 | 项目名称 | 建设地点 | 建设规模及内容 |
| --- | --- | --- | --- |
| 1 | 甘州区旅游大通道 | 甘州区 | 该项目起点为 S237 线张掖循环经济园区，终点为 S301 线甘民交界酥油口河处，途经经开区循环经济园区、张掖农场以及三闸镇、碱滩镇、安阳乡等乡镇，全长 100 千米；根据公路设计标准、通行能力和使用频率，在不同路段修建二级公路、三级公路，均铺设沥青路面，匡算总投资 7.2 亿元。其中，借道国道 312 线、227 线部分路段，并入已建成的屋兰古镇快速公路、现代循环产业园区主干道公路等两段公路，长约 29 千米。新建公路 5 段，分别为张掖农场至循环经济园区公路，长 26.8 千米；甘州机场至屋兰古镇公路，长 8.7 千米；沙漠公园至马蹄寺（安阳段）公路，长 14.1 千米；畜牧园区至光伏产业园公路工程，长 9.4 千米；普家庄至屋兰古镇公路，长 11.9 千米。以上各段公路里程相加，共计 71 千米 |
| 2 | 甘州区红色基因传承馆建设项目 | 甘州区大满镇 | 该项目的建筑面积为 1308.37 平方米，其中，一层建筑面积 1242 平方米、局部二层建筑面积 66.37 平方米；甘州区红色基因传承馆附属楼建筑面积为 789.60 平方米，并配套完成室外旅游厕所、停车场、游客服务中心附属设施等工程 |
| 3 | 龙渠乡红色文化风情线建设项目 | 甘州区龙渠乡 | 该项目计划总投资 2500 万元，充分利用甘州区龙渠烈士陵园、龙渠会议遗址（张家屯庄）红色文化资源，着力打造“红色文化风情线”。主要建设内容包括以下几点：龙渠烈士陵园修缮，扩大活动场所面积 500 平方米，配套完善相关附属设施，建设停车场 1 处，提升绿化、美化质量；打造红色文化风情线，建设“红军杨”体验穿行区、红军故事讲解区、“三棵老杏树”体验区、“红船精神”广场；龙渠会议遗址（张家屯庄）布展进行提升，设立龙渠会议纪念馆、红色基因传承馆、龙渠战斗纪念馆等 |
| 4 | 平山湖喀尔喀风情小镇 | 甘州区平山湖乡 | 该项目北起张平公路，南至平山湖大峡谷景区大门南侧，南北长约 710 米，东西长约 990 米，规划面积 43.84 万平方米，分为现状保留、综合服务、蒙古族风情和草原游乐四大功能区，自 2017 年 3 月开工建设以来，已完成投资 1.5 亿元 |
| 5 | 张掖屋兰古镇文化旅游综合大景区（一、二、三期） | 甘州区碱滩镇 | 该项目分三期建设：一期为九曲黄河灯阵、灯笼工坊，二期为屋兰古镇民俗村、洪丰田园综合体，三期为甲子墩汉墓遗址公园。其中，一期九曲黄河灯阵、灯笼工坊占地 500 亩、总投资约 7 亿元，已于 2017 年 6 月开工建设。项目扎根古城，立足全国，放眼世界，以高标准、高要求、高素质为建设理念，集文化旅游、民俗体验、非遗传承保护、游乐探险、田园度假观光等诸多功能于一体，填补了张掖旅游市场上“夜游”模式的空白，逐步将景区打造成全省一流、全国著名、全球闻名的国家 5A 级景区和旅游目的地 |
| 6 | 甘州区碱滩镇普家庄秺侯堡文化景区 | 甘州区碱滩镇 | 该项目以秺侯堡文化为吸引点，以丝路乡村驿站为特色，打造“丝路古道+自驾风景线+古遗址乡村”为主的甘州秺侯堡文化景区 |

续表

| 序号 | 项目名称 | 建设地点 | 建设规模及内容 |
| --- | --- | --- | --- |
| 7 | 甘州区双塔丝绸之路文化村 | 甘州区新墩镇 | 该项目规划建设新中式单体建筑 79 栋、展示中心 1 栋以及景观绿化工程、道路附属设施等，总建筑面积约 50000 平方米（其中，展示中心建筑面积约 7700 平方米） |
| 8 | 靖安堡建设项目 | 甘州区靖安乡 | 该项目充分利用黑河靖安段水资源，通过以水串景，构建“玉带环绕，七星布局”的空间结构，做足做活“水”文章。主要建设宾礼广场入口形象区、邻里水巷特色文化主题街区、风华苇岸乡野宿集、精读传家研学体验营地、花样民游娱乐体验区、峥嵘年华主题拓展训练基地、壹品泉香温泉度假山庄。实现多业态满足旅游“吃、住、行、游、娱、购”六要素需求，建成集休闲度假、旅游娱乐、特色农产品、商业服务于一体的综合性乡村旅游文化主题项目 |
| 9 | 弱水湾休闲旅游度假区 | 甘州区靖安乡 | 该项目从若水湾上游山丹河入黑河口 90°直角拐弯开始，到若水湾下游乌江镇路家老湾为止，全长约 20 千米。其中，核心段从上游河中心一座小沙岛开始，下游到临泽县修建的吊桥为止，全长约 4.6 千米，目前正在重点规划设计。该项目贯彻落实“山水林田湖草是一个生命共同体”的理念，践行“绿水青山就是金山银山”的指导思想，以黑河流域生态保护和高质量发展为引领，按照甘州区委提出的“原生态、低成本、重创意、强保护、少干预、亲自然”的原则，将生态资源转化为“生态资本”，以生态修复保护为主，塑造集湿地保护、自然景观、生态休闲及旅游服务多功能于一体的黑河生态经济带创新发展试验区，打造甘州旅游新名片 |
| 10 | 甘浚镇速展特色街区 | 甘州区甘浚镇 | 该项目规划占地 147 亩，建筑面积 13920 平方米，以散形院落布局模式，建成本地特色与新中式建筑元素相结合的特色民居 108 套，集游客接待、日间照料、乡村记忆博物馆于一体的综合楼一座，以主题党建、孝德文化、亲水休闲为不同元素的主题广场三处，并配套街区内给排水、供暖、绿化、景观、硬化等基础设施 |
| 11 | 甘浚丹霞小镇建设项目 | 甘州区甘浚镇 | 该项目规划占地面积 1487 亩，以 S18 线为界分为南北两片。其中，南侧占地 797 亩，主要以 S18 线扩建、S1 有轨电车建设项目和丹霞东路扩建项目为契机，对南侧整体进行拆除新建。北侧占地 690 亩，保持原有建筑格局，以风貌改造和基础设施提升为重点进行规划改造，全力打造一个集旅游接待、特色餐饮、文化展示、农产品销售、儿童文娱、农业体验等于一体的特色文旅小镇 |
| 12 | 甘浚祁连村温泉小镇 | 甘州区甘浚镇 | 该项目位于甘浚镇祁连村刀山口、S213 线 32 千米处，北与临泽县接壤，西与张掖丹霞国家地质公园相邻，是通往张掖丹霞国家地质公园的必经之处。项目计划投资 5 亿元，规划用地 255 亩，以开发温泉资源为核心，打造集休闲游乐、养生康体、商务会议、运动娱乐、生活度假功能于一体的多功能休闲度假区。项目规划建设 4500 平方米的企业度假会馆、温泉主题酒店和特色游艺中心各一处，8500 平方米的精品餐饮零售街一条，平均面积为 400 平方米的河西风貌主题别墅 110 栋，并配套完善基础设施和景观设施，打造河西地区高品质温泉养生场所 |

续表

| 序号 | 项目名称 | 建设地点 | 建设规模及内容 |
|---|---|---|---|
| 13 | 甘州水驿 | 甘州区三闸镇 | 该项目位于甘州区北郊张靖公路三闸镇三闸村七社，距市区 6 千米，紧邻张掖国家湿地公园和北郊湿地，南接西部七彩湿地休闲园，东临兰新线，西以张靖公路为界，磨河、碱河、大路河环绕而过，场地处于三角地带。项目建成后，将进一步盘活农村闲置资源，创新“旅游+”运营模式，以“姥姥家大槐树”等乡土景点为主，吸引市民追忆乡村生活、儿时童趣，延伸产业链，增加餐饮业、特色农产品零售等相关产业的综合附加值，实现乡村旅游和农业创收的双赢，提升甘州区乡村振兴形象，带动甘州区旅游产业的发展 |
| 14 | 西部七彩湿地休闲园 | 甘州区三闸镇 | 该项目位于张靖公路三闸镇三闸村，距市区 4.5 千米，紧邻张掖国家湿地公园和北郊湿地，北面与甘州水驿相接，南面与双河湾稀特果蔬园隔路相望。由甘肃西部七彩农业旅游发展有限公司社会资本进行投资、建设、运营，建设规模 500 亩，总投资 2000 万元 |
| 15 | 陈寨“甘州驿”建设项目 | 甘州区党寨镇 | 该项目包括甘州驿、国色天香、共享农庄三部分，占地面积 60 亩，其中，酒店式公寓建筑面积约 1 万平方米，其他商业及公共建筑面积约 5000 平方米；项目规划建设具有西北传统民居特色的商住两用独立院落 70 栋；结合驿站功能，沿乡道规划建设商业步行街区、农耕文化展示馆、民俗客栈等公共建筑群 |
| 16 | 谢家湾“水云乡畔”共享农庄 | 甘州区乌江镇 | 该项目位于甘州区乌江镇谢家湾村七社，由张掖市甘州区兴达城建投资开发有限责任公司和乌江镇人民政府共同建设，项目总投资约 680 万元。项目用地面积为 19825.1 平方米，规划总建筑面积 3651.6 平方米。项目借助谢家湾村独特的区位优势和乌江贡米、虹鳟鱼、供港蔬菜基地等特色资源，利用谢家湾七社 22 户闲置宅基地，通过市场化运作方式，开展农村“三变”改革，助力乡村振兴，发展共享经济，将村集体、群众的闲置资源变为有形资产，切切实实让群众富起来。项目按照“政府主导，政策扶持，企业运营，群众参与，以改为主，以建为辅，功能配套”的原则，建成集生活休闲度假、民俗文化体验、生态旅游观光于一体的田园综合体示范点。目前，已完成新建及改造 16 户的主体改造工程、前后院铺装工程、主道路及管网工程，正在进行西侧湖区水系施工及亮化软装工程施工，已完成投资约 568 万元 |
| 17 | 明永镇西大湖草原水乡渔村 | 甘州区明永镇 | 该项目以明永镇下崖村四社作为重点，打造“水乡渔村”，突出“村在水中，水在村中，人在景中”的生态村庄特色，整社拆除原有老旧房屋 38 院，新建集中连片房屋 30 院以上，并配套道路 、水系、鱼塘等公共设施，规划建设游客中心等公益设施 |

续表

| 序号 | 项目名称 | 建设地点 | 建设规模及内容 |
|---|---|---|---|
| 18 | 明永西大湖影视基地 | 甘州区明永镇 | 该项目计划占地1000亩，投资近5亿元，是以电影为切入点，将影视全产业链与文化旅游业、影视主题娱乐公园深度融合，打造集电影电视剧拍摄、影视后期制作、影视产品营销、影视宣传于一体的影视全产业链、产业园和“南有横店，北有张掖”规模级影视产业园。项目分三期建设，三年完成。依托影视模块的文化创意和内容制作核心资源，对接文化旅游项目，借助影视特效手段，制作富有科幻色彩和视觉冲击力的主题影视乐园，让游客深度参与体验影视制作全过程 |

## 二、乡村旅游的社会效益

### （一）乡村旅游发展持续推动乡村基础设施建设

近年来，甘州区以乡村旅游为抓手，统筹推进“八改”工程，瞄准“农村基本具备现代生活条件”的目标，不断提升产业发展效能，大力开展和美乡村建设。持续优化城乡交通网络，整改、完善旅游标识标牌，调整公交线路和站点设置，开通景区旅游大巴，加快绿道慢行系统建设，推动城乡旅游交通服务一体化建设。目前，已建成乡村游客中心8座，新增停车位1000余个，更新旅游标识标牌950块，完善乡村旅游通景公路、步道等交通设施，在全区“三站一场”及八大出城口制作、安装乡村旅游外部交通指示牌8个、全景导览牌18个，制作、安装乡村旅游点内部标识标牌10套。通过大力实施乡村道路“美化、绿化、亮化”工程，强化乡村环境整治、道路秩序整治，打造特色景观廊道，对八大出城口进行拓宽改造，建成甘平公路、S18线、国道312线、国道227线等多条一级公路，全线贯通“村村通”公路，加快推进旅游大通道项目建设，带动乡村旅游产业发展。

### （二）乡村旅游持续推动社会就业和农民增收

近年来，甘州区依托丰富的旅游资源、便捷的交通，持续加大乡村旅游发展力度，通过着力打造特色民宿和精品农（牧）家乐，推动全域乡村旅游快速发展，有效推进就业创业、带动群众增收，为乡村振兴增添活力。以乡村合作社形式开发了双塔村、速展村、普家庄等重点乡村旅游点，与当地居民签订了利益分配合同；在平山湖大峡谷、屋兰古镇等重点旅游景区，与当地乡镇和居民签订了补助和分配合同。2021 年，甘州区以创建全域旅游标准化试点城市为依托，充分发挥乡村旅游辐射带动作用，通过乡村旅游星级农（牧）家乐、合作社、电商等市场主体，实现乡村旅游从业人员达 1 万人，从业人员年平均收入为 18610 元，远高于甘肃省乡村旅游从业人员年平均收入 11433 元。此外，乌江镇谢家湾村作为全区乡村旅游发展的样板村和示范点，已成为集生活休闲度假、民俗文化体验、生态旅游观光于一体的田园综合体示范点。同时，通过自主创业、从事餐饮服务、发展民宿等实现就近就地就业，已解决该村 60 余人就业，带动 22 户群众户均年增收 2 万余元。甘州区乡村旅游合作社情况如表 8-7 所示。

**表 8-7　甘州区乡村旅游合作社情况一览**

| 序号 | 名称 | 地址 | 参社户数/户 |
|---|---|---|---|
| 1 | 甘州区归园田居乡村旅游专业合作社 | 上秦镇徐赵寨村五社 | 58 |
| 2 | 甘州区前进乡村旅游农民专业合作社 | 长安镇前进村 | 241 |
| 3 | 张掖平山湖喀尔喀旅游农民专业合作社 | 平山湖蒙古族乡平山湖村一社 | 156 |
| 4 | 甘州区满得拉旅游文化专业合作社 | 平山湖蒙古族乡红泉村一社 | 5 |
| 5 | 甘州区新墩镇双塔村股份经济合作社 | 新墩镇双塔嘉苑办公楼 | 434 |
| 6 | 甘州区祁连丹霞情乡村旅游专业合作社 | 甘浚镇祁连村 | 10 |
| 7 | 甘州区速展特色旅游农民专业合作社 | 甘浚镇速展村 | 12 |

### （三）乡村旅游知名度持续提高

甘州区依托大型节会赛事活动，不定期举行具有乡村特色的节庆活动，组织举办了包括杏花节、梨花节、文化旅游资源推介会暨项目签约仪式在内的“彩虹张掖·乐游甘州”花游季文化旅游系列活动，在丰富乡村旅游业态的同时，进一步提升乡村旅游氛围和热度，持续打造乡村旅游特色活动，城市知名度进一步提高。

## 三、乡村旅游的生态效应

### （一）乡村旅游发展推动生态宜居

近年来，甘州区通过实施“百村示范百村整治”工程，加强路边、屋边、水边、田边整治，推进村庄净化、亮化、美化、绿化，乡村由“一处美”向“一片美”，再向“整体美”转变，全方位擦亮和美乡村底色，绘就靓丽的美丽乡村画卷。此外，通过深入学习浙江“千万工程”经验，累计投入资金2.6亿元，实施村组道路硬化、村庄绿化亮化、风貌改造、垃圾收集处理、污水综合治理等项目141个，村庄生产、生活、生态空间布局更加合理。在常态化开展村庄清洁活动的同时，统筹农村生活污水、生活垃圾、黑臭水体、厕所改造、村容村貌治理一体推进，从村民需求出发，发挥村民自治的治理能力，加大庭院整治力度，加强村庄绿化美化，解决乡村“脏乱差”问题，打造宜居宜业宜游和美乡村。

### （二）乡村旅游发展推动生态保护

甘州区以乡村旅游建设为抓手，加强生态植被修复保护，以黑河大林带、黑河生态园、黑河生态新城环城防护林为重点，打造“绿带贯通、林草护岸、绿化美化、林水相融”的生态景观，已完成黑河生态带建设1.13万亩，栽植各类苗木208万株。其中，黑河大林带已建成宽度300米、长度4000米的绿化带3100亩，栽植苗木52.6万株；黑河生态园完成绿化4665亩，栽植各类苗木95.9万株；黑河生态新城环城防护林完成绿化3500亩，栽植苗木15.5万株。此外，甘州区坚持造林绿化重点工程与农田林网、村庄绿化、经济林建设相结合，加快推进道路林网、水系林网、农田林网、环村防护林及特色经济林基地建设，完成成片造林 1850 亩，建设农田林网 0.3 万亩，栽植各类苗木 22 万株，把乡村旅游变成落实生态文明建设和生态环境保护的重要抓手。

# 第九章　甘州区乡村旅游开发与经营管理模式

## 第一节　乡村旅游经营管理模式

城市资本、技术、人才、信息、管理等要素回流，乡村生产、生活与生态空间的重构助力乡村振兴成为人们关注的焦点。作为乡村振兴的主要途径，全域旅游要以乡村旅游为抓手，发挥其多主体参与运营管理模式的作用。由于资源禀赋、客源市场、政策支持等因素的差异性，乡村旅游运营管理模式呈现多样化特征，管理模式是否科学、合理，决定着旅游资源与客源市场的对接度，影响着乡村旅游能否高质量发展。甘州区重点推行政府配资源、企业出资金、市场化运作、规范化管理的运营管理模式，完善旅游特许经营管理机制，实行经营权、管理权、所有权“三权”分置，通过合资、独资、拍卖、租赁、承包等多种方式出让经营权，引进经营理念先进、综合实力雄厚的文化旅游企业，托管开发景点景区盘活旅游资源和景区旅游经营项目，具体有以下几大类。

### 一、“政府+公司+旅行社”经营模式

甘州区谢家湾“水云乡畔”共享农庄东邻张掖国家湿地公园，南靠张掖滨河新区。其前身是甘州区乌江镇谢家湾村闲置村庄，由于该村村民都住进了小康楼或者进城打工，村庄一度成为闲置的“空心村”。乌江镇积极响应区

委、区政府支持发展共享农庄的政策，大胆探索推进农村全面发展新模式，充分利用谢家湾村畅达的区位交通、较好的产业基础、丰富的旅游资源等优势，由政府引导国有企业投资800多万元，按照政府引导、企业参与、市场运营、以改为主、以建为辅、功能配套的原则，对22户闲置农房和宅基地进行集中打造，是集餐饮休闲娱乐、民俗文化体验、生态旅游观光于一体的共享农庄，在保持乡村风貌的基础上，提炼乡村文化，打造共享农庄，引入当地旅行社进行整体打包运营，农户不仅收到了可观的租金，还实现了既可以在家门口打工赚钱又可以保持乡村风貌、留住乡村记忆、承载城市功能、发展乡村旅游的目标，最终打造成甘州区乃至张掖市最具规模效益的田园牧歌式精品庄园。

### （一）合作形式

政府负责乡村旅游的规划和基础设施建设，优化发展环境；乡村旅游公司负责经营管理和商业运作，协调公司与农户的利益；农户负责组织村民参与地方戏的表演、导游、工艺品的制作、提供住宿餐饮等旅游活动，负责维护和修缮各自的传统民居；旅行社负责开拓市场，组织客源以及旅游线路设计。

### （二）经营特点

充分发挥旅游产业链中各环节的优势，避免过度商业化，保护本土文化，增强当地居民的自豪感。解决就业问题，有利于激发个体潜能。由政府组织、全盘把握，公司和协会分工协作，农民广泛参与，此模式各级职责分明，有利于激发不同个体的潜能，可以实现多方共赢，但在实际操作中，因为涉及的利益主体较多，因而协调困难，可能引发利益冲突以及土地资源的浪费等问题。

## 二、“合作社+村集体+农户”经营模式

甘州区甘浚镇速展村以中心村党委为龙头，依托特色街区、“西遇·宿

集”示范点、产业种养基地，村集体、企业和农民抱团发展，有效盘活资源，优化产业结构，实现集体经济壮大、经营主体盈利和村民增收“三赢”局面。速展村依托紧邻张掖七彩丹霞大景区的区位优势，把乡村旅游作为乡村建设和壮大集体经济新的增长极，将精品农业与乡村旅游、康养产业有机融合，投资 5600 多万元，建成占地面积 9.8 万平方米的速展特色街区，配套集乡村记忆博物馆和农产品展销馆于一体的综合楼和民俗房屋，补齐乡村旅游短板，大力发展夜间经济，延伸旅游产业链条，投资 1300 余万元完成 108 套民宿房屋和各类景观、树木、水系亮化美化以及 108 盏高标准路灯架设等基础设施建设，设置野炊垂钓烧烤区、亲子休闲娱乐区，开起了农家乐，做起了大锅台，借助电视连续剧《一个都不能少》取景拍摄地优势，主场举办第四届农民丰收节等重大活动，扩大了速展村在文旅产业的影响力。

### （一）合作形式

“合作社+村集体+农户”经营模式由合作社参与并主导，引导居民参与统一规划、统一运营管理、统一进行市场推广和营销促销等过程。由村集体整合乡村资源，协助企业（合作社）对乡村旅游个体进行统一管理、培训，统一服务标准、价格标准等。创新现代农业的发展模式，与农户建立更加紧密的利益联结机制，通过土地流转费、劳务费、年底分红，确保产业成果农民共享。

“合作社+村集体+农户”经营模式的优点表现为以下三点：一是明确收益权，对产权或资产形成的股份、收益权实行三级认定，即经营主体、村级组织、农户。二是明确收益方式。利用村集体资产管理公司统一管理的闲置农房、集体资产，引进社会资本开展合作经营，实现资产保值增值。对村集体集中的土地或建设形成的资产，引入农民合作社等组织进行委托经营，每年按“保底分红+二次分红”方式确保收益。三是动态持续收益。以村集体资产入股经营部分，实行合同制保底收益，并实行一定年限的阶段式动态管理。2022 年，速展村经济总收入达 6000 万元，农民人均可支配收入超过 3 万元，实现村集体经济收入 70 万元。2022 年共接待游客 8 万人次以上，带动周边农户增收800万元，取得了可观的经济效益。

### （二）经营特点

将全村所有旅游资源进行整合，统一种植、统一养殖、统一民宿客栈管理、统一设计旅游购物商标品牌，可以将自有资产委托合作社管理经营，也可以按照规定标准自主经营，或者根据自身的技能优势、资产优势，选择特色餐饮体验、种植有机蔬菜、生态养殖家禽家畜、主题民宿客栈、特色旅游商品零售以及其他旅游产品和服务。落实产业项目、土地流转、乡村旅游等“八项增收”举措，着力打造“一村一品一业”的发展格局，推动村级集体经济从“数量”向“质量”转变，产业发展水平不断提升，村民收入大幅提高，集体经济实力增强，村容村貌显著改善。但是，由于村民投资较为分散，村级集体财政及管理制度较为薄弱，村民的合法权益较难得到保障，乡村旅游企业和村民容易出现资源共享、利益分配方面的矛盾。

## 三、“龙头企业+村集体经济（合作社）+农户”经营模式

甘州区党寨镇陈寨村积极探索“龙头企业+合作社+农户”经营模式，成立张掖市农冠农业发展有限公司，通过整合分散资金，盘活闲置资源，实施优质项目，实行规范管理，助推村集体经济发展实现从无到有、从弱到强的转变。建立“镇政府+村集体经济公司+宣传”的多方协作机制，实现多方经济收入，配套建设具有地方特色元素的观光景点和特色农产品展示区，为村集体经济发展提供完善的“后勤保障”。党寨镇突破镇域限制，利用地域相邻、产业相近、人才集聚三大优势，以陈寨村为中心，联合周边5个村及片区内50余家专业合作社，建成甘州区国道227线乡村振兴示范带设施农业片区党委，形成从单打独斗向抱团发展的转变，着力将乡村振兴示范带打造成设施农业规模化、高质量发展的“集聚地”；创新“特色小镇+乡村文化”模式，依托临近国道227线的地域优势，建成“甘州驿”特色小镇，聚焦民俗文化和休闲农耕文化，修建民宿院落32栋71户及商业步行街区，同步建成

休闲农庄和果蔬采摘园，加快实施甘州区现代农业展示中心布展工作，带动乡村振兴与农业文化共同发展，实现以商促村、以旅带村、以文融村。

新墩镇双塔村坚持做到产业发展与社会治理协同推进，推行“龙头企业+村集体经济（合作社）+农户”的“三权”分置产业化发展模式，调动了群众建设美丽乡村、发展文旅产业的积极性。

### （一）合作形式

由初期阶段的“农户+农户”经营模式向“企业+农户”模式持续改进。社区（如村委会、村集体等）搭起桥梁，由有一定实力的公司先与当地社区进行合作，再由社区组织农户参与乡村旅游。公司一般不与农户直接合作，农户接待服务、参与旅游开发则要经过公司的专业培训，公司制定相关的规定，以规范农户的行为，保证接待服务水平，保障公司、农户和游客的利益。

### （二）经营特点

通过社区链接，便于公司与农户协调、沟通，有利于克服公司与农户因利益分配而产生矛盾。同时，社区还可以对公司起到一定的监督作用，保证乡村旅游正规、有序发展。

## 四、“三变+专业合作社”经营模式

甘州区三闸镇以“三变+专业合作社”的产业发展方向，大力探索“党支部+合作社+农户”的经营模式，在镇党委、政府的带领下，引导合作经营、抱团发展，破解了以往合作社单打独斗的难题，形成了由“一枝独秀”到“遍地花开”的新局面。此外，按照平等自愿、利益共享、风险共担的原则，鼓励和推动农民以土地、资金、技术等多种方式入股合作社，农民变身为股东，盘活了农村生产要素，促进了农民增收致富，搞活了农村集体经济。

甘州区双塔村老旧房屋整体拆除采用增减挂钩政策，盘活土地资源，腾出建设用地200多亩，围绕群众安置和产业发展，充分利用自身独特的丹霞地貌，通过和城郊区位叠加优势，借助国家文旅产业、农旅产业政策支持，结合农村“三变”改革，大力实施“筑巢引凤”工程，沿213省道丹霞景观大道两翼精心布局“民宿自建房”“丝绸之路文化村”和“田园综合体”三大文旅产业项目，着力重塑产业空间格局，大力培育发展集休闲观光、客栈民俗、康养宜居于一体，可览、可游、可居、可休闲的乡村旅游产业。

### （一）合作形式

由合作社负责全村产业项目开发和运营，所有产业项目由合作社统一安排，定期对村民进行专业培训，不断提高从业人员素质。合作社运营的项目全部承包给相关业户，业户严格按照合作社管理制度进行乡村产业运营，杜绝业户之间竞相压价、恶性竞争。

### （二）经营特点

充分利用农户闲置的资产、富余的劳动力、丰富的农事活动，丰富旅游活动。村民享受集体资产收益、分红，构建合作社与农户的利益联结机制，实现并带动周边农户就近务工，充分激发村民的内生动力，丰富了村民的收入来源，保障了村民的收入，使得村民逐步实现了脱贫致富。

## 第二节　甘州区乡村旅游开发模式

乡村旅游实践以及研究表明，乡村旅游开发模式受开发主客体、空间与时间维度、涉利人群（利益主体）、乡村自然与文化属性、乡村区位和乡村旅游发展阶段等因素的影响。甘州区坚持农文旅融合发展，以发展乡村旅游、引领乡村振兴为导向，推进乡村振兴示范节点建设，用景区标准来引导乡村环境治理、设施建设、产业发展，探索出产业升级带动型、农业体验观光型、山村避暑休闲型等一系列特色乡村旅游开发模式，将甘州区打造成环境美、生产美、生活美、人文美“四美”融合的田园乡村，展现出一幅“望得见山，看得见水”的乡村“富春山居图”，成功创建首批省级乡村旅游示范区。

## 一、产业升级带动型

### （一）产业升级带动型乡村旅游开发模式

甘州区以具有一定规模的现代农业园和上下游加工、运输、生态化改造及其他相关产业发展为主，发展观光休闲农业，实现三产融合发展，从而产生强大的产业经济协同效益，实现农业功能拓展、乡村价值发掘、业态创新、农业与旅游业融合发展，彰显“旅游+”效应和产业美新局面，对当地消费和投资拉动效应显著，产生了显著的经济效益。

### （二）目标客群

吸引高科技农业相关规模企业入驻，实现农业生产规模化和农业相关业态的发展；吸引休闲观光游客作为地方经济收入的有益补充，满足了当地居民和返乡创业人群增收和改善生活的需求。

### （三）典型案例

长安镇前进村组建常绿蔬菜、红提葡萄、长安家园、奶牛养殖、农场种植和花卉苗木6个专业合作社；全村共建造日光温室220座，发展种植红提葡萄540亩、订单农业4000亩；成立永盛苗木种植农民专业合作社，主要从事花卉苗木以及蔬菜的培育、种植、销售、新品种引进及提供技术服务。紧紧围绕奶牛产业、设施农业、现代农场、花卉苗木、鲜食采摘、生物有机肥生产加工、绿色有机农产品培育，打造前进村供销合作社农产品供销特色优势产业。

长安镇前进村凭借独特的产业优势和丰富的乡村旅游资源，紧扣“乡土风情、乡村风格、生态风貌”主题，每年开展梨花节、杏花节、丰收节等一系列丰富多彩的农事活动及“爱村日”、乡村文艺汇演等乡村旅游活动，打造村史馆。收集传统农具和生活用品，建设农耕文化展示园，已基本形成种类丰富、特色突出、档次适中的乡村旅游格局。

## 二、农业体验观光型

### （一）农业体验观光型乡村旅游开发模式

农业体验观光型乡村旅游开发模式是农业与旅游休闲相结合的产物，甘州区以当地农村特有的自然人文景观为基础，脱离单一的观光休闲模式，保持原生态风貌，以满足休闲、教育、娱乐为目的，开展娱乐、劳作、科教、民俗等复合型的休闲观光农业活动。

### （二）目标客群

以附近的城镇居民为目标消费群体。通过满足目标客群休闲、求知、亲近自然等需求，使相关经营者获得利益。

### （三）典型案例

乌江镇地处甘州区西北部，自古以来就是河西地区的“鱼米之乡”，是张掖绿洲区域农业发展的重点镇区之一，在乡村振兴时代背景下，乌江镇乡村振兴顺势而为。乌江镇元丰村坚持以“乌江贡米”水稻种植为基础，以“丝路水乡、稻画田园”为主题，打造集“农业种植+循环农业+创意农业+休闲农业+农事体验+乡村旅游”于一体的丝路水乡生态农业示范区。该镇流转周边村土地，扩大规划面积，启动实施新河田园综合体二期项目，充分利用自然资源和土地优势，积极示范推广绿色高效“稻+鸭”“稻+鱼”“稻+蟹”种养模式。“稻+”产业模式利用稻田空间、种植茬口，最大化地提升了土地利用价值，实现了一田多用、一季多收，大大提升了土地产值和效益。

新河田园综合体二期工程以一产有机水稻种植、二产乌江贡米加工、三产休闲文创旅游“三产融合”的现代农业循环经济示范园区发展为主线，将整个项目区域规划分为稻画田园观赏区、生态农业观光区、稻渔共生示范区、农耕文化体验区、智慧农业展示区、生态果蔬采摘区六大区域。计划新建游客服务中心，创设研学拓展训练区、特色风情街区、休闲娱乐区、水稻文化展览区、农事体验区、冬季冰雪游玩区，布设热气球、小火车、玻璃栈道、水上木屋等旅游设施，示范推广稻鱼共生、稻蟹共生、稻鸭共生等生态农业模式，通过田园观光、农事体验、田间拓展、民宿休闲、生态度假、自然教育等旅游项目，为现代农业发展探索新路径，有效达到高效节能、循环节水、增产增效的生产目标和社会效益。

## 三、康养旅游度假型

### （一）康养旅游度假型乡村旅游开发模式

甘州区依托全区生态资源优势，打造养老养生的休闲旅游度假胜地。开发温泉养生、避暑养生、中医药养生、日光沙疗等康养旅游产品；发展以中药材种植基地为依托的田园风情养生观赏园；加快实现养生保健产品进景区、进宾馆、进餐厅；多层次、多样化地开发休闲养老慢游产品，完善度假区范围内餐饮、购物、住宿、医疗、康养、休闲、商务会展功能；加强与省内外养老基地合作交流，提升康养旅游产业质量。

### （二）目标客群

退休人群、以家庭为单位的中短期度假人群以及享受企业康养福利待遇的员工是该类旅游产品的目标客户。

### （三）典型案例

芦水湾度假村总面积为 13.89 平方千米，包括张掖芦水湾生态景区（4A 级）、张掖国家湿地公园（4A 级）和公航旅·张掖国际露营基地（3A 级）3

个高等级旅游景区。芦水湾旅游度假区自然风光秀美质朴，古韵新风交相辉映，文化意蕴多彩多姿，是张掖城市发展最亮丽的风景线，有张掖“绿色城标”之称，目前正在申报创建国家级旅游度假区。

甘州区以“融岸”为特色，高品质打造芦水湾自然生态景观，优化空间布局和功能分区，全方位构建乐水宜居共生体系。以水为脉，依托良好的水生态环境，建成占地面积 4464 亩的植物园，其中水域面积 1882 亩、陆地面积 2582 亩，重点打造桃红柳绿、花海融春、柳暗花明、香林曲径、生态密林、碧草连天、云影青松、童话森林 8 个植物主题景观区。以水为魂，因地制宜，采用引、连、疏、控等措施，结合黑河穿城而过的优势，让水“活”起来、让流域“绿”起来、让环境“美”起来。芦水湾景区内负氧离子含量达 2.3 万个/立方厘米，年平均空气湿度达 48%，为调节城市气候和改善人居环境发挥了重要作用，是名副其实的城市“后花园”和“加湿器”。景区年碳汇量达 4320 吨，为助力“零碳”城市建设和国家森林城市创建奠定了良好基础。已投入运营芦水湾康养度假小镇、孔文养老创新实验基地、方舟温泉水世界游乐健身等文旅康养项目 7 个，人居康养休闲规划初具规模，取得了较好的生态效益与经济效益。

## 四、地质文化体验型

### （一）地质文化体验型乡村旅游开发模式

以地质科普为主线、地质旅游为补充，打造独具特色的地质文化体验型旅游产品，结合乡村文化振兴，发挥想象力和创造力，深入挖掘融入本土文化特色的地质故事，为地质旅游打上浓厚的文化烙印，带动乡村旅游发展。

### （二）目标客户

地质文化体验型旅游的目标客户为自驾车旅游者，露营旅游爱好者，赛车市场以及红层地貌观光科考、地质旅游爱好者，蒙古族风情体验旅游者、学术研究团体。主要包括户外运动爱好者和家庭户外运动娱乐者两大主体。

### （三）典型案例

甘州区平山湖大峡谷景区距离张掖市区 56 千米，隶属平山湖蒙古族乡辖区。景区是中国离城市最近的集自然奇观、峡谷探险、地质科考、民族风情、自驾越野等于一体的复合型旅游景区。峡谷幽深、峰林奇特，大自然的鬼斧神工将五彩斑斓的山体镌刻成一幅无与伦比、摄人心魄的山水画卷。

## 五、红色研学旅游型

### （一）红色研学旅游型乡村旅游开发模式

甘州区充分发挥红色文化资源和历史文化名城优势，深入挖掘和彰显红色基因内涵，积极顺应红色旅游高速发展趋势，高起点规划、高标准设计、高水平建设，坚持“红色+绿色”统筹发展模式，全力推动红色旅游高质量发展。

### （二）目标客群

研学旅游是由旅游部门、教育部门和学校有目的、有计划地组织、安排，通过集体旅行、集中食宿方式开展的研究性学习和旅行体验相结合的校外教育活动，是学校教育由校内向校外延伸的一种创新教育形式，是综合实践育人的有效途径。

### （三）典型案例

甘州区各红色教育基地积极谋划开展红色研学旅游活动，依托辖区丰富的自然资源、文化底蕴、红色革命遗址和综合实践基地等，根据不同的人群设置不同的路线，制定不同的教程，设计不同的内容，着力打造示范性红色研学旅游精品线路，形成布局合理、互联互通的研学旅游网络。让红色研学旅行更有针对性，让参与者真正能补足精神之钙，开阔眼界、增长知识、了解国情、热爱祖国，同时提高他们的社会责任感、创新精神和实践能力，达到内化于心、外化于行、学以致用的目的。

甘州区龙渠乡境内拥有丰富的红色资源，是甘州区红色旅游核心区。近年来，龙渠乡积极推动龙渠红色教育基地建设，依托已建成的白城村党建文化广场、龙渠烈士陵园、初心亭、三棵老杏树许愿处、红军杨穿行区、龙渠会议遗址及“三馆”等讲解点，初步形成了一条由白城村党建文化广场至龙渠会议遗址长约 7 千米的红色文化风情线。组织开展以穿红军军装、走征战路、吃忆苦饭、承英烈志、塑信仰魂为载体的“追忆初心铸党魂”党性实践活动，为各级党员干部提供党性实践教育平台，每年都会吸引大批市区内外的研学团队、企事业单位前来接受红色教育洗礼。

## 六、生态价值实现型

### （一）生态价值实现型乡村旅游开发模式

依托特殊的地理区位、丰富的自然资源和独特的民俗文化，以保护自然生态和传统文化为基础，以发展旅游产业为重点，在保护中开发，在开发中保护，把优质生态产品的综合效益转化为高质量发展的持续动力，是一条生态保护、文化传承、经济发展、村民受益的人与自然和谐共生之路。

### （二）目标客群

城市上班族在周末离开城市、奔赴乡村、回归自然、体验本真。乡村生态旅游主要定位于双休日短途旅游的甘州区当地居民，兼顾张掖市旅游的团体游客和散客。

### （三）典型案例

三闸镇甘州水驿位于甘州区北郊张靖公路三闸镇三闸村七社，距市区 6

千米，紧邻张掖国家湿地公园和北郊湿地，南接西部七彩湿地休闲园。甘州区对三闸镇甘州水驿的旅游开发，盘活了农村闲置资源，延伸了产业链，增加了餐饮业、特色农产品零售等相关产业的综合附加值，实现了乡村旅游和农业创收的双赢，对甘州区乡村振兴形象提升、旅游产业的带动起到了积极的促进作用。

## 七、文化传承创新型

### （一）文化传承创新型乡村旅游开发模式

除了原生态的自然风光，本土原乡村最淳朴的文化也是非常重要的元素。村民将传统的生产方式、风土人情、民俗节庆、村落古镇等元素融入文化，激活了闲置资源，体现了本位价值，实现了多产业共同推动文旅融合，激发了乡村旅游新活力。沉浸式体验浓烈而热情、真实而质朴的旅游服务提升了乡村旅游的魅力。

### （二）目标客群

文化传承创新型乡村旅游的目标客户主要是城镇家庭居民及其子女，具体而言，包括中小学学生及其家长、研学团体等。

### （三）典型案例

屋兰古镇景区位于张掖市甘州区碱滩镇古城村东侧，距城市中心约 25 千米，在张掖机场以北 6 千米处。景区依托非物质文化遗产“九曲黄河灯阵”，以“日观丹霞，夜游灯阵”为主题，通过文化旅游、农业产业融合发展，打造集文化、旅游、民俗体验、非遗传承保护、游乐探险、田园度假观光等诸多功能于一体的文化旅游综合体，开启甘州区的旅游夜游模式。

## 八、文化遗产研学型

### （一）文化遗产研学型乡村旅游开发模式

文化遗产是历史留给人类的财富。从存在形态上分为物质文化遗产（有形文化遗产）和非物质文化遗产（无形文化遗产）。文化遗产具有历史、艺术和科学价值，非物质文化遗产是指各种以非物质形态存在的、与群众生活密切相关且世代相承的传统文化。文化遗产具有永续传承价值和深层次的教育功能，这与研学旅游的素质教育理念十分吻合，两者的结合是一个互利互惠的过程。

### （二）目标客群

文化遗产研学型乡村旅游的目标客户包括中小学校、青少年学生及研学团体、亲子客群、户外客群等。

### （三）典型案例

甘州区打造 S18 线红色旅游融合发展示范线，以红西路军沿河墩阻击战为历史背景，深挖红色文化基因，未来将进一步打造红九军沿河墩阻击战红色主题教育基地项目，构建“红色主题教育+设施农业体验+田园风景观光”三位一体的主题旅游基地。

## 九、山村避暑休闲型

### （一）山村避暑休闲型乡村旅游开发模式

山村避暑休闲旅游基于山地良好适宜的气候条件，整合地质、水文、天象、植被等自然生态环境要素和多种文旅资源，通过提供相关产品和服务，开展避暑度假旅游活动，带动周边产业发展，从而形成一个经济循环系统。

### （二）目标客群

山村避暑休闲型旅游的目标客户涵盖观光、探险、考察、休闲度假、健身、野外拓展、娱乐、教育等各种个性化需求和体验的游客。另外，山地的避暑、休闲、度假、养生、康体等功能也是吸引客户群的主要亮点。

### （三）典型案例

甘州区花寨乡滚家庄村大野口生态农庄位于祁连山国家公园北麓生态门户区，紧邻祁连山国家公园，距离马蹄寺景区约 20 千米、距离大野口水利风景区约 10 千米、距离张掖市区约 40 千米，总占地面积约 7400 亩，是典型的沿山冷凉灌区村庄。借助水清、气鲜、土净生态胜境，通过“打生态牌、做山文章”，打造融观赏祁连风光、感受自然野趣、体验乡村原味、享受生态休闲、感悟身心合一，清、净、静的生态休闲避暑度假基地。建设“山地园林式”田园社区，打造祁连山下最美村庄；发展生态休闲农业，打造“祁连雪山下的花海”；实施高标准农田建设，发展油菜花、藜麦等小杂粮标准化种植，实现了由传统农业向休闲观光农业转型；发展生态休闲旅游，打造“祁连山脚下的避暑胜地”；挖掘村庄特色民俗文化资源，大力发展乡村民俗体验、山地休闲避暑、山野户外运动等生态休闲旅游项目，带动当地经济高质量发展。

## 十、城郊休闲服务型

### （一）城郊休闲服务型乡村旅游开发模式

城郊休闲服务型乡村旅游是指位于城市周边，依托大中城市客源市场发展起来的，车程 2 小时以内的乡村旅游活动。城市郊区是城郊型乡村旅游的主要活动场所，是城市环境与功能向农村转换的过渡地带，地理上称为“环城休憩带”“城市边缘带”等。

### （二）目标客群

城郊旅游开始由传统的观光型向大众型旅游和休闲度假方面转化，注重旅游项目的参与性和娱乐性。城郊旅游的主要客源为节假日中心城镇的居民，传统的观光型旅游产品已不能满足他们，休闲娱乐、追求新奇、疗养保健、拓展训练、考察学习、商务会议、亲子游等活动成为城郊休闲服务型乡村旅游的主要内容。

### （三）典型案例

甘州区上秦镇徐赵寨村，充分挖掘和发挥地处城郊区位优势，坚持以“农旅结合”为核心，采取市场化运营方式，打造集文化创意、生态旅游、康养休闲、乡村美食于一体的特色街区；以徐赵寨村四社居民点为基础，保留原有乡土气息，对现有的58院老旧房屋进行整体改造，配套完善周边公共服务设施，形成宜居、宜营的特色民宿和乡村美食馆；打造有机珍奇瓜果采摘园、生态农业观光园、特种畜禽养殖观光园、亲子休闲乐园；建设乡村图书馆、共享记忆馆、户外拓展基地等旅游设施，持续推进休闲农业与乡村旅游的深度融合；形成集农业产业示范、田园风光展示、旅游休闲观光、农村生活体验、特色民宿接待于一体的多功能园区，着力打造城市东郊“一刻钟”农旅消费经济带，满足市民的休闲度假需求。

# 第十章 “一村一品”乡村旅游典型案例分析

根据《农业农村部关于落实党中央 国务院2022年全面推进乡村振兴重点工作部署的实施意见》（农发〔2022〕1号）的文件精神，大力推进建设全国“一村一品”示范村镇，引导建设一批乡村作坊、家庭工坊，发布推介全国乡村特色产品和乡村工匠目录，做精做优乡村休闲旅游业。打造精品工程，实施乡村休闲旅游提升计划，建设成为全国休闲农业重点县，遴选推介中国美丽休闲乡村和乡村休闲旅游精品景点线路。促进农文旅融合，支持培育具有农耕特质的乡村文化产品，大力开发乡宿、乡游、乡食、乡购、乡娱等休闲体验产品。创新支持方式，推动将符合要求的乡村休闲旅游项目纳入科普基地和中小学学农劳动实践基地范围，鼓励各地通过购买服务、定点采购等方式，支持乡村民宿、农家乐特色村（点）发展。

2021年，甘肃全省开展乡村旅游示范县创建工作，甘州区深入贯彻落实相关政策及文件精神，选取具有旅游优势的乡村，树立典型，开展文旅振兴样板村创建活动。以“一带一路”、西部大开发战略为背景，以产品业态融合为重点，实现甘州区乡村旅游产业转型升级，树立中国西部休闲农业产业转型升级样板，以此构建中国全域化乡村旅游发展示范地。同时，结合自身文化资源、生态资源、社会资源，持续开发乡村旅游产品，改善乡村旅游业发展的基础条件，提高乡村旅游业整体接待水平和服务质量。在全域旅游大背景下，甘州区围绕乡村旅游基本要素，深入挖掘乡村特色资源，因地制宜，以“一村一品”为目标，紧盯创建要求，已形成“一村一品”“一乡一特”

“一镇（乡）一业”的乡村振兴产业格局，涌现出产业升级带动型、农业体验观光型、康养旅游度假型、地质文体体验型、红色研学旅游型、生态价值实现型、文化传承创新型、山村避暑休闲型、城郊休闲服务型等乡村旅游产品，创建一批具有鲜明特色的乡村旅游开发典型案例，走出具有甘州特色的乡村旅游发展模式，实施文旅助力乡村振兴战略，推动甘州区的生态、经济与社会绿色发展。

## 第一节　产业升级带动型

### 一、长安镇

#### （一）区位概况

长安镇前进村地处张掖城南郊 1.5 千米，北接南三环路，西邻张大公路。村内景色宜人，交通便利，地理位置优越，基础设施齐全。村内集中建设了百亩花海、果蔬采摘观光带、经济林带、儿童娱乐区、餐饮区等。

#### （二）具体做法与成效

甘州区长安镇前进村“两委”紧盯乡村振兴战略，坚持新发展理念，紧紧围绕“核心抓党建、重点抓产业、关键抓队伍、根本抓民生”的思路，大力实施“产业富村、人才强村、项目活村、科技兴村”战略，深入推进农村“三变”改革，不断发展壮大奶牛养殖、设施蔬菜、花卉苗木等特色优势产业，积极探索田园综合体建设，通过强组织、抓转型、强谋划、争项目、促和谐等方式，以“美丽家园、绿色田园、幸福乐园”为建设目标，努力打造“三都一园一厦一业”的绿色生态家园，把前进村建设成为集花卉苗木观赏、培育、营销于一体的“花都”，集商贸、旅游、餐饮于一体的“商都”，集农耕体验、有机食品展示和休闲养生于一体的“农都”。

围绕“让群众钱袋子鼓起来”，前进村成功注册“长绿”牌蔬菜和“前进村庄”红提葡萄商标，组建常绿蔬菜、红提葡萄、长安家园、奶牛养殖、农场种植和花卉苗木6个专业合作社；建成总资产达16亿元的现代化奶牛养殖场14个，入园奶牛4.2万多头，日产高品质生鲜乳500吨，流转土地1000亩。

为丰富群众精神文化生活，积极探索三产融合发展新路子，前进村累计投入130万元资金，完成30亩开心农场、35亩果蔬采摘园、40亩果树认养林、14亩亲子乐园主体项目建设，各类基础设施已全部配套，吃、住、行、游、购、娱、学等休闲旅游旅居要素齐备，餐饮、住宿、体验、文化展示等基础设施功能齐全。2018年6月试运营以来，平均日接待游客100人次，高峰期达到2000人次，累计接待游客10万人；果蔬采摘、培训、研学旅游收入达到70余万元，就近吸纳14户村民就业创业，为村集体增收4.5万元，乡村休闲旅游联农带农成效显著。2019年，前进村被列入张掖市三个优秀等次全省乡村旅游示范村之一，2020年被评为国家乡村旅游重点村，真正实现了让新农村的时代元素成为促进生态旅游产业的动力，力争成为产业兴旺、人民富裕、乡风文明、环境优美的精品示范村。

### （三）发展亮点

1. 挖掘特色文化，紧扣乡土风情

长安镇前进村依托甘州历史、文化、区位和国家战略方面的优势，充分挖掘特色文化，以艺术的手法保护生态，利用现有的历史、文化和自然资源，变绿水青山甚至是戈壁荒滩为金山银山，紧扣“乡土风情、乡村风格、生态风貌”主题，已基本形成产业带动引领种类丰富、特色突出、档次适中的乡村旅游格局。

2. 做农民自己的生意

用最“土”的有机蔬菜、最“土”的乡村服务、最“土”的农民生意，打出最美休闲旅游乡村品牌，引领传承农耕文明，回归重塑田园秀色，促进休闲农业发展，推动人与自然和谐发展。游客可以自己挑选蔬菜品种，积极参与劳动，获得成就感，同时也让村民获得经济效益。

### （四）可借鉴的经验

1. 发展特色农业

农产品种植是前进村供销合作社的主营业务，通过近几年农业种植的累积经验，目前温室采摘园种植品种已达 10 多种，如南方热带果蔬、草莓、人参果、火龙果、小番茄、小乳瓜、叶菜等。采摘园种植的果蔬，从源头把控品质，采用生物有机肥与有机牛奶为果蔬增添营养，自然生物授粉，严格把关化肥的施用、管理。对部分优质客户采取果蔬配送等方式，最大限度地吸引客户，打造成离张掖城最近的高品质果蔬采摘园。

2. 整合优势资源，产业带动发展

利用城郊地理优势，整合传祁乳业乳制品生产加工线、乳业科技馆等资源，改造基础设施，进行全新规划设计，计划改建成特色鲜明、主题突出的餐饮民俗文化一条街，在城南为游客打造集乡村旅游、休闲娱乐、餐饮住宿、研学旅游、农事观光于一体的旅游度假目的地。通过前进牧业产业带动，促使农民向二、三产业集中，形成以乡村旅游为重点、以自然资源和劳动力资源为开发对象的业主投资经营、运用农村土地的农村经济发展新模式，进而产生更大的经济效益和社会效益。

## 二、甘浚镇

### （一）区位概况

甘浚镇位于甘州区西门户，甘临肃三区交会 25 千米处。北与临泽县沙井镇、明永镇相邻，东与黑河相接，南部为冶金建材产业园，西侧与肃南裕固族自治县毗邻，是甘州区的重点镇。甘浚镇速展村位于张掖丹霞国家地质公园大通道 S18 线 23 千米处，距丹霞地质公园 7 千米，是甘州区高起点规划建设乡村旅游示范村和通往七彩丹霞景区的必经之地。

### （二）具体做法与成效

甘浚丹霞小镇占地面积 1487 亩，以 S18 线为界分为南北两片。整个小镇以建设“丹霞驿站”为目标，形成一个集旅游接待、特色餐饮、文化展示、农产品销售、儿童文娱、农业体验于一体的特色文旅小镇。

甘浚镇速展村是张肃公路旅游融合发展示范带节点村之一，也是通往丹霞地质公园的必经之地。速展特色街区以“美丽速展，秀色可餐”为设计理念，以百果文化为主题文化，在项目策划和建设过程中全面植入“三变”改革元素，变闲置资源为有形资产，已建成美食大道品鉴区、百果展馆采摘区、乡村民宿服务区、设施农业生产区和特色花卉观光区五大功能区。以散形院落布局模式，建成本地特色和新中式建筑元素相结合的 6 种户型的特色民居 108 套，集游客接待、日间照料、乡村记忆博物馆于一体的综合楼一座，以主题党建、孝德文化、亲水休闲为不同元素的主题广场 3 处，配套街区内给排水、供暖、绿化、景观、硬化等基础设施，将街区打造成集新型社区、现代农业、田园休闲、客栈民宿、康养宜居于一体的精品示范点，是一个集亲子采摘、农事体验、田园休闲、特色民宿、餐饮娱乐于一体的旅游景点。

“五味”俱全的甘浚镇西遇 · 宿集位于省道 S18 线 20 千米处，距离丹霞大景区 7 千米，与已建成的市、区乡村振兴示范点速展特色街区仅一路之隔。共有农宅院落 39 座，其中有全区最早建成的二层小康住宅楼 19 栋，其他风格各异的西北特色农村民居 20 座。在甘浚镇全面推进乡村振兴和速展村创建省级乡村建设示范村的大背景下，秉承“投入资金少、农民负担低、基础设施全、乡愁韵味浓、房屋用途广”的理念，采取“政府投资、群众出资、共建共享、融合发展”的模式，探索“拆改建和就地取材、变废为宝”的建设方式，以表现大西北原生态的夯土结构建筑风貌和风土人情为定位，全面融入彩虹文化元素，对老旧房屋进行拆除后规划新建和风貌改造，对全社排污、供水、供暖、道路、亮化、景观、水系等基础设施进行配套提升，同时修建街区大门、打谷场、三社记忆点、儿童娱乐区、游客休闲区等全面展现大西北乡村特点和农耕文化的场地节点，展现大西北乡村特点和农耕文化，实现自然味、田园味、乡土味、烟火味、人情味乡村建设“五味”俱全，未来将打造成集新型社区、田园休闲、生态度假、旅游体验等功能于一体的文旅综合体和彩虹乡村。

## （三）发展亮点

一是“大漠孤烟直”的西域风情：骑骆驼、品美酒、尝美食、睡土炕……甘浚镇保留了农村原有的土气、老气和活气，留下了农村特有的田园味、乡愁味、烟火味。自营业以来，吸引了不少游客前来打卡感受“大漠孤烟直”的西域风情，体验“龙门飞甲”式的客栈民宿，烧烤、射箭、古装打卡等丰富的娱乐项目让每一位游客都能在这里感受到假期的快乐。二是景色秀美的速展特色街区与西遇·宿集形成旅游犄角互补之势，在特色街区内，房前屋后栽花种树，民宿内设有娱乐、休闲设施，更适合亲子游。三是引进大锅台、烧烤等美食和各种儿童娱乐设施，同时有种植、养殖业，特别是高标准日光温室大棚，棚内种有火龙果、草莓、桑葚、佛手、柠檬等水果可供游客采摘，旅游业态不断丰富，吸引省内外游客驻足游玩观赏。借助电视连续剧《一个都不能少》取景地优势，成功举办“第四届中国农民丰收节”系列庆祝活动，速展村因此被评为甘肃省“乡村旅游示范村”。

## （四）可借鉴的经验

甘浚镇挖掘优势发展乡村旅游，鼓起农民“钱袋子”，塑造乡旅爆款品牌。按照“一村一品”的旅游业态规划，结合乡村示范建设，投资 6000 万元，建成占地面积 9.8 万平方米、具有江南水乡特色的速展街区和西域风情特色的“西遇·宿集”。全力打造文旅综合体，延长产业链，配套建设乡村记忆博物馆、农产品展销馆和高端民宿房屋，带动乡村旅游全面发展。累计接待游客 10 万人次以上，带动周边农户增收 800 万元，带动村集体增收 5 万多元。

## 第二节　农业体验观光型

### 一、乌江镇

#### （一）区位概况

乌江镇地处甘州区西北部，东靠三闸镇和张掖国家湿地公园，南接张掖滨河新区和明永镇，西邻沙井镇，北与靖安乡和临泽县板桥镇隔河相望。据《元和郡县志》记载，乌江在羌谷水之滨，汉初为“匈奴觻得王所居”，自古就是河西地区的“鱼米之乡”，是张掖绿洲区域发展农业的重点镇之一。连通平山湖大峡谷的甘平公路、张掖市“两带四区四线”之一的 312 国道以及滨河新区大道交会于乌江镇东南部的谢家湾村，交通区位优势明显，北侧 214 县道与乌江隔河而至。乌江镇处在张掖 1 小时经济圈内，也是甘州区副中心之一、乡村振兴的重点建设区、甘州城乡融合的优势发展区、城市近郊乡村休闲发展的潜力区，区位优势明显，是丝绸之路自驾线的途经处。

#### （二）具体做法与成效

乌江镇是张掖黑河流域景观廊道旅游带的重要组成部分，是黑河流域景观廊道旅游带甘州段的重要承载区。乌江段黑河干流约是甘州区黑河干流的一半，支流众多，境内水网密布，多条天然水系聚合，构成了黑河水脉最密集的区域。黑河水脉滋润着河西大地，涵养水源，调节气候，防风固沙，造就了乌江千年的人类文明，孕育了乌江独具一格的生态环境。

乌江镇元丰村新河大地艺术景观规划面积 1745 亩，地处甘州区两镇交接区，辐射乌江镇和三闸镇，属于黑河支流新河沿岸的湿地田园景观区。景区分为“两廊三区”，两廊即张平公路景观视廊和兰新铁路景观视廊；三区即稻画创作区、种养融合区及稻田种植区。项目建成后，实行“公司+合作社+基地+农户+服务”的产业化经营模式，创新现代农业的发展模式，与农户建立更加紧密的利益联结机制，通过土地流转费、劳务费、年底分红，确保产业成果农民共享。探索“抱团经营”，引导新型经营主体、科研院所和社会化服务组织参与实施，吸纳农业龙头企业（合作社）抱团发展，促进小农户与农业现代化有效衔接，努力推进乡村旅游高质量发展。

“水云乡畔”共享农庄项目是乡村振兴重点项目，政府牵头对谢家湾村七社 22 户闲置农房和宅基地进行集中建设，打造集餐饮休闲娱乐、民俗文化体验、生态旅游观光于一体的田园牧歌式精品庄园，实现保持乡村风貌、留住乡村记忆、承载城市功能、发展乡村旅游、增加群众收入的目标。旅游项目有铁锅羊肉、乡村大锅台、烤全羊、精品地方菜、特色民宿、游乐场、酒吧等。

### （三）发展亮点

乌江镇以“多条自然水系+西大湖湿地+路家老湾湿地”为核心自然资源，凸显河流、沼泽、湖泊、清泉、草地、乡村田园多个景观，构成了“天然水系+阡陌田园+生态乡村”的自然生态景观本底。自然景观环境优美，几乎都处于原生状态，具有很高的自然景观价值和生态休闲价值。人文资源以黑水国北城遗址和千年水稻种植历史为代表，遗址遗迹分布在镇域内，丰富的乡村民俗风情凸显乌江悠久的历史和深厚的文化底蕴。以此为基础打造田园景观，推进乡村生态文化旅游高质量发展。

### （四）可借鉴的经验

乌江镇是甘州区湿地面积最大的乡镇，12 个村沿黑河及其支流逐水而居，自然生态景观和乡村农业景观独特，是甘州城市近郊“宜农、宜渔、宜居”乡村休闲产业的潜力发展区。根据乌江段黑河沿岸的生态植被、地理环境、村庄田园分布等基础现状，因地制宜地发展集休闲体验、文化记忆、农业生产、生态修复于一体的农业观光旅游，带动沿线村庄产业发展和乡村生活环境的提升，因地制宜，因势利导，打造全新的农业体验观光型乡村旅游品牌。

## 二、党寨镇

### （一）区位概况

党寨镇地处甘州城南 8 千米，G30 高速、兰新二线、国道 227 线和张扁高速穿境而过，是全国环境优美镇、全省发展改革试点镇、新型城镇化试点镇、张掖国家绿洲现代农业试验示范区、核心区，2019 年被农业农村部、财政部确定为全国 298 个农业产业强镇之一。该镇辖 20 个村 171 个社，8740 户 3.1 万人，总面积 76 平方千米，耕地 8.5 万亩，2020 年全镇经济总收入 12.8 亿元，农民人均可支配收入达到 17508 元。

### （二）具体做法与成效

党寨镇陈寨村现代农业产业园是党寨镇抢抓国道 227 线乡村振兴示范带建设机遇，按照“规模化布局创优基地、标准化生产打造品牌、产业化经营提升效益”原则，采取“村党支部引领、农民专业合作社运营、农户集资入股”的方式，打造集试验推广田、种苗加工厂、蔬菜主产区、四季采摘园、物流集散地、智慧农业展示于一体的一流现代农业产业园。

陈寨村立足打造区域农业产业发展“领头雁”，坚持特色产业发展与人居环境整治同步推进，引导群众算清政治账、经济账、环保账，整社拆除老旧房屋3个社287户、废旧大棚27座，建设集居住、商业、休闲娱乐于一体的现代化小康住宅11栋413户，全面完成通村道路硬化、绿化、亮化、美化，有效地解决了“一户两宅、村庄凌乱”的突出问题，村容村貌焕然一新。深度融合生态资源、观光农业、民居特色、民俗文化等要素，打造“甘州驿”项目。依托227国道两侧绿化带营造的景观，融合张掖本地居民特色，多点式布局景观节点，结合文化生活和商业体验氛围，投资7000万元建设以“甘州民俗文化”和“休闲农耕文化”为主题的休闲度假驿站，入选第十二批全国“一村一品”示范村镇。

### （三）发展亮点

陈寨村现代农业产业园的最大亮点是深度融合资源，打造农业观光体验综合项目。具体而言，深度融合生态资源、观光农业、民居特色、民俗文化等要素打造的“甘州驿”项目，是以“甘州民俗文化”和“休闲农耕文化”为主题的休闲度假驿站，融合当地设施农业产业，丰富驿站的特色活动和体验内容，为游客和居民提供吃、住、玩、购全方位一体式的休闲养生度假体验，是一处集休闲度假、旅游娱乐、特色农产品、商业服务于一体的综合文旅项目。

### （四）可借鉴的经验

一方面是大力发展现代农业，正在把农业发展成美丽乡村的美好愿景变为现实，甘州区党寨镇陈寨村按照“产业布局合理、科技支撑有力、链条配套完整、群众抱团发展、合作共赢快富”的发展思路，整合土地资金等要素，大力发展现代农业，全面推动农业持续增效、农民持续增收、农村持续发展。

另一方面是全链条发展。党寨镇陈寨村加快建成产业配套、设施完备、生态宜居的美丽乡村，融合陈寨村设施农业产业，丰富驿站的特色活动和体验内容，为游客和居民提供吃、住、玩、购全方位一体式的休闲养生度假体验，是一处集农业观光、特色农产品、休闲度假、旅游娱乐、商业服务于一体的综合文旅项目。

# 第三节　康养旅游度假型

## 一、芦水湾旅游度假区

### （一）区位概况

芦水湾度假区位于甘州区滨河新区丝路文化休闲地和湿地绿洲度假区，地处西北内陆的干旱地区，国内第二大内陆河黑河穿境而过，形成独有的戈壁绿洲胜景。度假区距离甘州机场 30 分钟，距离张掖高铁西站 8 分钟，距离张掖火车站 15 分钟。总占地面积约 4500 亩，其中水域面积约 2260 亩，蓄水量 265 万立方米。景区由 9 个休闲广场、20 余千米彩色健身步道、1790 亩绿化林地及燕然湖、云中湖、居延湖三湖组成。2018 年 11 月被评为国家 4A 级旅游景区。

### （二）具体做法与成效

1. 明确思路定目标

2019 年 3 月，芦水湾成功创建为甘肃省省级旅游度假区；2020 年 2 月，芦水湾国家级旅游度假区创建工作启动，成立了由甘州区委、区政府主要领导任双组长的创建工作领导小组，制定印发了创建工作实施方案，委托北京旅游全景大观规划设计院有限公司编制完成了《芦水湾生态景区创建国家级旅游度假区总体规划》，并对规划进行了跟进、完善，为高质量推进创建工作提供了有力保障。同时，组织度假区创建工作人员和从业人员参加专业培训，邀请北京专家现场指导。根据专家的意见、建议及时查漏补缺，细化分解整改任务，全面落实各项创建工作。2020 年 6 月，度假区顺利通过文旅部基础评价。

2. 提升基础设施

甘州区投资1830.34万元提升芦水湾基础设施，规划建设度假区一级游客中心1处（甘州府城）、二级游客中心4处、三级游客咨询服务点16处；配套建设度假区公共停车场，新改建旅游厕所32座；建设度假区精神堡垒3个、景观墙3处；改造公交站点20处，安装交通标识牌40块，规范设置游览导览牌及部分公共信息图形符号指示牌330块和界桩520块，并增加电子讲解服务；统一制作、安装垃圾桶、休息座椅等街道家具440组，在度假区主要道路两侧全部悬挂了灯杆旗；开通度假区专属网站和微信公众平台及游客咨询热线；设立度假区警务室，全面落实安全防范体系；制作完成现有植物种类介绍牌，建立垃圾分类处理系统，完成度假区破损路面修补工程，度假区基础服务设施水平显著提高。

3. 提高交通水平

开通高铁站至度假区旅游专线公交，度假区绿道慢行系统不断完善，旅游观光车、休闲自行车等特色交通工具已购置完成并正常运营。同时，结合全区开展的游客导入、业态培育、秩序整顿、宣传推介、景区提档、线路通达六项行动，实施通景区公路及度假区内部道路沿线美化、绿化、洁化、亮化等工程，常态化开展景区环境整治、道路交通秩序整治，度假区通行效率和交通服务水平持续提升。

4. 扩大辐射带动作用

芦水湾度假小镇特色康养民宿和公航旅·张掖国际露营基地非标住宿持续升温，入住游客好评如潮。张掖丝绸之路文化艺术中心正式运营，九孔桥商业街入驻的老家大锅台、祁连羊肉馆、金月生态园、尚林博雅阁、蒙古族大营等餐饮品牌吸引着游客慕名而来；滨湖广场的居延茶社成为健身爱好者及游客小憩品茶的绝佳场所；甘州壹街、甘州府城内夜市和啤酒节及夜游购物人气火爆，来度假区植物园健身的游客络绎不绝，滨湖广场、湿地公园滑冰场滑冰车、雪地车等设施齐全，成为冬春季冰雪旅游度假的打卡地。在度假区成功举办黑河生态马拉松赛、“冰雪嘉年华”活动、“遇见七彩秋景·邂逅醉美甘州”摄影展、张掖汽车文化节、“5·19”中国旅游日系列活动、沙枣花节、广场舞大赛、庆祝建党101周年晚会、“万步有约”健走激励大赛等大型节会赛事，度假区的美誉度和知名度持续提升。

5. 打造亮丽风景线

置身于富含负氧离子的植物园，沉醉于花海丛林中，体验“人在画中游”的动人景色，40千米健身步道犹如丝绸之路穿梭于度假区中，妙趣横生。景区四季风光秀美，春天百花娇艳，夏天绿树成荫，秋天层林尽染，冬天琉璃一片。燕然、云中、居延三湖呈梯级分布，与城市、绿地构成半城湖水、湖光倒映、水天一色的特色生态景观。环湖彩色健身步道、自行车道穿梭在湖区丛林花海之中，宛如一条条彩带贯通整个景区。行走其间，时时有景，处处有景。为丰富景区植物资源，先后引进北美海棠、红叶碧桃、黄栌、金叶白蜡等23个品种，目前植物种类近200种，景区又被誉为张掖植物园。优美的水域风光和原生态的自然景观给广大游客和市民提供了一处休闲观光、健身运动的绝佳场所，也为甘州滨河新区的快速发展提供了良好的营商环境和居住条件，现已成为城市发展最亮丽的风景线。

### （三）发展亮点

度假区以湿地绿洲、丝路文化为主要资源，南扩生态文明体验区、丝路文化商业区、湿地公园科普区、康养休闲娱乐区四大功能区，已建成集观光、康养、休闲、娱乐、度假于一体的综合性旅游度假区。古韵新风交相辉映、文化意蕴多彩多姿、自然风光秀美质朴，是镶嵌在丝绸之路黄金带上的一颗璀璨明珠，是城市的“后花园”，也是城市的“加湿器”，一方养生福地、一处度假天堂。

### （四）可借鉴的经验

芦水湾度假区建设的最大亮点是综合规划、联动发展、全面升级。具体来说，整体打造升级度假村，提升基础设施、改善交通状况、打造风景线，辐射带动周边地区以及相关产业联动发展，打造出集观光、康养、休闲、娱乐、度假于一体的综合性旅游度假区，成为古韵新风交相辉映、文化意蕴多彩多姿、自然风光秀美质朴的度假胜地。

## 第四节　地质文化体验型

### 一、平山湖大峡谷景区

#### （一）区位概况

平山湖大峡谷景区东西长 40 千米、南北宽 26 千米，总面积 150 平方千米。整个景区由丹霞地貌群、东大山自然保护区、东山寺温泉、燃灯佛洞窟、北武当道观、国际赛车城、西部影视基地等自然景观和人文景观构成。

#### （二）具体做法与成效

平山湖喀尔喀小镇北起张平公路，南至平山湖大峡谷景区大门南侧，南北长约 710 米，东西长约 990 米，规划面积约 43.84 万平方米，分现状保留、综合服务、蒙古族风情和草原游乐四大功能区。项目计划总投资 1.93 亿元，主要建设 1 万平方米敖包广场 1 个，以敖包广场为依托，规划建设忽必烈大帐、蒙古族文化展示厅、蒙古族竞技体育场、蒙古族医学疗养馆、民俗生活体验馆、民族宾馆等功能区，配套修建截饮工程 1 处、1.5 万立方米塘坝 1 座、污水处理站 1 座。完成小镇休闲庭院一条街、水电路网工程、三角文化广场、民族团结进步示范街等附属项目 26 个，平山湖景区的服务功能得到了进一步提升，未来将继续加大招商运营，丰富旅游业态，进一步完善小镇接待服务功能。

随着西部游的迅速升温，平山湖大峡谷景区不断完善基础设施，加大对外宣传力度，提升服务能力和水平，完成自身的发展蜕变，逐步成长为张掖市旅游经济发展的重要推动力量。景区先后获得“中国最美峡谷奇观旅游胜地”“最受欢迎山水景区”“美国摄影家协会 AIPA 环球摄影（中国区）”等多项殊荣，成为中国电视艺术家协会、中国摄影家协会、中国电影家协会摄影拍摄创作基地以及展示张掖市城市形象和甘州区对外交流的重要窗口，2019 年成功入选全国 4A 级旅游景区 500 强。

### （三）发展亮点

平山湖大峡谷为距今 1.08 亿~2.4 亿年红色砂砾岩形成的红层地貌，大峡谷山石多为红色，从谷底到顶部分布着从寒武纪到新生代各个时期的岩层，层次清晰，色调各异，并且含有各个地质年代的代表性生物化石，又被称为“活的地质史教科书”，被《中国地理杂志》及中外知名地质专家和游客等誉为“比肩张家界”“媲美科罗拉多大峡谷”“丝绸之路新发现”、摄影家的新天地、酷车族的竞技场、影视人的好莱坞、旅游者的香巴拉等。甘州区深入挖掘地质旅游资源，丰富产品业态，提升服务质量，激发消费活力，多措并举，力争为游客提供更好的旅游体验。同时，加大文旅基础设施和公共服务设施建设投入力度，因地制宜地实施彩虹廊道、游客服务中心、地质博物馆、漭赉赛马场、研学旅游劳动教育实践基地等文旅项目，建成中国离城市最近的集自然奇观、峡谷探险、地质科考、民族风情、自驾越野等于一体的复合型旅游景区，是张掖地貌景观大观园中最美的景观之一。

### （四）可借鉴的经验

甘州区平山湖蒙古族乡占地面积 1040 平方千米，人口约 800 人，充分表现了西北地区地广人稀的特点。在平山湖境内杂居着蒙古族、汉族、土族、裕固族 4 个民族，形成了多民族、多元化的文化特点。平山湖景区是亿万年大自然的神奇造化之作，一条深不见底的巨谷彰显出无比的苍劲壮丽。

截至目前，景区开发投入形成固定资产共计 2.7 亿元，在市、区两级政府及主管部门领导下，整合自然资源与人文资源，立足地理优势，聚焦自然景观，围绕旅游产业全链条发展目标，挖掘民族文化，加快培育旅游业新的经济增长点，助力全域旅游、四季旅游目的地建设。同时，依托平山湖大峡谷景区，当地的喀尔喀风情小镇成为集住宿、餐饮、娱乐于一体的游客体验区。景区内已建成国内融观赏性、运动性、知识性、参与性、娱乐休闲为一体的中国立体式复合型的蒙古族主题文化户外营地，成为典型的地质文化体验型旅游景区。

## 二、沙漠公园

### （一）区位概况

张掖国家沙漠体育公园景区位于甘州区城南 13 千米，南北长约 11.4 千米，东西宽约 4.3 千米，总面积约 35 平方千米，是全国距离城市最近的沙漠体育公园，为国家 3A 级旅游景区。景区由张掖市西部风情文化旅游投资有限责任公司于 2012 年 4 月开始投资建设，已累计完成投资约 1.5 亿元。

### （二）具体做法与成效

张掖国家沙漠体育公园是紧紧围绕生态经济发展战略，根据连点成线、集线成片、组团整合的思路，立足核心景区发展，依托甘州区旅游大通道，围绕“一核一环六片区”规划而倾心打造的文化旅游项目。一核，即游客集散核心，主要包括入口广场、游客服务中心及停车场等配套设施；一环，即环沙运动赛道环，规划围绕环沙赛道打造运动环线，串联旅游区内各个功能组团，形成沙漠体育公园旅游大环线；六片区，即分布在环沙运动赛道环沿线的刺激户外运动片区、沙漠娱乐休闲片区、神沙窝露营片区、绿洲沙漠研学片区、洪福文化体验片区和沙地儿童嬉戏片区 6 个旅游项目专项片区。

目前，已建成沙漠体育体验中心、游客服务中心、露营基地、小木屋、游客观光栈道、国际赛车城、超级短道赛、环沙赛道等配套设施。景区基础设施日臻完善，先后引进了多家户外文化旅游企业，开展沙漠越野、沙漠冲浪、全地形摩托、滑沙、卡丁车、豪霆 F3 赛车、沙漠骆驼、自助烧烤等各类沙漠旅游娱乐项目。景区积极承办张掖·中国汽车拉力锦标赛、全国“万步有约”健走激励大赛等户外赛事，实现民族晚宴、电音节等夜游体验项目常态化开展，全力打造丝绸之路、河西走廊户外运动高端精品体育赛事新高地。

### （三）发展亮点

距离甘州城南 13 千米处的沙漠公园，是全国距离城市最近的沙漠体育公园，绿植夹道直达景区门口。公园包括综合服务、运动观光、沙漠探险、戈壁体验、生态科普 5 个功能区，除了传统的沙漠体育项目，还有沙漠滑翔、沙漠 CS 实战、沙漠拓训、沙漠定向越野及徒步探险等惊险刺激类活动。除了能与沙漠零距离接触，还有沙漠与沙漠运动的基础知识科普，实景还原模型与互动体验的体验中心。公园承办各种汽车拉力锦标赛，除体育项目外，还建设了生态科普区，包括沙漠植物园、丝路古驿、芦苇亭等景观景点。沙漠公园成为当地名副其实的“变废为宝、沙里淘金”的亮点旅游项目，最有希望成为甘州区下一个 5A 级景区。

### （四）可借鉴的经验

张掖国家沙漠体育公园的最大亮点是提高了资源的开发利用率，真正把资源转化为经济优势。甘州区沙漠公园是迄今为止中国离城市最近的集运动观光、沙漠探险、戈壁体验、生态科普于一体的复合型旅游景区，是张掖市和甘州区地貌景观大观园中最美的景观之一，充分利用自身优势，真正实现把资源优势转化为经济优势。此外，沙漠公园以文化为着力点，以体育为切入口，推动文化体育与旅游深度融合发展，将壮大文旅产业作为新载体，建设了一批具有拉动作用的重大文化产业项目，以体育旅游的协调发展带动和促进区域经济转型升级。

# 第五节　红色研学旅游型

## 一、大满镇

### （一）区位概况

大满镇地处甘州城南 16 千米，张大公路横穿境内，古称“小甘州”。全镇区域面积 84 平方千米，辖 21 个行政村、1 个农林场、214 个合作社，8100 户 30094 人。镇政府驻城西闸村，距市区 18 千米。张（掖）肃（南）、张（掖）民（乐）、张（掖）大（野口）公路过境。景点有园艺公园、马均滩汉墓群。

### （二）具体做法与成效

建立于 1937 年 1 月的甘州中心县委、山永县委、高抚县委以张掖县为中心，是红西路军甘州历史上建立最早的党组织，发展了甘州历史上最早的党员，谱写了甘州党的历史的开篇之作，是甘州党建工作的初心地。中共甘州中心县委旧址景区位于甘州区大满镇中心区域，包括中共甘州中心县委会议旧址、主题浮雕广场、红色基因传承工程展览、甘州党史陈列、甘州家风家训馆和红色研学中心，是全市党史教育基地和全区爱国主义教育、中共党史学习教育、社会主义核心价值观教育、革命传统教育、退役军人红色教育的重要基地。

大满镇坚持“把红色资源利用好、把红色传统发扬好、把红色基因传承好”的重要指示精神，将红色旅游纳入乡村整体规划布局，整合中国工农红军西路军中共甘州中心县委遗址、张掖市综合实践学校、张掖国家沙漠体育公园、拒敌堡战斗遗址等优势资源，通过实施和平片区改造提升项目、大满镇红色旅游融合发展示范项目等，强点连线、串联成片、多点包装，打造集红色研学、党建活动、干部教育培训、军事体验、国防教育、户外运动、生态休闲于一体的主题鲜明、特色突出、配套齐全的红色基因传承基地和爱国主义教育基地——中共甘州中心县委旧址3A级景区。自运营以来，累计接待党政机关、社会团体1200余批次，超过5万余人次。

### （三）发展亮点

“红色基因传承地，绿色发展新大满”，大满镇按照“红色旅游+生态观光+文化体验+户外拓展+研学实践”的思路，探索“基地式、体验式、融入式、熏陶式”红色旅游产业，打造红色引领型、景区依托型、田园观光型、休闲度假养生型、农耕民俗体验型等乡村旅游产品，形成特色鲜明、布局合理、类型多样、多点支撑的乡村红色文旅发展格局。

### （四）可借鉴的经验

突出强点连线、串联成片、多点包装，以打造融红色研学教育、爱国主义教育、公社文化体验、农学科普实践、沙漠风光旅游、休闲特色民宿为一体的红色研学旅游线路。带动280余户集镇商户及周边6个村1500余户沿线群众，通过发展三产服务、商贸物流、红色研学、乡村旅游等特色产业增收致富，实现乡村经济多元融合，着力推动乡村振兴战略全面实施，农业增效、农民增收、农村繁荣的“多赢”局面。

## 二、龙渠乡

### （一）区位概况

龙渠乡地处甘州区西南，南依祁连山，西靠黑河，北接小满镇，东临大满镇。龙渠乡是黑河流域山地景观与绿洲景观交错区，同时是黑河水滋润的张掖绿洲。龙渠乡境内水渠密布，是黑河上游东岸距离渠首最近的乡镇，依山靠水，山水环绕。龙渠乡位于张莺公路南端，距离城区约半小时车程，连接张大公路的小龙公路穿境而过。随着甘州至祁连县的快速干道的打通，龙渠乡成为未来青海祁连县通往甘州的第一门户区，也是继肃南、民乐后青海入张掖的第三个门户区，交通区位优势明显，发展潜力巨大。同时，龙渠乡的黑河东西岸已经初步形成交通环线，为门户区旅游奠定了交通基础。

### （二）具体做法与成效

龙渠乡是红西路军在甘州的主要活动区域，有许多的革命战斗遗迹、遗址，红色资源丰富。有西路军军政委员会召开过龙渠会议的遗址，有为纪念革命先烈而修建的龙渠烈士陵园，更有村民陈氏三代接力守护烈士墓的感人故事。龙渠和西洞堡是西路军“两战斗一会议”区域，也是甘州区红色旅游核心区，龙渠与西洞堡大捷遗址已经形成环线，且连通 213 省道，通往临泽、高台、肃南等。

2016 年，甘州区委、区政府以缅怀“革命先烈·传承红色基因·弘扬革命精神”为主题，重建复原的当年红西路军召开龙渠会议的张福寿屯庄。2019 年底，龙渠乡党委、政府对龙渠会议遗址进行提升改造，打造了中国工农红军西路军战史陈列室和红色基因传承陈列室，在充分展示红色历史文化的同时，将参加过抗日战争、抗美援朝的英雄人物和当地近年来涌现出的代龙、李学涛烈士等先进典型人物陈列其中，更加彰显了党史学习教育和革命传统教育的时代气息和现实意义。

龙渠乡近年来积极推动红色教育基地建设，2018 年，龙渠乡投资 540 余万元，对红色文化风情线沿途新胜村、龙首村共计 11.946 千米自然村组道路进行拓宽、硬化、亮化，打通乡村旅游“主动脉”。甘州区组织开展以“穿红军军装、走征战路、吃忆苦饭、承英烈志、塑信仰魂”为载体的“追忆初心铸党魂”党性实践活动，为各级党员干部提供党性实践教育平台。截至 2022 年，甘州全区共计接待红色旅游游客 80 多万人次，实现旅游综合收入 3200 多万元，形成了一定的市场影响力和知名度。

### （三）发展亮点

龙渠乡红色教育基地的最大亮点是用红色旅游体验打出知名度。以“全国红色旅游国际合作创建区”和“全国红色旅游基地”创建为契机，甘州区把发展红色旅游作为拓展旅游产业链条、带动旅游产业发展的重要途径，开辟了“西城驿烈士陵园—龙渠烈士陵园—龙渠会议遗址—西洞堡大捷—中共甘州中心县委（灰条沟煤矿遗址）”红色旅游线路，实现了红色旅游从“孤景”到“群景”的转变。打造“西路军魂传承地”红色旅游品牌，开发了集政治性、教育性、参与性于一体的红色旅游体验项目，在建党、建军、国庆和红军长征胜利纪念日等重大节日，甘州区组织市、区机关党员干部和社会各界群众参与“吃红军饭、穿红军衣、唱红军歌、走红军路、扫红军墓”“寻访红军战斗遗址”“重走红军西征路”，“换上红军服，挎上红军包，戴上红军帽，重走红军路”红色旅游体验已初见雏形。

### （四）可借鉴的经验

龙渠乡以习近平总书记“把红色资源利用好、把红色传统发扬好、把红色基因传承好”的重要指示精神为导向，紧扣“红色引领，绿色发展”理念，以红西路军征战和发生在甘州的革命事迹与精神为内涵，深度融合红色文化、党性教育、产业发展、乡村旅游，以“农业+”“旅游+”为核心，实施“红色地标、绿色引擎、村庄洁美”工程，用“红色文化风情线”激活乡村振兴一盘棋，推动龙渠乡“产业振兴、人才振兴、文化振兴、生态振兴、组织振兴”，实现“产业兴旺、生态宜居、乡风文明、治理有效、生活富裕”。

以线串点形成辐射和带动效应，将龙渠红色文化风情线打造成红色文化旅游的一面旗帜，是基层党建创新的一个载体、产业融合发展的一条纽带、乡村振兴战略的一个支点。

# 第六节　生态价值实现型

## 一、靖安乡

### （一）区位概况

靖安乡地处甘州区城北 20 千米，东靠张掖工业园区循环经济示范区，南、西依黑河，北接合黎山。黑河自东南沿西北折向西流，黑河湿地环贯南北，形成了独特的区位优势，是通临泽、连高台、进合黎、入居延的要道。全乡辖 4 个行政村 39 个合作社，共有 1826 户 7354 人。

### （二）具体做法与成效

靖安堡文旅水镇位于张掖市甘州区合黎山下、弱水之畔，新沟村六社、七社原居民点所在地，距张掖市区约 29 千米。项目总规划面积 225 亩，总建筑面积 1.93 万平方米，总投资约 1.5 亿元。靖安堡文旅水镇立足生态、水乡、田园、湿地、屯堡等核心旅游要素，依托黑河流域治理、弱水湾休闲度假区建设、靖安乡乡村振兴战略推进等建设背景，坚持资源整合、区域一体，生态优先、文化引领，城景共生、水绿交融，特色鲜明、突出卖点的设计原则，打造集文化体验、弱水游乐、度假旅居、田园耕读、乡村旅游等多功能于一体的文旅度假小镇。

弱水湾上游从山丹河入黑河口 90 度拐弯开始，下游到乌江镇路家老湾为止，全长约 20 千米。其中核心段（精华段）上游从河中心一座小沙岛开始，下游到临泽县修建的吊桥为止，全长约 4.6 千米。全段共划分为上游段、中游段和下游段，同步打造长河一湾、浪漫花海、一叶方洲、弱水三千、丝路锦带、苇海翻浪、水天相映七个核心景观。

一方面，夯实基础发展乡村旅游，注入乡村振兴“新动力”。坚持把发展乡村旅游融入乡村振兴战略和美丽乡村建设中，深入推进整乡硬化、绿化、美化、亮化工程建设，沿线打造家的温暖、传统农耕、主题街区、森林山丘等八大景观，着力提升乡村旅游品质。同时，依托重点文旅项目建设夯实乡村旅游基础，加快推进靖安堡文旅水镇项目建设进度，通过以水串景，以屯堡文化历史为文化底蕴，以宾礼广场入口形象区、邻里水巷特色文化主题街区、风华苇岸乡野宿集、耕读传家研学体验营地、花样民游娱乐体验区、峥嵘年华主题拓展训练基地、壹品泉香温泉度假山庄为主题景观，构建“玉带环绕，七星布局”的空间结构，进一步做足、做活“水”文章，建成集休闲度假、旅游娱乐、商业服务于一体的综合文旅休闲区，拉长乡村旅游，满足游客多元化、多样化的休闲消费需求，让游客来得了、玩得好。积极推进弱水湾国家3A级旅游景区创建，在弱水湾主干道路两侧栽植沙枣树1200棵，全力推进弱水湾人行桥建设项目，打通靖安、乌江连接通道，与乌江“荷月鱼塘”形成连片发展的乡村旅游格局，进一步增加靖安乡村旅游发展的人气和活力，改善乡村旅游产业发展环境。

另一方面，企业助力壮大集体经济，提供乡村振兴新引擎。要改变落后的村容村貌，让全体村民过上美好幸福的生活，必须靠发展集体经济实现共同富裕。靖安乡党委通过召开党员大会、村民代表大会反复征求群众意见，最终决定走村集体经济公司化发展道路，推动村级集体经济向多渠道、多类型、多元化发展，不断提高村级集体经济收入水平。2021年12月，由靖安乡政府发起，打包整合新沟村六社、七社两个村发展壮大集体经济项目资金，成立了靖安乡第一个乡属集体所有控股企业——张掖市弱水琉珠靖阳堡旅游开发有限公司，为村集体经济发展按下了“快进键”。靖安乡充分利用靖平村紧邻弱水湾旅游度假区和现代农业产业示范园的优势，把乡村旅游作为乡村建设和倍增集体经济的重要方式，将现代农业与乡村旅游、休憩康养有机融合，争取投资800万元，由旅游公司负责新建占地面积110亩的乡村休闲旅游项目，建成荷花池、假山、摇摆喷泉和蘑菇亭等微景观，配套建设合黎山下大锅台、小风车烧烤营地、特色民宿体验区和彩色稻田景观，补齐了乡村旅游的短板，有效带动周边群众增收，让城市居民能够赏自然风光、品特色美食、游美丽乡村。为了挖掘夜经济潜能，精心设计夜间亮化灯光秀，围绕“夜游、夜娱、夜健”等主题，打造了亮丽美观的夜游区，延长了乡村旅游链条。

### （三）发展亮点

靖安乡因地制宜地结合黑河沿岸、历史遗迹、生态景观、村庄布局等现状，将生态与建筑、艺术与人群、创新与怀旧相融合，打造共生景观，形成各具特色、主题鲜明的生态景观节点。还原古风古韵，追溯历史文化，以保护历史遗迹为出发点，将靖安堡遗址和湿地生态景观相结合，建设以靖安地域性原乡生活为主题的靖安堡生态观光节点，打造弱水古风余韵景观；借水创景，将景观营造与湿地植被修复相结合，在湿地内种植千屈菜，建设花海生态湿地休闲节点，打造弱水花影缤纷景观，以湿地原生态景观为背景，加强湿地生物保护，营造候鸟栖息生存环境，打造弱水栖息烟霞景观；配套滨河路和生态漫道交通设施，实现进出可达性和快进漫游的目的，成为乡村生态旅游的典范。

### （四）可借鉴的经验

靖安乡贯彻落实“山水林田湖草”是一个生命共同体的理念，践行“绿水青山就是金山银山”的指导思想，以黑河流域生态保护和高质量发展为引领，按照“原生态、低成本、重创意、强保护、少干预、亲自然”的原则，将生态资源转化为“生态资本”，打造甘州乡村旅游新名片，助力乡村振兴发展，打造形态美、生产美、生活美、人文美“四美”融合的美丽田园乡村，是甘肃省乡村旅游生态治理、生态产品价值实现机制以及生态产业化经营的示范。

产业反哺促进共同富裕，打造乡村振兴“新高地”。靖安乡把推进村集体经济公司化改革作为推动产业振兴、实现共同富裕的重要抓手和强力引擎。在发展壮大乡村旅游产业的进程中，不断优化产业结构，大力推行联合开发模式，支持党员致富带头人对荒滩地的开发利用，发展特色林果产业，建成特色林果基地3000亩，为群众提供务工岗位。充分利用联营砖厂原有旧址毗邻张掖火电厂的优势，有效利用火电厂余热，大力推进靖安现代高效农业产业示范园项目建设，按照一二三产业融合发展的思路，将现代农业与乡村旅游深度融合，积极推进靖安现代高效农业产业示范园三期项目建设，通过三期项目建设将丰富采摘项目，提升休闲农趣，使乡村“采摘游”成为拉动经济增长和带动村民增收的重要方式，奠定群众共同富裕的坚实基础。

## 二、三闸镇

### （一）区位概况

三闸镇地处甘州区北郊，东与张掖农场接壤，南与国家级张掖经济技术开发区、上秦镇、新墩镇接壤，西与乌江镇接壤，北与平山湖蒙古族乡、靖安乡接壤，黑河、山丹河在境内汇流。下辖12个行政村，占地105.4平方千米。三闸村以发展乡村旅游为主导产业，依托北郊湿地修复治理和两个大湿地建设项目机遇，利用自然禀赋、历史、人文等因素，流转土地800余亩，引进甘肃彩田乡村文化旅游有限公司等三家企业，投入资金6000多万元，建成了甘州水驿乡旅生活休闲项目、西部七彩现代绿色旅游休闲农业生态园项目，取得了显著的经济效益与社会效益。

### （二）具体做法与成效

1. 加快美丽城镇建设

为了繁荣地方经济和方便游客，三闸镇对镇一号路进行升级改造，在人行道以外建设2米宽的绿化带，并埋填40厘米的污水管道。每隔100米修建一个观察井（共84个观察井）。在绿化带外缘修建挡土墙，挡土墙的基础深60厘米、宽30厘米，用水泥浇筑或砖头、大石头衬砌。每隔100米修建一个休息亭，设置休闲椅（共84个），以便行人或游人休息；每隔50米架设一组太阳能路灯。集镇内所有商业网点进行统一的粉刷、门前牌匾统一定制，在东西两侧适当的位置建了两个旅游公厕。广场建设规划则结合集镇住宅小区建设完成8个村的文化广场建设，包括舞台、文化长廊、六角亭、篮球场、羽毛球场等。

2. 大力提升生态绿化、美化水平

全面贯彻落实习近平总书记“天蓝、地绿、水美”指示精神，把“绿水青山就是金山银山”化为三闸镇城镇建设的生动实践，坚持走可持续发展、生活富裕、生态良好的文明发展道路，努力使三闸镇的水更清、天更蓝、地更绿，让移民群众的生活过得更舒适、更红火。三闸镇甘州水驿位于甘州区北郊张靖公路三闸镇三闸村七社，距市区6千米，紧邻张掖国家湿地公园和北郊湿地，南接西部七彩湿地休闲园，东临兰新线，西以张靖公路为界，磨河、碱河、大路河环绕而过，场地呈三角地带。在充分考虑当地自然禀赋、发展水平、产业特点、历史风貌等因素的基础上，挖掘车马驿站和童家当铺在历史发展长河中深厚的文化底蕴，凸显水系为脉的生态元素，保留风味美食、生态农业、农事传统、民间风俗的乡村记忆，建成童家当铺、合院农家乐、茶舍酒肆，打造甘蒙古道、丝路驼影等文化景观，设置以“自然教育、休闲度假”为主题的亲子游乐项目，打造集“民俗文化+特色美食+亲子教育+田园休闲+乡村民宿”于一体的乡旅生活休闲建设项目。

三闸镇西部七彩休闲园位于张靖公路三闸镇三闸村，距市区4.5千米，紧邻张掖国家湿地公园和北郊湿地，北侧与甘州水驿相接，南侧与双河湾稀特果蔬园隔路相望。按照“一心两带四区”功能分区布局，形成集田园休闲游乐、农耕文化体验和康体养生度假等功能于一体的乡村新田园生态产业示范园区和城市近郊康养休闲基地，打造成集种植、养殖、度假、旅游、休闲娱乐、康养于一体的现代绿色旅游休闲农业生态园。

北部湾生态谷位于甘州区北部三闸镇庚名村，南至山丹河湿地，北接张掖经济技术开发区循环经济示范园，东抵张靖公路，西含张平公路以西部分区域，总规划面积约2667亩，其中生态湿地面积约1337亩。坚持开发利用资源与保护生态环境相统一，充分依托张掖·甘州北部湾生态谷项目资源和乡土文化浓郁的优势，创办集体经济实体，发展萌宠动物园、儿童乐园、休闲水上乐园等集体经济项目。

## （三）发展亮点

三闸镇不断完善和提升基础设施功能，筑牢“产业兴旺”基础；持续推进和巩固美丽乡村建设，打造“生态宜居”环境；弘扬传统文化和倡树文明新风，构建“乡风文明”体系；坚持以人民为中心、以自治为基础，健全“治理有效”机制；始终把脱贫攻坚作为政治任务，实现“生活富裕”目标。充分发挥各方力量，挖掘乡土文化，在积极保护的基础上充分利用遗留闲置的生产、生活资料、旧屋舍等资源，创新经营模式，带动当地村民共同参与开发建设民俗文化产业。景区收益通过民俗文化产业拉动，把观光、休闲度假、体验、特色餐饮、传统民俗表演、农副产品销售等项目建成不依靠门票收益获利的文化旅游项目，形成极富吸引力和影响力的民俗文化旅游目的地，全力打造文化生态旅游度假区。

## （四）可借鉴的经验

甘州区三闸镇牢固树立创新、协调、绿色、开放、共享的新发展理念，充分认识保护林地、林木及生态资源在推进生态文明建设中的重要意义。在认真践行“生态优先、保护第一”的发展理念、大力提升生态绿化的基础上，推动乡村产业发展作为富民强镇的第一要务，探索形成“以乡村旅游为先导、特色种养为主体、劳务经济为补充、农村一二三产深度融合”的产业发展路径，不断为乡村振兴增添新动能。

“在保护中开发、在开发中保护”，把优质生态产品的综合效益转化为高质量发展的持续动力，走出一条生态保护、经济发展、村民受益的人与自然和谐共生之路。

# 第七节　文化传承创新型

## 一、碱滩镇

### （一）区位概况

碱滩镇地处甘州城区以东，东与山丹县接壤，南连上秦镇，西邻三闸镇，北靠东大山，辖区面积156.06平方千米。甘州区碱滩镇文化资源丰富，古城村历史渊源深厚，文化底蕴丰富，南望祁连山，北依合黎山，素有甘州“东大门”之称。古城村以古城楼为代表的古建筑文化在国内罕见，是东汉河西张掖郡所辖10个古县城之一，辖区内有国家级文物保护单位甲子墩汉墓群、省级文物保护单位东古城。

### （二）具体做法与成效

秺侯乃西汉传奇大臣金日磾的封号，金日磾本为匈奴休屠王太子，后兵败被霍去病俘获，是西汉时期匈奴族政治家，汉武帝因获休屠王祭天金人而赐其姓为金。秺侯堡位于普家庄村新沟组，建于汉代，相传匈奴铸金人祭天于此，现为市级文物保护单位。

甘州区以遗址保护性开发为契机，塑造文化主题型田园综合体，包括文化形象展示区，深入挖掘秺侯堡相关文化内涵，将“敬、忠、诚、孝”等中国传统文化精髓与乡村建设、乡风传承相结合，将文化内涵融入旅游体验及乡村生活方式之中——让乡村留住文化之根。乡村旅游休闲区依托南侧国道与村庄围合区域地块，结合村庄后院整体改造提升，将后院地块以自有资产的形式，委托合作社管理经营或按规定标准自主经营。

屋兰古镇景区位于张掖市甘州区碱滩镇古城村，南望祁连山，北依合黎山，国道312线、省道227线、连霍高速、兰新铁路复线穿境而过。九曲黄河灯阵是甘肃省级非物质文化遗产，目前正在申请第五批国家级非物质文化遗产。2019年被上海大世界吉尼斯纪录认定为“中国规模最大的灯阵”，2019年春节承办央视春晚倒计时西北分会场系列活动，连年被中央电视台、新华社、《人民日报》以及海外媒体专题报道，社会影响力和美誉度不断提高。2020年，景区打造的全国首部以汉代军阵为主题的大型室外实景剧《张国臂掖》成功公演，当年成功创建为国家4A级旅游景区。

### （三）发展亮点

碱滩镇融合文化体验、乡村休闲、乡野娱乐三大功能，利用丝路古道、最美自驾线上的区位优势，深入挖掘历史文化元素，塑造文化IP，打造文化景区，推动产业转型；为遗址保护性利用提供新的模式，发挥甘州悠久历史文化保护，独特地域文化传承与增强文化自信心的功能；以乡村振兴为宗旨，将旅游开发、文化保护与经济发展相结合，在优化提升传统农业产业的基础上，发展乡村旅游业、文化产业、现代服务业，推动农村产业调整、供给侧结构性改革，促进农村经济发展，提升乡村生活水平。

### （四）可借鉴的经验

采用大遗址保护的理念，深入挖掘秺侯堡相关文化元素，塑造文化IP，打造文化景区。依托丝路古道和最美国道的区位优势，以普家庄乡村振兴为核心，将“敬、忠、诚、孝”等秺侯堡相关文化内涵、中国传统文化精髓与乡村文明建设、旅游服务宗旨相结合，以乡村休闲、文化体验、乡野娱乐等为主要功能，近期打造丝路自驾风景线上秺侯文化乡村驿站——秺侯驿，远期与遗址保护性开发相结合，塑造文化主题型田园综合体与综合服务配套区。

## 二、明永镇

### （一）区位概况

甘州区明永镇位于张掖市西南 20 千米，东以黑河为界，西邻沙井镇，南连甘浚镇，北与国营西城驿林场、乌江镇接壤，呈凸形地带。南与省道 213 线相通，北与国道 312 线相连，山临高速公路从明永境内横穿而过。

### （二）具体做法与成效

明永镇黑水国遗址位于甘州区城西 14 千米的西城驿林场，紧邻黑河岸边。该遗址以两座古城和众多汉晋古墓著称于世，保存了两千年来人类社会在这里从事政治、军事、经济、文化生活的丰富实物，包括汉唐古城、大型建筑遗址、古代寺院遗址、唐明时期完整的驿站建筑布局、明代壁画、明代耕地等，被文物界专家誉为“河西文物地”。考古调查结果表明，张掖西城驿遗址是一处史前聚落址，属新石器晚期至青铜时代，距今 3500～4100 年，当时该聚落址生活着两支人群，即马厂—西城驿—四坝人群和齐家人群，黑水国遗址具有重要的历史文化和考古价值。

西城驿烈士陵园位于张掖市甘州区 312 国道西城驿林场向南 300 米，2013 年 5 月，将位于 312 国道西城驿处的中国人民解放军第一野战军第二兵团第三军烈士墓（89 位烈士）、西藏阿里分区等地归葬张掖原籍或在张掖牺牲的革命烈士墓（37 位烈士）和安葬于新墩镇花儿村的十七革命志士墓（17 位志士）进行迁葬、整合，并规划建设成西城驿烈士陵园。陵园现占地 6 亩，包括 143 座单体烈士墓、纪念碑、浮雕墙、汉白玉防护围墙、大门和钢筋混凝土浇筑地基。西城驿烈士陵园为甘州区深入开展爱国主义教育活动提供了一个生动的教材，对于缅怀先烈、继承遗志、弘扬革命英雄主义精神具有重要的意义。

西大湖湿地旅游景区利用西大湖生态资源，通过生态保护、景观营造、无痕设计，实现野地变景地，景地变生态休闲胜地，营造一处集湿地观光、乡村度假、户外休闲、遗址探秘、文化寻踪、浪漫体验、产业发展等功能于一体的生态休闲区、文化引领生态驱动型乡村振兴示范区。

西大湖水上渔村位于明永镇下崖村，东临夹河村，南靠312国道，西至全国重点文物保护单位黑水国北城遗址，北与西大湖湿地相连。区域内湿地泉眼、黑水国汉墓群文保遗址、村庄院落交相辉映，一二三产融为一体，新老国道312线交会于此，是展示魅力甘州的重要窗口。紧紧依托新老国道312线交会的交通区位优势和西大湖湿地自然资源优势，以“村在水中、水在村中、人在景中”的生态水乡为设计理念，充分挖掘下崖村泉眼、河流、湿地等丰富的生态资源，建设占地72亩的明永镇西大湖水乡渔村。充分挖掘甘州特色民居风貌，形成水乡渔村民居建筑风格。以村落民宅为形，推进乡村旅游品质提升，在院落设计方面因地制宜，在确保每户336平方米宅基地的基础上，形成宽窄不同的院落格局，为以后布局特色餐饮、民俗客栈、亲子乐园等业态提供发展空间。着力将水乡渔村打造成既助力产业转型又改善环境造福民生，既着眼现实需求又展现长远发展的乡村旅游示范点。

明永镇打造下速公路（甘州区下崖村—速展村）城乡融合发展示范线。沿下速公路，开展集镇及明永村风貌改造，全面完成甘州区第二社会福利服务中心老年养护楼项目建设并投入运行，着力打造民俗文化、社会保障、康体养生等业态融合发展的下速公路城乡融合发展示范线。打造国道312线历史遗址观光休闲体验线，以国道312线沿线燎烟村、下崖村、夹河村为重点，以西大湖景区、黑水国遗址、荒漠科学馆、华晨山庄、燎烟村烽火文化等自然人文景观为依托，梯次建设乡村休闲旅游点，连点成线，推动形成内涵丰富、寓教于游、可看可体验的历史遗址观光休闲体验线。

### （三）发展亮点

“红色主题教育+设施农业体验+田园风景观光”三位一体的主题旅游基地：明永镇全镇以“住农家客寨、赏田园风光、读民俗文化、寻红色记忆、品特色美食”为主题，立足镇域资源禀赋、区位优势、产业布局和交通区位，确定“打造精品、以品增质、全面推进”的工作思路，打造明永滩万亩戈壁设施农业示范园、明永镇三产融合发展示范园、高铁高速沿线人居环境美化示范线、213 线红色旅游融合发展示范线、312 线历史遗址观光休闲体验线、下速公路文化社会服务示范线“两园四线”，启动发展集文旅、餐饮、住宿、研学于一体的乡村旅游新业态，全力推动乡村振兴示范乡镇建设。

#### （四）可借鉴的经验

充分挖掘甘州特色民居风貌，形成水乡渔村民居建筑风格。在院落设计方面因地制宜，在确保每户 336 平方米宅基地的基础上，形成宽窄不同的院落格局。在水乡渔村的整体景观打造上，将老旧房屋拆除同庭院美化相结合，将清洁村庄创建同生态宜居和谐镇创建相结合，将渔产业培育同乡村旅游相结合，建设廊桥、湖心亭、景观鱼池，梳理水系，形成整体结构严整、局部风格各异、桥街相连、依河筑屋、绿影婆娑的水乡渔村景色，将水乡渔村打造成集渔业养殖、休闲娱乐、旅游度假、民俗客栈于一体的休闲旅游村落。

## 第八节　山村避暑休闲型

### 一、花寨乡

#### （一）区位概况

花寨乡滚家庄村位于祁连山浅山区，地势西南高东北低，气候冷凉湿润，昼夜温差较大，水源纯净，生态环境绝佳。村庄可耕地面积少、产业形式单一、发展较为缓慢，是甘州区典型的传统农业型村庄，主要经济来源为种植、养殖和外出务工，收入有限。村庄隐于谷口，藏于半山，山水环绕，隐而又达，五山一水三分田，半分道路和村落。滚家庄位于祁连山国家公园的大野口水利风景区，祁连山国家公园中段北麓生态门户区与21个大型入口社区之一。村庄紧邻张大公路，距花寨乡政府6千米，沿张大公路直达祁连山国家公园的同时，连接村庄道路形成“花寨乡—祁连山国家公园—滚家庄村”环线，距甘州城区高铁站、张掖火车站约40千米；距甘州机场约35千米；距离旅游大通道（待建）约10千米；在建的张扁高速在普家庄设置出入口与旅游大通道无缝衔接，借助马蹄寺景区知名度带动客流，享张掖主城区1小时度假圈红利，可充分发挥交通区位优势，引流和截留景区客流。

### （二）具体做法与成效

滚家庄坚持以恢复大野口河自然水生态系统环境为主，加强村庄人居环境打造，在水土流失严重地段设置护坡、栽种绿植等人工修复为辅，禁止在河道乱采乱挖和向河道排污、倾倒垃圾。梳理大野口河西干渠两侧植物，补栽格桑花、杏树、梨树等乡土花草树种形成绿化带，加装安全护栏，将水渠护坡生态化处理，打造村庄水生态景观带。

遵循集约节约土地利用原则，按照乡村振兴下的现代化美丽乡村建设标准，以满足原住居民生产生活为基础，全面借助“山水林田塘草”，气净、水净、土净的生态胜境，打造融观赏祁连风光、感受自然野趣、体验乡村原味、享受生态休闲、感悟身心合一，清、净、静的生态休闲避暑度假基地，建设“山地园林式”田园社区，打造祁连山下最美村庄。

加强对未成林地、疏林地补植补造，加快植被恢复，因地制宜，宜林则林、宜果则果、宜苗则苗，大力推行林果、林药、林苗等立体种植模式，提高综合效益，带动农民就业增收。

### （三）发展亮点

严守祁连山国家公园保护红线，发挥村庄地处祁连山脚下，隐于谷口，藏于半山，山水环绕，隐而又达的综合优势，借助水净、气净、土净等生态胜境，构建沿山冷凉灌区“一山、一草、一水、一村、一田”的人地和谐、三生共融的山、水、林、田、塘、草生命共同体发展格局。一山，即祁连山生态保护带，一草，即浅山坡草地，一水，即大野口河生态景观带，一村，即生态文化村，一田，即特色种植，成功打造甘州区山村休闲避暑型乡村旅游典型代表。

### （四）可借鉴的经验

以生态振兴为引领，走生态旅游体验为特色的产业发展之路，实现“绿水青山”与“金山银山”双丰收。滚家庄充分发挥村庄土净、水净和高海拔冷凉灌区气候特点，利用与平原地区温差，突出“陆、空”优势发展油菜花、大麦等小杂粮标准化种植模式，打造“雪山下的花海”特色休闲农业，形成大地景观。同时，根据村庄远期发展生态旅游的需要，村庄入口处荒坡地设置热气球起降区，观祁连积雪和雪山下的花海，实现由传统农业向休闲农业转型。以“互联网+农业”为驱动，发展休闲农业，打造“祁连山脚下的避暑胜地”，真实实现让农村转变为景区，让农业转变为商业，最终将滚家庄村打造为甘州区“山村避暑休闲型”偏远乡镇乡村振兴样板。

## 二、安阳乡

### （一）区位概况

安阳乡地处祁连山北麓浅山，甘州区最南端，境内大部为山前平原，平均海拔 1950 米，南与肃南县为邻，以酥油口河为界，东与民乐县相接，北面为安阳滩，西与花寨乡接壤。气候冷凉，全年平均气温 10. 2 摄氏度，最高气温 7 月平均气温 22 摄氏度，最低气温 1 月平均气温零下 3. 4 摄氏度。安阳乡紧邻马蹄寺 4A 级旅游风景区，随着“平马旅游大通道”的建设，成为自然景区、历史文化景区、乡村旅游示范点串联景区、农区、镇区的专用旅游通道。同时，安阳乡是甘州八大出城线张民公路和丝路环线自驾游的必经之地。安阳乡整体地势南高北低，呈梯田状，自东向西倾斜，坡度较缓，土层较深，土壤肥力较高，自古以来就是重要的农牧区，更是枸杞等优质农产品的绝佳生产地。

### （二）具体做法与成效

安阳乡依托祁连山得天独厚的自然资源，围绕村庄内外见缝插绿，以打造生态宜居、绿色秀美的“园林式”村庄为目标，进一步完善公共基础设施，提升村容村貌，培育特色新业态。一是通过招商引资发展高原瓜菜产业，落实西甜瓜基地1200亩、西蓝花基地1000亩，拓宽就业渠道，实现土地收益和劳务收入“双提升”。二是开发利用村委会南侧两座废弃涝池，新建夏秋露天垂钓园、冬春室内垂钓园各1座，6000平方米采摘园1处；利用原村幼儿园改造新建集研学写生、农事体验、花卉观赏于一体的休闲娱乐园，带动周边26户居民发展民宿、农家乐。三是持续开展人居环境大改善，注重绿化、美化，保护古民居、古树木，打造微景观，增添文化元素，建设生态美丽村庄。四是探索推行村企合作，村股份经济合作组织公司化运营，通过举办垂钓赛事、冰雪运动等乡村旅游活动，建成集研学写生、农事体验、花卉观赏、休闲娱乐、乡村住宿等于一体的乡村旅游示范村，村集体经济不断发展壮大。

### （三）发展亮点

依托安阳集镇交通区位优势，完善集镇基础设施和旅游服务配套（自驾游），发挥旅游集散地作用，依托全乡文物遗迹、古宅古树、戈壁风光等特色资源，发展农耕文化、民俗风情体验游。通过生态振兴、文化振兴、产业振兴、人才振兴、组织振兴五大路径，尽显安阳乡村生态之美、生产之美、生活之美、文明之美，助力实现生态宜居、产业兴旺、乡风文明、治理有效、生活富裕的乡村振兴总目标。

### （四）可借鉴的经验

祁连山下、酥油口河畔的毓秀安阳，天然富硒，“山水林田塘草”生态资源汇集，气净、水净、土净。依靠特色种养基础，中药材产业发展紧邻“西部药都”的优势，实现养殖规模化，小杂粮形成品牌。形成祁连山和酥油口河生态保护，遵循人地和谐的生态理念，倡导“生态产业化、产业生态化及保护生态就是发展生产力”的发展思路，以生态文明和产业发展统领乡村振兴为导向，实现生态经济发展、人居环境改善的新局面。

## 第九节　城郊休闲服务型

### 一、新敦镇

#### （一）区位概况

甘州区新墩镇双塔村位于张掖市西侧 S18 线 4 千米处，距城区西三环 500 米，交通条件优越，地理位置优越。现有农民专业合作社 15 家、家庭农场 2 家，带动全村经济收入。村内商铺主要集中在双塔嘉苑小区附近，村民健身广场 1 个。产业发展以设施蔬菜、高原夏菜种植为主导产业，2018 年，按照区委打造乡村振兴“一圈七带”示范工程总体规划，结合张肃公路出城口改造，启动了双塔村美丽乡村示范点建设项目。

#### （二）具体做法与成效

1. 打造新墩镇双塔村省级乡村旅游示范村

新墩镇双塔村是重点打造的省级乡村旅游示范村，是甘州区立足打造张肃公路乡村振兴示范带的重要节点，高标准、高起点、高质量规划建设的乡村振兴示范项目，居中四向，是至甘肃张掖旅游的绝佳游客集散中心。新墩镇双塔民俗村以现代农业、乡村旅游为发展重点，不断挖掘和传承当地悠久历史文化资源，大力推进产业结构调整，全面打造乡村振兴战略示范工程。

以“一心三轴多片区”作为设计布局结构，全方位规划发展旅游、文化、住宿、餐饮等多种业态，打造集旅游接待、农商融合、休闲体验、现代农业等功能于一体的宜居宜游宜业美丽乡村示范点。

2. 打造新墩镇双塔丝绸之路文化村

项目概算总投资 2.73 万元，占地面积约 210.3 亩，总建筑面积约 5 万平方米，规划建设新中式单体建筑 80 栋，配套完善景观绿化、道路附属设施等。以艺术家及收藏家的栖息地为设计理念，以艺术创作、藏品展示、文化交流为依托，结合地处丹霞必经之路的特点，在院落设计中兼并融合了居住、创作、展销等功能，并根据每个业主的不同需求，采取个性化方案进行设计，真正达到了私人定制的效果。坚持按照市场化运作方式，进一步加大线上线下宣传营销力度，加大招商引资，多渠道吸纳社会资本，吸引书画名人、古玩客商、餐饮企业入驻，形成文化旅游特色消费聚集区。

### （三）发展亮点

品农家美食，住特色民宿，享受乡村慢生活，以现代农业、乡村旅游为发展重点，抢抓市、区乡村振兴示范带建设机遇，拆旧建新治顽疾，腾笼换鸟拓空间，筑巢引凤促发展，有力地破解了农村面貌改善和经济发展难题，走出了一条城乡资源共享、特色鲜明的文旅带动乡村振兴发展之路。

### （四）可借鉴的经验

依托双塔村现有的大棚果蔬种植和城市采摘休闲的市场优势，在果蔬种植基础上发展城市近郊的乡村休闲产业，促进当地的产业转型升级；结合出城口改造、农村环境整治和公共服务配套措施建设，培育新的乡村业态，带动农村发展；以吸引资金、技术和人才下沉到乡村为抓手，继续挖掘乡村底蕴内涵，盘活乡村资源，促进农村发展，提高服务层次，吸引外来游客；将“共享”的理念融入乡村休闲业的发展中，为城市人的近郊生活体验打造一处自由自在的释放之地，打造城市近郊休闲综合体样板，实现资源共享目标。

## 二、上秦镇

### （一）区位概况

上秦镇地处甘州区城区东郊，东接碱滩镇，西靠张掖城区，南与梁家墩镇、党寨镇接壤，北靠张掖火车站并连三闸镇，距张掖市直线距离 6 千米，驾车 20 分钟。镇政府距甘州区城区 4 千米，是甘州区城区的东大门，张掖近郊“后花园”。镇域总面积 59.3 平方千米，兰新铁路、312 国道横穿全境，地理位置优越，区位优势明显。

### （二）具体做法与成效

上秦镇徐赵寨村毗邻国道 312 线，位于甘州城东郊 6 千米处，东邻九龙江林场，西邻下秦村，西南邻高升庵村，北邻哈寨子村，交通四通八达，地理位置优越。徐赵寨村紧紧抓住省、自治区、直辖市支持共享农庄发展的政策机遇，充分挖掘和发挥地处城郊区位优势，坚持以“农旅结合”为核心，采取市场化运营方式，打造集文化创意、生态旅游、康养休闲、乡村美食于一体的特色街区。

### （三）发展亮点

徐赵寨村充分利用地理位置、交通条件和旅游文化等天然优势，以乡村振兴为契机，结合特色种植、养殖业、文化旅游业和农产品加工业，积极拓展周边市场，实现农业生产生活与旅游服务一体化发展。遵循地有气脉、水有源头、路有出入、景有虚实的自然规律和环境艺术规律，力求旅游项目同自然环境中的山、水、林、田、湖、草融为一体，是一个生态气息浓、文化内涵好，充满生机、充满情趣，与众不同、有鲜明特色的近郊旅游特色村。

### （四）可借鉴的经验

周边项目的先行启动为上秦镇凝聚了人气，使项目地能够快速地由“生地”变为“熟地”，再成为“旺地”，与周边景区竞合发展、错位竞争、合作共赢，项目地以“科普教育+度假休闲+农业观光+商贸交易”等多元、复合的功能满足本地、外地市场。

上秦镇8个村子多农田，利用现有的场地优势，进行以农田为载体的自然景观设计。结合上秦镇的发展定位及农业优势，设计包括农业科普、农田采摘、自行车绿道花海乐园、定制农田、农夫集市、家庭农场等一系列具有特色的生态农业景观。

将上秦镇中华优秀传统文化融入乡村产业项目之中，如极具地方特色的甘州小调、甘州社火、甘州彩塑等民族艺术。确保结合传统村落、人居环境、非遗文化等重要资源开发出有特色的产业，包括乡村旅游、田园观光等，赋予这些新兴产业更牢靠的物质载体和精神载体。

依托城郊农业大镇基础，挖掘和整合农业资源，从而形成可持续发展框架，打造一个集健康休闲、文化旅游、农业观光、采摘、民宿餐饮、科普教育、商贸交易于一体的，适合群众参与的复合型乡村旅游地。建设一个联系城市与近郊农业的生态农业景观示范区，积极打造城市东郊“一刻钟乡村旅游”休闲消费经济圈，促进全镇农旅产业融合发展。

# 第四篇
# 全域旅游典型案例

# 第十一章　全域旅游典型案例分析

自全域旅游发展理念提出以来，全国各地结合各自实情全面践行全域旅游发展理念，推动当地旅游业的新一轮发展。经过近年来的实践和推进，全域旅游概念正在不断丰富和拓展其内涵与外延，全国各地也在为积极推动全域旅游发展提供新思路、新举措，全域旅游已经形成上下协同、全面推进的良好工作格局，极大地推动了旅游与其他产业的深度融合，旅游业的综合带动作用得到了进一步体现。其中，五种典型全域旅游发展经验和做法获得了目前业界的充分肯定。

## 第一节　龙头景区带动型

依托龙头景区作为吸引核和动力源，按照发展全域旅游的要求，围绕龙头景区部署基础设施和公共服务设施，围绕龙头景区配置旅游产品和景区，调整各部门服务旅游、优化环境的职责，形成了“综合产业综合抓”的工作机制，推进“景城一体化发展”。以龙头景区带动地方旅游业一体化发展，以龙头景区推动旅游业与相关产业融合，以龙头景区带动地方经济社会发展，其典型代表有湖南张家界、甘肃崆峒区等地。

# 一、湖南张家界

自2013年起，张家界市在全国率先提出了全域旅游的发展理念，并成为全国首批“全域旅游示范区”。在探索全域旅游发展模式上，重点谋划“大路径、大融合、大智慧、大文旅、大格局”，形成了五大支撑的具有张家界特色的全域旅游发展新模式，张家界市武陵源区“打造知名国际旅游休闲度假区”入选2019全域旅游发展年度优秀案例。

## （一）张家界市情概况

张家界市位于中国湖南省西北部，属亚热带山地季风湿润气候，四季分明，年平均气温16摄氏度。总人口165万人，有汉族、土家族、白族等19个民族；总面积9563平方千米，约为中国国土面积的千分之一。张家界是年轻的旅游城市，1988年因发展旅游而建市。当时叫大庸市，1994年更名为张家界市。1982年9月张家界国家森林公园成为中国第一个国家森林公园，它和索溪峪自然保护区、天子山自然保护区三大景区共同构成了武陵源风景名胜区，面积达369平方千米。武陵源素有“奇峰三千、秀水八百”之美誉，造型之巧，意境之美，堪称大自然的大手笔。武陵源是美国电影《阿凡达》和中国古典名著《红楼梦》《西游记》《钟馗伏魔》《捉妖记》等的实景拍摄地。1992年，武陵源风景名胜区被联合国教科文组织列入《世界遗产名录》；2004年2月，被列入全球首批世界地质公园；2007年，被评为中国首批国家5A级旅游景区；2008年，被评为全国文明风景旅游区；2017年，被授予“国家森林城市”荣誉称号。

## （二）张家界全域旅游建设成效

自2013年张家界市制定实施“提质张家界打造升级版”发展战略，明确了实现“旅游胜地梦、全面小康梦”的奋斗目标以来，张家界在总体谋划上，实施“1656”提质升级行动计划，规划建设72个重大提质升级项目。在空间布局上，明确了“一城一区、错位发展，三星拱月、全域旅游”发展路径。在城镇布局上，按照建设国际旅游服务型城市、国际休闲度假城市、区域性旅游交通枢纽城市、武陵山游客集散城市“四个城市”目标，推进城区、景区、园区一体化发展，重点推进城区“三带三区”建设和旧城“三化三改”工作，促进“旅游城市—县城旅游副中心—特色旅游风情镇—民俗特色村镇”梯次发展。在产业布局上，发挥资源、生态、旅游三大功能，推动旅游业与现代农业、新型工业、文化产业、现代商贸业等融合发展。

2021 年 9 月，张家界提出《加快建设世界一流旅游目的地行动计划》。到 2025 年，力争建成千亿旅游主导产业，基本建成国家级旅游休闲城市，武陵源、天门山跻身世界级旅游景区和度假区，全力打造全域旅游发展的“张家界样本”。2022 年 1 月，张家界上榜国务院公布的“十四五”旅游业规划确定建设的全国 25 个旅游重点城市，成为湖南省唯一一个上榜城市；3 月，首届湖南旅游发展大会落户张家界，为被“疫”所困的张家界注入一剂“强心针”，也让张家界更加坚定地迈出加速建设世界一流旅游目的地的步伐。

张家界着力补短板、强基础，全面提升城市服务功能，城区新建、改造了 10 条干道、179 条小街小巷，以及城东、城西的出口通道，长 15 千米的澧水风貌带基本建成。通过老城区拆迁，占地 325 亩的“大庸古城”、全球最大的云顶文化酒吧、仙人溪特色街区、市民文化广场等旅游项目已经开建，“三化三改”工作全面实施，城区面貌发生巨变，旅游服务承载功能发生质的飞跃，建市以来承受太多责难的城区和景区极不协调的历史即将改写。同时，武陵源城区的提质升级，慈利、桑植两个县城的老城区提质改造、新区建设加快推进步伐，规划建设的 12 个旅游风情镇有的已经建成开放。不断完善立体交通网络，荷花机场新航站楼已建成投入使用，航空口岸“落地签”获国务院批复，开通了 35 个航点城市，其中境外航点 6 个。随着黔张常高铁和张吉怀高铁的相继开通运营，2023 年 10 月，张家界政府又公布了未来全市交通规划图，揭示了该地区高铁发展的蓝图，使得张家界成为未来国家高铁网络的重要交通枢纽，实现了以张家界为中心的六向对外高铁通道的格局。深入推进产业融合发展，依托每年超过 5000 万人次游客的庞大市场，围绕扩大旅游消费，推动旅游业与现代农业、新型工业、文化产业、现代商贸业等的融合发展。实施工业“135”和农业“523”行动计划，扶持培育旅游演艺市场，建设旅游商品产业园、武陵山珍馆、物流园等产业项目。加强“智慧旅游”建设，培育“旅游+互联网”等新业态，通过旅游与其他产业的融合发展，有力地促进了全市产业结构优化升级和区域竞争力提升。

### （三）张家界全域旅游发展经验借鉴

1. 战略引领文化旅游发展新目标

落实习近平总书记关于湖南工作系列重要讲话精神，大力实施省委“三高四新”战略，坚持对标提质旅游强市和“11567”总体思路，围绕“建设国内外知名旅游胜地”总目标，更好地在全省以“锦绣潇湘”为品牌的全域旅游基地建设中当龙头、做示范，以旅游经济高质量发展为主题，以深化旅游改革创新为动力，推进旅游产业转型升级，加快建设面向全国、全球的现代化旅游经济体系，加快建设旅游强市、生态强市、文化强市、健康张家界和国际精品旅游城市，把张家界建设成为产业布局合理、产品体系完善、基础设施完备、服务水平优越、旅游管理科学、带动效益凸显，在全球享有较高知名度和美誉度的世界一流旅游目的地，在谱写新时代坚持和发展中国特色社会主义湖南新篇章中彰显张家界龙头担当，作出张家界贡献。

2. 推动文化旅游深度融合发展

以文塑旅、以旅彰文，推进文化与旅游深度融合发展。依托苏木绰、土家吊脚楼等本地民族资源、宗教文化，创新民俗文化旅游发展，大力发展特色民俗乡村休闲旅游产品，全面推进旅游设施民族化、旅游产品特色化、旅游服务风情化，大力发展民俗村寨、民俗表演、风情园、非物质文化遗产等民俗旅游产品。创新发展国际娱乐演艺旅游产品，加快张家界文化演艺产品“引进来”和“走出去”，推动张家界文化娱乐演艺产品开发向国际化、精品化和多元化发展。提升发展《天门狐仙·新刘海砍樵》《魅力湘西》两大精品文化演艺项目，创新发展《生养之地》《梦幻张家界》《张家界千古情》三大潜力文化演艺产品，培育慈利壮举实景剧、桑植民歌、《红色桑植》新演艺品牌。大力发展文化创意产业，深度挖掘非遗文化、民俗文化、红色文化、创意文化内涵，科学利用传统村落、文物遗迹及博物馆、纪念馆、美术馆、图书馆、文化馆（站）、艺术馆、文化遗产、非物质文化遗产展示馆等文化场所开展文化体验旅游。扶持发展数字文旅产业，培育数字文化产业新兴业态，着力推广数字、网络等高新技术在文化旅游产业中的应用，支持文化场馆、文娱场所、景点景区、街区园区开发数字化产品和服务。繁荣发展演艺娱乐产业，积极推进原创和现实题材创作，对获得国家艺术基金扶持的创作项目，推进作品走向市场，转化成产业。大力开拓演艺市场，打造地方特色艺术品牌，鼓励地方特色优秀剧目参加国内外巡演，支持发展中小型剧场。着力发展影视动漫产业，放大《阿凡达》《心花怒放》《大闹天宫》《捉妖记》《怒晴湘西》等影视作品品牌效应，扩大延伸影视动漫产业链。

3. 持续培育文旅业态创新

坚持以旅促农、以农强旅、农旅结合的发展方向，大力培育发展新业态，推动建设乡村田园综合体、国家现代农业庄园、乡村旅游创客基地、旅游新农村社区等，重点支持张家界农业产业园、琵琶洲生态农业文化园、张家界禾田居生态农业园、古韵溪生态观光园等项目建设。推进文化旅游和体育产业融合发展，以“奇峰秀水、运动天堂”“秀美张家界、时尚运动城”为主题，重点围绕“国际户外运动胜地”“国家体育旅游示范基地”建设，按“两核、三带”发展格局，开发一批体育旅游线路，打造一批体育小镇，举办一批精品赛事，树立一批体育产业品牌。推进文化旅游和大健康产业融合发展。依托武陵源世界自然遗产、八大公山国家级自然保护区等生态资源，打造“世界绿谷”，探索多元生态产品价值实现路径，推动生态旅游、养生养老旅游蓬勃发展。打造森林康养旅游产品，建设张家界品牌化、国际化的森林康养景区、全域化森林康养基地。培育文旅业态创新，打造特色文旅吸引力，大力培育和推动城市夜经济发展，积极发展消费新模式、新业态、新场景。丰富夜间文化旅游产品，完善繁荣夜间经济政策措施，改善夜间文化旅游消费环境，布局建设具有国际影响力的高品位步行街和大型消费商圈。大力发展夜间演出、影视娱乐、文化休闲等业态和博物馆、非遗传承人工作坊等夜间旅游打卡地。

## 二、甘肃崆峒区

2016年11月，平凉市崆峒区被确定为第二批全域旅游示范区创建单位。目前，崆峒区拥有国家5A级景区1处、3A级景区2处、森林公园2个、乡村旅游景点12个，旅游资源雄厚的崆峒区，先后获得“中国优秀旅游城市”“中国旅游文化示范地”“国家级生态示范区”“中国最美县域”等殊荣。2021年，全区共接待游客801.61万人次，实现旅游综合收入39.84亿元，同比分别增长12.91%和10.19%。

### （一）崆峒区情概况

崆峒区隶属甘肃省平凉市，地处甘肃省东部，六盘山东麓，东邻泾川、镇原，南依华亭、崇信，西与宁夏回族自治区泾源、原州区接壤，北与彭阳、镇原县毗邻，历史上为丝绸古道西进北上甘凉的第一座关隘重镇，亦为陕、甘、宁三省交通要塞和陇东传统商品集散地，素有“旱码头”之称，为平凉市政治、经济、文化和交通中心。截至2021年末，崆峒区辖17个乡镇、3个街道、1个大景区，总面积1936平方千米。崆峒区以国家风景名胜区崆峒山而得名，建制始于北周武帝建德元年（572年），2002年8月28日更名为平凉市崆峒区，有国家5A级风景名胜区、国家级地质公园、道源圣地崆峒山等旅游景点。

### （二）崆峒区全域旅游建设成效

崆峒区依托崆峒山现有的景观资源，结合地区发展实情，着力促进崆峒山景区全域旅游新发展，推动地区文旅产业联动发展。着力建设催热周边乡村旅游业发展，实现以白庙乡为主的乡村旅游产业集约化发展，满足了游客所需，实现了居民增收。

1. 构建全域旅游大格局

崆峒区加强组织领导，按照“市区联创、共建共享”的发展思路，市上建立支持崆峒区国家全域旅游示范区创建联席工作机制，区上成立国家全域旅游示范区创建工作推进机制，组建创建工作领导小组，统筹推进各项任务落实，为全域旅游发展提供了坚强的组织基础。强化政策保障，制定印发《平凉市崆峒区全域旅游无垃圾三年专项治理实施方案》《崆峒区旅游消费侵权先行赔付办法（试行）》《平凉市崆峒区支持乡村旅游发展贷款财政贴息实施办法》等文件，为全域旅游示范区创建提供了强大的政策支持。突出规划引领，高起点编制《崆峒区“十四五”旅游业发展规划》《平凉市崆峒区全域旅游发展规划（2018—2030）》及乡村旅游、智慧旅游、景区提升等专项规划，探索提出“两核集聚，一带辐射，三环串联，四区联动”的“2134”崆峒全域旅游发展思路，形成“一本规划，一张蓝图，整体推进”的全域旅游大格局。

2. 不断优化全域旅游环境

着力构建交通网络，完成柳沟至崆峒山景区连接公路工程、崆峒古镇停车场、泾河北路西延伸段道路工程等景区路网工程，有序实施彭大高速公路、平华一级公路、平凉军民合用机场、平庆铁路等项目，开通城乡客运线路和旅游专线 53 条，乡镇公交通车率达 100%，全域旅游交通体系基本健全。完善服务体系，建成 6 个游客服务中心、2 处复合型旅游服务区、2 处旅游服务区和 19 个旅游咨询服务点；配建停车位 6000 余个，设置旅游标识、旅游全景图等指示导览牌 550 余处，新建改建旅游厕所 148 座。落实景区门票减免优惠政策，制定旅游惠民措施，城区公园、“三馆”免费开放，景区内外、城乡之间旅游公共服务实现了全域覆盖，强化了供给保障。建成国家 5A 级旅游景区 1 个、森林公园 2 个、3A 级旅游景区 2 个，培育乡村旅游典型及乡村旅游示范点 15 个。建成崆峒镇半山村落农家乐聚集区、崆峒古镇小吃街等主题餐饮区和 68 户标准化农家乐、13 家星级宾馆、25 家精品民宿。建成广成路、酒吧一条街等主题旅游街区和新世纪商厦、世纪华联超市等购物场所，注册营业 KTV 等娱乐场所 200 余家。开展文旅产品展售、导游定制、旅游网约车等新型服务，注册旅行社 39 家、专业导游 230 余名，旅游要素不断完善。

3. 探索全域旅游发展新路径

精心打造崆峒道源文化、武术文化、养生文化、生态文化四大名片，编排上演《忆画崆峒》《西王母》等剧目，开发了平凉纸织画、崆峒景观艺瓷盆景等特色旅游纪念品，崆峒派武术、崆峒笑谈等非遗保护项目在崆峒山大景区常态化演出，提升了崆峒全域旅游的层次和水平。

发展休闲农业，建成 1 个国家特色旅游示范镇、2 个省级乡村旅游示范村、80 多个各类休闲农业主体，培育了以平凉红牛、平凉金果、平凉山药为代表的地方特色农产品，走出了一条休闲农业集聚发展之路。

擦亮养生名片，加快推进中华崆峒养生地建设，打造了理念、美食、运动、国医、温泉、避暑六大养生名片，建成天泰美年大健康体检中心、崆峒国医养生馆、皇甫谧中医医院等中医药养生机构，开发了伊通清真牛肉制品、崆峒黄酒等养生旅游产品，获得世界养生大会指定最佳宜居城市等荣誉。

4. 全域旅游改革见实效

崆峒区统筹文化旅游资源管理，优化理顺了行政管理体制，实现了文化旅游体制融合。全面推行旅游综合执法改革，建立全域旅游综合执法管理体制，组建旅游警察大队，挂牌成立旅游法庭、旅游市场监管分局，常态化整治旅游市场秩序。

通过市场化运作，组建成立平凉崆峒山大景区管委会，引入陕旅集团参与崆峒景区发展，积极引进企业主体参与全域旅游开发，走出了政府主导、市场运作、企业参与的规模化、专业化旅游发展路子。

推进标准化建设，制定出台《平凉市崆峒区旅游服务标准》《平凉市崆峒区乡村旅游服务规范》《平凉市崆峒区农家乐管理办法（暂行）》等系列旅游公共服务建设规范和质量服务标准；倾心打造了五星级酒店 1 家、四星级酒店 2 家、品牌连锁酒店 10 余家、精品民宿 25 家；培育四星级农家乐 6 家、三星级农家乐 8 家。

## （三）崆峒区全域旅游发展经验借鉴

1. 高点规划，强力推进

在崆峒，既能欣赏到北方山势之雄，又可体验到南国山色之秀。崆峒区牢固树立“绿水青山就是金山银山”的理念，坚持把旅游业作为富民强区的首位产业精心培育，提出“党政统筹、开发融合、共建共享”的创建思路，唱响“问道崆峒·养生平凉”全域旅游品牌，助推区域经济社会高质量发展。积极探索构建以“综合协调+专项保障”为特征的旅游管理体制改革，按照全产业链规划布局和“多规合一”的要求，崆峒区高起点编制《崆峒区全域旅游发展规划》《崆峒区“十三五”旅游业发展规划》《平凉市崆峒区“十四五”文化和旅游业发展规划》，进一步明确发展定位。加强旅游规划与国土空间、生态环境、城乡建设、文化产业等专项规划的对接融合，出台了促进全域旅游发展的综合性政策，发展改革、农林、交通等部门制定了支持“+旅游”的具体措施。建立“1+3+N”旅游综合治理机制，成立旅游发展中心和旅游餐饮、民宿等行业协会，组建了旅游法庭、旅游市场监管所和旅游警察大队。深入开展文明崆峒提升行动，全面推进旅游酒店、民宿和景区标准化管理。畅通旅游投诉渠道，建立旅游诚信“红黑榜”制度，健全旅游突发事件应急救援体系，启动直升机应急救援服务，“七彩”旅游志愿者群体成为崆峒旅游的亮丽符号。

2. 完善功能，提升服务

崆峒区始终把“游客为本、服务至诚”的理念落实到全域旅游创建的每一个细节，让每一位游客都有宾至如归、流连忘返的深切感受。景区内自然景观和人文景观融为一体，相得益彰。完善配套设施，提升服务质量，大力实施旅游道路通达、旅游服务优化、旅游供给保障三大工程。建成“六纵十二横”城乡路网，建成 2 处游客集散中心和 29 处游客咨询服务中心（点），特别是开通城乡客运线路和旅游专线 53 条，在方便游客的同时，也为当地老百姓带来了巨大的便利。

3. 丰富业态，扩大营销

为满足游客的多样化旅游需求，崆峒区积极推动旅游业与相关产业实质性融合，不断丰富旅游业态，实现旅游联动发展。崆峒区以“产业靓景区、文旅兴产业”为指引，深入推进“旅游+”“+旅游”融合发展，走出了一条“旅游+多产业”融合发展之路。在“旅游+文化”方面，实施博物馆、体育运动公园、湿地公园、文化产业大厦等重大文旅项目，打造了崆峒道源文化、武术文化、养生文化、生态文化四大名片。建成了国家特色旅游示范镇、乡村旅游示范村和一批田园综合体，培育了平凉红牛、平凉金果等地方特色名优产品。建成了崆峒文武学校、崆峒武术传习所、海寨沟滑雪场等体育基地，每年举办高规格体育赛事 10 余项，发展体育旅游新业态。建成了覆盖城乡的中医药养生体系，开发了崆峒养生系列产品，打造了理念、美食、运动、国医、温泉、避暑六大养生名片。

4. 政府牵头，企业运营

以“政府牵头+企业运营”的模式加速了旅游管理体制的转变，有效推进了旅游业转型升级。崆峒区通过发展全域旅游，由企业把崆峒山从政府手中接过来，面临的首要问题就是如何利用企业进行资源整合互鉴，把崆峒山的品牌知名度推向全国，提升服务智能化水平与游客满意度已经成为崆峒区今后建设的主要着力点。平凉市政府和陕旅集团达成合作后，拍摄《看见崆峒》，在央媒黄金时段播放增强曝光度，实现了品牌宣传文化“走出去”战略。陕旅集团则利用优势资源和管理服务能力，盘活了当地文旅产业的发展。

## 第二节　城市全域辐射型

以城市旅游目的地为主体，依托旅游城市知名旅游品牌、优越的旅游产品、便利的旅游交通、完善的配套服务，以都市旅游辐射和带动全域旅游，推动旅游规划、城乡规划、土地利用规划、环保规划等“多规合一”；促进城乡旅游互动和城乡一体化发展，形成城乡互补、优势互动的城乡旅游大市场。按照“旅游引领、融合发展、共建共享、提升价值”的思路，推动旅游规划、城乡规划、土地利用规划、环保规划等“多规合一”，以旅游引领新型城镇化，其典型代表有福建厦门、辽宁大连等地。

## 一、福建厦门

### （一）厦门市情概况

厦门市为福建省副省级城市、经济特区，东南沿海重要的中心城市、港口及风景旅游城市。厦门东与大小金门岛、南与龙海区隔海相望，陆地与南安市、安溪县、长泰区、龙海区接壤，市境域由福建省东南部沿厦门湾的大陆地区和厦门岛、鼓浪屿等岛屿以及厦门湾组成。

### （二）厦门市全域旅游建设成效

厦门市依托发展基础与旅游资源优势，发展全域旅游将成为构建山、海、城相融合的生态风光，发挥历史人文和交通区位等综合优势的扬长之举。以《厦门市全域旅游专项规划（2019—2035 年）》作为顶层设计，以国家全域旅游示范区创建为导向，突出改革创新，强化要素拓展，形成“厦门市全域旅游专题图层”，纳入“多规合一”协同平台，大幅整体提升全市旅游产业发展体系和空间战略布局，实现岛内外全域旅游协调发展。

厦门市以鼓浪屿申遗成功为起点，加快培育开发一批与国际化城市相匹配的高品质旅游景区。厦门十分重视 A 级景区的创建和提升工作，早在 2012 年，厦门就提出了旅游业“跨岛发展 · 全城 5A”的理念，全力打造厦门全岛的自然生态旅游 5A 品牌，目前正研究策划并争取逐步将厦门方特一、二期和集美学村、集美鳌园、厦门园林植物园等景区打造为 5A 级景区。厦门是一座“处处是风景”的城市，空气、蓝天乃至文明市民都是厦门的旅游资源，因此，厦门拆掉了景区的“围墙”，实现景区内外一体化，以游客体验为中心，以提高游客满意度为目标，按照全域景区化的建设和服务标准，推进多规合一，整体优化环境、优美景观，优化旅游服务的全过程。

通过培育和引导乡村旅游、康养旅游、工业旅游、体育赛事旅游、文化旅游等产品，培育全域旅游发展新优势，形成多产业融合的全域旅游产业联动发展示范。

在“旅游+康养”方面，着力培育东孚旅游聚集区，不断强化生态、康养、运动等核心理念。拥有天竺山森林公园、日月谷温泉公园等国家 4A 级景区，日月谷温泉酒店五星级旅游饭店以及 2 家经济型酒店、11 家乡村民宿，拥有徒步健身、温泉康养、天竺秘境夜游、农家乐体验等多种旅游产品。在“旅游+休闲”方面，打造了阿罗海城市广场、天虹商场、西雅图购物中心、东孚商业街等夜游休闲场所，拥有自贸公园、哈啰小镇、悦实广场、东南红酒交易中心、玛瑙一条街等多个休闲娱乐场所。在“旅游+乡村”方面，以乡村振兴为契机，培育了中国乡村旅游创客示范基地、福建省四星级乡村旅游村——海沧街道青礁村院前社、福建省四星级乡村旅游休闲集镇——东孚街道、全国乡村旅游重点村——海沧街道青礁村等重要乡村旅游品牌。

厦门市保存了众多优秀的、原生态的民族民间文化，已公布三批区级非遗代表性项目名录。厦门市海沧区全区共有非遗代表性项目 29 项，其中世界级 1 项、国家级 5 项、省级 1 项、市级 5 项、区级 17 项。值得一提的是，重建后的海沧金沙书院将集纳文化展演、博物馆收藏与展示、雅集交流、讲座会议、学术论坛、节庆活动、群众文体以及游购娱食等多重功能于一体，有助于海沧区文化保护、传承与振兴。此外，海沧区全方位挖掘历史文化资源，“文化+旅游”好戏连台。连续举办十四届海峡两岸（厦门海沧）保生慈济文化旅游节和七届海峡两岸乐活节；多次举办蜈蚣阁、送王船、油炬走境等传统民俗文化活动；举办“海丝艺术节”“乐享新春演出季”“沧江有戏系列”等活动。

### （三）厦门市全域旅游发展经验借鉴

2018 年 8 月，厦门市人民政府办公厅发布了《转发市旅发委关于加快推进全域旅游建设实施方案的通知》，全面部署厦门市全域旅游发展实施策略。

一是旅游机制全面改革创新。创新旅游协作推进机制、产业融合发展机制、旅游综合执法机制、区域联动合作机制、对台旅游合作交流机制等。

二是旅游发展规划全域覆盖。加强规划的统筹引领功能，强化旅游产业空间布局落地，完善市区两级层次分明、相互衔接、规范有效的旅游规划体系，做好规划落地实施。

三是旅游产业全域深度融合。依托良好自然生态环境，在严守生态保护红线前提下，加强资源全域整合，推动山地、海洋等生态资源与旅游融合发展。着力推动旅游与会展、文化、工业、商贸、康体、教育等领域高渗透融合发展，切实丰富旅游内涵，延伸旅游产业链条。培育旅游新型业态，进一步提升海峡旅游、商贸会展、休闲旅游、滨海旅游、闽南文化旅游等特色产品体系，培育和规范游艇、帆船、房车、自驾车、露营地等特色旅游新业态。

四是旅游要素全域提质升级。鼓励发展高端会议型酒店、度假酒店、精品文化酒店、特色民宿等适合不同消费群体、多层次多元化旅游住宿体系。促进旅游消费升级，积极培育消费热点，充分释放游购娱环节消费潜力。完善景区服务配套功能，提升旅游产品品质。培育壮大市场主体，鼓励各类旅游企业做大做强，鼓励国有企业多元化发展，转型拓展酒店、景区、旅行社、乡村旅游、旅游新业态等旅游板块业务，形成旅游骨干企业为龙头、大中小旅游企业协调发展格局。

五是旅游公共服务全域配套。通过全域旅游交通体系构建、完善集散咨询服务体系、推进旅游“厕所革命”、提升旅游服务智能化、规范旅游引导标识系统五项举措完善旅游公共服务体系。

六是旅游宣传营销全方位推进。创新构建厦门旅游品牌体系，展现厦门“高素质高颜值”的国际旅游目的地新形象。通过健全宣传推广机制，注重精准营销，统筹国内外营销推动厦门旅游品牌走向全国、享誉世界。

七是旅游市场治理全域联动。从加强旅游投诉举报处理、加强旅游市场综合监管、强化旅游安全保障等方面入手，营造优质旅游环境。

八是旅游发展成果共建共享。通过环境全域整治、营造文明诚信旅游环境、全民共享发展成果，调动全市上下参与全域旅游建设的积极性。

## 二、辽宁大连

### （一）大连市情概况

大连是京津的门户，北依营口市，辽宁省（不包括大连）、吉林省、黑龙江省和内蒙古自治区是大连的广大腹地；南与山东半岛隔海相望，与日本、韩国、朝鲜和俄罗斯远东地区相邻，是东北、华北、华东以及世界各地的海上门户，是重要的港口、贸易、工业城市，也是中国著名的避暑胜地和旅游热点城市，拥有“浪漫之都”“北方明珠”等诸多美誉。20 世纪 80 年代，国务院批准大连为沿海开放城市，大连成为我国主要旅游接待城市之一。20 世纪 90 年代，大连旅游呈现快速发展的局面，成为首批中国优秀旅游城市。21 世纪以来，大连旅游呈现高速发展的局面，被原国家旅游局和世界旅游组织首次联合命名为“2016 中国最佳旅游城市”。

### （二）大连市全域旅游建设成效

近年来，大连市旅游业取得了长足发展，为开展全域旅游奠定了一定的基础。首先，大连市全域旅游机制在进一步完善中。大连市陆续出台一系列法规、管理规定、政策、措施，为全域旅游的建设和发展提供了指导性意见和制度机制保障。同时，大连市十分重视全域旅游发展的顶层设计，成立了大连市旅游发展委员会，统筹全大连市的旅游业发展。政府主导组建了大型旅游集团，将旅游投资、旅游产品、市场开发、旅游招商等统筹规划。其次，大连市全域旅游的格局在进一步建设之中。大连市的国家全域旅游示范区有瓦房店市和庄河市；国家级生态旅游示范区和省级生态旅游示范区有大连市经济技术开发区的金石滩和长海县；旅顺的太阳沟、普兰店的安波、瓦房店的香洲等都是极具特色的旅游目的地；大连市的蚂蚁岛、石城岛、大长山岛、小长山岛等海岛游的基础设施建设也在进一步完善之中；金州紫云花汐民宿、歇马山民宿等特殊民宿旅游日渐成熟；西岗区百年港湾奥特莱斯、沙河口区“中央大道旅游文化购物中心”购物旅游初具规模。再次，大连市重视大连旅游形象的宣传与塑造。大连市在国内重要媒体，在日本、韩国相关网站都对本市旅游行业进行大规模宣传，使得大连市的旅游形象深入广大游客心中。最后，大连市全域旅游的规模在逐渐扩大，旅游的影响力在逐渐增强，旅游对社会经济发展的贡献在逐步增大。

党的十八大以来，大连市着力补齐制度供给短板，规范旅游市场秩序，加强旅游业发展政策指导，推动了旅游业逆势上扬，特色旅游发展成果显著，旅游业对经济增长的“助推器”作用得到发挥。一方面，完善旅游治理体系，强化顶层设计中城市的特色与定位，推进品质旅游建设，探索市场秩序精准治理；另一方面，以实施“旅游厕所革命”、推进智慧旅游平台升级为抓手，完善休闲农业与乡村旅游配套设施，进一步提高旅游服务设施的覆盖范围。

为打造蓝色旅游经济圈，大连完成多个生态修复项目。在符合生态环境保护要求和相关规划的前提下，鼓励利用荒山、荒沟、荒丘、荒滩闲置土地开发旅游项目，逐步实现了水清、岸绿、滩净、湾美，有效改善了近岸海域生态生产生活空间。

探索与防护、养护等生态保护职能相结合，采取点状供地方式支持旅游项目建设。同时，加快发展邮轮旅游，积极推进大连“中国邮轮旅游发展实验区”建设，提升国际邮轮中心建设管理能力、培育本土邮轮服务力量、扩大邮轮经济产出水平。推动邮轮产业上下游配套、邮轮目的地产品推广。拓展港口经济发展空间，开发海洋旅游新产品新业态，提升蓝色旅游经济的民众获得感。

在探索乡村旅游惠民富民方面，大连把旅游经济区作为乡村旅游融合发展的试验区，加大政策支撑，提升乡村旅游基础设施，指导开展旅游项目，推进乡村旅游与滨海、温泉、高尔夫等多种旅游形式的深度融合，进而推动“小旅游”向“大产业”转型，基本形成农（渔）家乐、民俗村、农业园区、休闲农庄四大类型，以黄渤海两翼滨海岸和北部温泉走廊为主线向内部、北部辐射发展的态势。

大连市推动传统农家乐、渔家乐提高服务标准，实现传统乡村旅游向民宿经济转型升级，大力推动有旅游资源的贫困地区发展旅游业，完善“景区带村、能人带户”的旅游扶贫模式。支持农特产品向旅游商品转化，开展乡村旅游“后备箱”基地建设，鼓励景区等旅游企业销售农特产品。支持文创企业与旅游企业合作，开发具有地域文化特色的旅游伴手礼。尤为重要的是，大连以特色旅游节庆为抓手，在发挥节庆辐射作用以及东北亚交流活动国际影响力的同时，促进了东北、西北、华东、华北以及辽宁省内等城市间和企业间的旅游合作。

### （三）大连市全域旅游发展经验借鉴

2018 年 3 月，国务院办公厅印发《关于促进全域旅游发展的指导意见》，就加快推动旅游业转型升级、提质增效，全面优化旅游发展环境，走全域旅游发展的新道路作出部署。作为我国最佳旅游城市之一，大连旅游业保持了平稳较快的发展速度。全域旅游战略推出之前，大连围绕大海“做文章”，确立了旅游产业地位和旅游城市形象，并持续改善旅游发展的政策环境。随着全域旅游战略的推进，大连明确了旅游业发展的新要求，对内打造旅游业成为创业创新平台，对外打造东北旅游圈的重要节点城市，进而促进辽宁旅游区域一体化。大连市在 2018 年 12 月出台《大连市人民政府关于进一步深化全域旅游加快旅游业发展的实施意见》，提出了大连发展全域旅游的指导思想、重点任务和工作要求。为满足旅游业向大众旅游、体验旅游转变新趋势的要求，大连市发展全域旅游，构建“大旅游”格局。在全市层面，重点推进旅游治理与公共服务补短板，强化滨海休闲旅游特色与优势，以及培育旅游发展的新亮点新引擎。在示范引领方面，引导瓦房店、旅顺口等地分级分类创建国家级和省级全域旅游示范区。

1. 对标上海，借鉴先进旅游城市做法

按照“多规合一”原则，大连市积极对标上海，借鉴先进旅游城市做法，扎实推进全域旅游示范区创建工作，推动区域旅游全面发展和旅游业整体提升，形成全域旅游“全面抓、全面管、全面建”的统筹推进工作机制。在注重加强旅游行业科技应用的同时，打破现有的分头管理、各自为政的分散模式，搭建大连市旅游网上平台及云数据中心，引导各旅游企业按照全市旅游发展规划错位发展，深化旅游资源整合和共享，以旅游资源整合开发带动区域协调发展。

2. 突出重点，加快多业态融合发展

大连市依托自身丰富的自然资源、人文资源和完整发达的三大产业体系优势，紧扣经济社会发展和城市功能定位抓旅游，整合相关要素，推进产业布局和融合发展，实施“旅游+”，推动“小旅游”向“大产业”转型，形成了涵盖不同层次、不同目标定位的产业项目。深度开发海岛、温泉等资源，打造更多的海岛游、温泉游等传统旅游产品，推动传统旅游消费升级；积极培育邮轮游、自驾游、包机游等新型旅游消费点，拉长做优旅游产业链；整合文化、科教、资讯、环境等资源，增加吃、住、行、娱、购、游要素供给；培育低空飞行、自驾露营等一批体验式新业态，丰富旅游供给、拓展旅游功能；以“国际温泉滑雪节”等节庆为载体，推出温泉度假游、乡村采摘游等系列旅游产品。

3. 完善配置，优化旅游全过程服务

大连市不断加快推进重大城市基础设施建设，进一步发掘和利用大连港和大连机场现有资源优势，完善基础设施配套，推进国际邮轮和国际航班在大连停靠和始发所涉及的码头及查验设施配套、通关查验、陆岸对接等便捷顺畅。加快推进旅游厕所、旅游咨询服务中心、旅游特色街区等基础设施及配套建设。加强通往主要景区、乡村旅游点、旅游特色村等道路的交通建设。支持在干线公路和通景区公路沿线按规定增设观景台、自驾车营地、房车营地和公路服务区等设施，推动高速公路服务区向旅游综合服务中心转型升级。优化旅游住宿业结构，促进星级饭店、主题饭店、精品饭店、乡村民宿、青年旅馆等多种住宿业态协调发展。

# 第三节　全域景区发展型

全域景区发展型是指把整个区域看作一个大景区来规划、建设、管理和营销的发展模式。按照全地域覆盖、全资源整合、全领域互动、全社会参与的原则，深度开展全域旅游建设，推进旅游城镇、旅游村落、风景庭院、风景园区、风景厂矿、风景道等建设，实现"处处是景、时时见景"的城乡旅游风貌，其典型代表有宁夏中卫、晋中平遥等地。

## 一、宁夏中卫

### （一）中卫市情概况

中卫市地处宁夏回族自治区中西部、黄河前套之首，"东阻大河、西接沙山"，是宁夏、内蒙古、甘肃三省区的交界点，也是黄河自流灌溉第一地。中卫市先后荣获"全国旅游标准化示范城市""亚洲最受欢迎旅游目的地城市""全国十佳生态文明建设示范城市""迪拜国际改善居住环境最佳范例奖"等荣誉。2017 年，中卫市被评为国家级旅游业改革创新先行区和全国"厕所革命"十大优秀城市之一，"以克论净 · 深度清洁"模式获住房和城乡建设部中国人居环境范例奖并在全国推广，被评为最适合投资数据中心城市和地区。中卫市旅游资源富集独特，共有景区 22 家，其中 3A 级以上 8 家。沙坡头被称为世界最好玩的十大沙漠之一，集黄河、沙漠、绿洲于一体，是国家首批 5A 级旅游景区，也是世界垄断性旅游资源。2016 年，全国全域旅游推进会在中卫召开，中卫被确定为国家首批全域旅游示范市创建单位。

### （二）中卫市全域旅游建设成效

全域旅游建设以来，中卫市推进"旅游+"融合发展，着力构建全域共建、全域共融、全域共享的旅游业发展新模式，重点抓好全域创建、项目建设、营销宣传、管理模式和业态融合等工作，推进全域旅游发展。中卫市坚持“旅游一业兴，带动百业旺”的发展思路，推动项目实施，促进产业融合，文旅产业发展成效显著。

1. 着力完善旅游基础设施

重点实施景区提质扩容、旅游厕所建设、交通体系建设、老城区文化提升改造、城市生态治理、智慧旅游建设等旅游项目 64 个，完成投资 50 亿元。建成金沙海、沙坡头水镇、大漠边关等新景区，打造中卫丝路沙坡头南岸半岛——黄河·宿集、黄河 3D 玻璃栈桥、火车旅馆、沙漠帐篷星辰酒店等休闲度假产品，实施天湖环湖路、中宁南山公园、海原天都山等基础设施建设。新建和改建旅游厕所 146 座，新改建国省干线和城市道路 500 余千米，开通重庆、长沙、福州等 10 个省会城市及直辖市航线，覆盖华北、华南、华东、西南、西北、东北六大地区。建成 300 米见绿、500 米见园的城市绿地系统和卫宁黄河生态绿道系统，城区主要街道实现了立体化亮化。实施以电子票务系统、停车场管理系统、OTA 分销系统、旅游大数据系统为主要建设内容的智慧旅游项目建设，开发电子语音导览系统，逐步实现旅游服务、管理、营销的智慧化，星级酒店、旅游景区实现免费 Wi-Fi 全覆盖。

2. 着力推动“旅游+”融合发展

加大旅游与工业、农业、文化、体育等产业融合，建成“云端中卫”体验中心、沙坡头娱岛（工业记忆）项目，工业旅游持续升温。完成童家园子提质改造工程，驼铃声声客栈项目投入运营，新建乡村旅游点 7 个，乡村旅游焕发新活力。投资 1.6 亿元打造的国内首台大型魔幻情景体验剧《沙坡头盛典》实现常态化演出，策划举办两届文创旅游商品大赛，培育研发水车香道、中卫沙画、特色剪纸、沙雕、西夏瓷等 200 余种文化旅游商品，文旅融合实现新突破。

3. 着力增强中卫旅游品牌影响力

实施“引客入卫”包机、专列奖励政策，组建中卫智慧旅游公司，实现旅游线上线下同步营销。加大在主流媒体、网络、重要客源地的航线、铁路沿线、高速公路“三线”的宣传力度，在重点客源市场开展系列营销宣传活动30余场次。以做大、做强、做亮沙坡头品牌为重点，组织专业团队围绕大沙坡头休闲度假区建立项目库，重点抓好星星酒店、沙坡头旅游观光设施、“栖息谷”游养项目、市博物馆布展等一批重点项目建设。

### （三）中卫市全域旅游发展经验借鉴

2016年，中卫被确定为国家首批全域旅游示范市创建单位，以“发展全域旅游，打造沙漠水城、休闲中卫”为战略目标，倾力打造一个集吃、住、行、游、购、娱于一体的城市，努力为游客提供优质的服务。

1. 深化“旅游+”发展模式

自2016年被确定为国家首批“全域旅游示范市”以来，中卫市加强旅游与其他产业的有机融合，积极培育旅游新业态，旅游与工业、农业、体育、文化等产业的融合使得全域旅游发展业态进一步丰富。经过几年的发展，不仅引发全民关注、共同参与，旅游产业的发展还带动了城市建设、交通运输、生态治理等相关领域和产业共同发展，谱写了文旅融合新篇章。

加大旅游与工业（信息产业）的融合，借助云天产业园建成了“云端中卫”体验中心，中卫云天产业园和中宁枸杞茶博园入选国家“工业旅游单位名录”。加大旅游与农业的融合，依托本地特色民俗和乡村景观，新建乡村旅游点7个，投资6000余万元建设了鸣沙移民新村驼铃声声旅游客栈项目和童家园子农家乐示范点改造提升项目。加大旅游与医养的融合，建成集枸杞鲜果采摘、中药药材种植、中药美容保健、观光旅游于一体的中宁枸杞万亩观光园，中宁朝天雀枸杞茶基地被确定为国家首批中医药旅游示范基地。加大旅游与体育的融合，先后举办了环青海湖国际公路自行车赛中卫赛段比赛、全国大漠健身运动大赛等知名体育赛事。沙坡头景区被评为“国家体育旅游示范基地”，有效提升了中卫的知名度和美誉度。

2. 大力实施文旅融合工程

编辑出版了《中卫文化纵横》《中卫非物质文化遗产》等一批文化旅游

丛书；创作推出了手工剪纸、刺绣、窗花等手工艺品和砖雕泥塑、沙工艺品、羊皮筏子等一批具有浓郁地方特色的文化旅游产品；投资9000余万元的“沙坡头盛典”大型演艺节目已开始商演。

## 二、晋中平遥

### （一）平遥县情概况

平遥县位于山西省中部，距离省会太原市100千米，是太原都市圈的重要成员。平遥古城是世界文化遗产、国家历史文化名城、国家5A级旅游景区，先后获得中国优秀旅游目的地、中国最值得外国人去的50个地方之一、全国5A级景区品牌百强、首批国家全域旅游示范区等殊荣。平遥是文旅融合名城，作为中华灿烂文明的实物载体，平遥的建筑文化、宗教文化、吏治文化、漆器文化、饮食民俗等文化繁荣昌盛，是明清古城的活样板、古建筑的博览地、匾额书法篆刻艺术的展示区。

### （二）平遥县全域旅游建设成效

平遥古城是世界文化遗产、历史文化名城、国家5A级旅游景区、全国旅游标准化示范县、全国首批人文旅游示范基地，是山西旅游龙头和重要旅游目的地。全县以平遥古城、双林寺、镇国寺为核心，正式开放的旅游景区（点）达到23处（1处5A级、2处4A级）。近年来，依托独特的县域资源优势，平遥县突出政府主导和规划引领作用，坚持精品化、全域化、国际化发展方向，建设全域旅游创新区，着力构建“全民共同参与、城乡协同联动、星月交相辉映、功能多元互补”的全域旅游格局。

1. 不断完善顶层设计

立足实际创新全域旅游体制机制。多年来，平遥扎实推进旅游“1+3”管理改革，在全市率先成立旅游发展委员会、旅游警察大队和旅游市场监管分局。建立旅游联席会议制度，在综合协调重大涉旅事项、整顿旅游市场秩序等方面发挥了重要作用。同时，大力推进景区管理体制机制改革，与华侨城集团展开深度合作，实现了古城景区管理权、经营权有效分离，建立了运转有序、管理高效的现代景区管理体制。

科学规划提供全域旅游政策保障。按照晋中市全域旅游总体规划，制定出台了《平遥县推进全域旅游推动全面发展加快建设国际旅游城市的实施意见》，围绕“五大板块”“七个融合”，纵深拓展平遥全域旅游发展格局。“五大板块”即平遥古城核心板块，以双林寺为核心的双林新城西部板块，以镇国寺为核心的东部板块，以生态孟山为依托的南部乡村休闲旅游板块，以天鹭湖温泉旅游度假区为核心的北部休闲度假板块。“七个融合”即通过推进“旅游+农业、旅游+工业、旅游+文化、旅游+节庆演艺、旅游+资本拓展、旅游+链条延伸、旅游+互联网”的深度融合发展，不断拓展平遥旅游的内涵与外延，走出了具有平遥特色的全域旅游发展路径，取得了良好成效。

2. 项目引领提档升级

以引进大集团为代表进行投入机制创新。与中车集团合作建设古城到双林寺旅游小火车项目；与海航集团合作运营直升机低空旅游和通用航空项目；与徽商集团合作开发建设平遥国际会展中心项目；山西文旅集团携资近10亿元投资科技秀、打造创意城市电影之都等项目；与华侨城集团展开深度合作，在景区托管合作顺利进行的基础上，推进重资产投资。

3. 多措并举提热度

“线上+线下”组合，拓展渠道提升服务。以现有OTA市场为基础，继续拓展新的OTA销售渠道；完善了“平遥古城景区官方服务平台”线上购票服务功能，提升了平台服务水平；增设了微信公众号购票、微官网购票等功能，进一步提升了景区购票率；整合了周边资源，开展了异业合作，拓展了线下合作渠道。利用现有自媒体传播速度快、直接明了的运营优势，开通运营新媒体（抖音、快手小黄车）官方门票销售渠道，通过阶段活动、节庆活动及其他营销活动吸引更多的年轻群体关注平遥古城，从而进一步提高购票率。

扩大宣传广度，提高宣传维度。针对人口总量高、GDP高的优质客源地加强宣传力度，利用江、浙、沪免票政策打下的基础继续进行宣传渗透，提高国内影响力，为后续做基础；在国内外机场、动车站、商业区等重点区域，开展户内外宣传，提升国际影响力；利用抖音、快手、小红书自媒体宣传成本低、受众面广、传播速度快的特点，不断提高短视频质量和推出频率、继续常态化开展好系列直播活动，进一步提升游客的参与度、体验度，更好地提高了平遥古城的影响力和美誉度。

4. 以文塑旅树品牌

平遥古城文旅融合效应愈加显现，国际摄影大展、国际电影展、国际雕塑节等连获成功，《又见平遥》树立起山西文化转型新标杆和对外开放新形象。特别是近年来，先后引进华侨城集团、当红齐天集团、故宫文创、联通沃动漫等国内旅游知名投资者，旅游业态和层级不断丰富、提升，以旅游带动的第三产业已经成为县域经济发展的重要支撑。把握要素完善全域旅游供给体系，申遗成功后经过20余年的发展，已经成功打造了以世界文化遗产平遥古城为核心的景区品牌，以《又见平遥》、大戏堂晋商乡音、晋商神韵街头迎宾三大文化演艺为骨干支撑的旅游产品供给体系。与故宫博物院合作落地故宫文创研发交流中心，开发旅游文创产品，发展特色旅游商品。推进中医药与旅游融合发展，打造了中医药养生旅游街，旅游业已经成为平遥最具活力和最具带动能力的支柱产业。

平遥旅游品牌影响持续提升。坚持文旅融合发展，打造了一批国内外有影响的文化品牌，平遥国际摄影大展被评为“中国最具国际影响力的十大节庆活动”，“平遥中国年”成为国家文明办“我们的节日——春节”的重要主题活动。《又见平遥》大型室内情境体验剧已成为全省乃至全国文化旅游演艺标杆，平遥国际电影展、平遥国际雕塑节，成为平遥推动文化产业创新发展的成功实践。

### （三）平遥县全域旅游发展经验借鉴

1. 科学统领，打造全域旅游保障格局

按照晋中市全域旅游总体规划，平遥县明确把全域旅游作为统筹全县旅游产业转型的重要战略，以“三纵两横”骨干路网架构为基础，围绕“五大板块”“七个融合”，纵深拓展平遥全域旅游发展格局。同时，为提升全域旅游公共服务功能，推进文化遗产保护和旅游基础设施建设，平遥县先后投入60余亿元实施了旅游停车场、游客中心、景区咨询点、旅游通道快捷化改造、古城环城地带综合整治等一批基础性项目。目前，全县城乡投入使用的旅游厕所达115处，基本实现“数量充足、干净无味、实用免费、管理有效”的目标。总投资13亿元的平遥古城基础设施改造工程，对古城旅游的提档升级和长远发展产生了深远影响。

2. 创新驱动，引领全域旅游发展方向

近年来，平遥始终坚持开放合作，引进大型文旅集团，规划布局了一批具有引领性、带动性的旅游项目，为平遥发展全域旅游注入了新的活力。在创新驱动、融合发展的战略实施下，为缓解发展资金压力，以平遥古城景区管理有限公司作为原始权益人，积极探索平遥古城景区运营管理费资产证券化（ABS）的有效途径，开启了文化类景区融资新模式。在创新营销方式方面，平遥县依托古城世界文化遗产的金字招牌，成功打造了平遥国际摄影大展、平遥中国年、国际电影展等一系列有影响力的节庆品牌，极大地提升了平遥在国内外的知名度，在延长游客停留时间、推进产业转型升级等方面发挥了重要作用。

3. 丰富产品，完善全域旅游供给体系

在古城景区旅游的带动下，平遥县乡村旅游呈现加快发展的态势，一批具有资源优势和发展潜力的乡村旅游点茁壮成长，5个村入列全国旅游扶贫重点村，六河村成为“中国乡村旅游模范村”，横坡村创建为省级休闲旅游度假区，“绿水青山就是金山银山”的实践在平遥全域旅游中得到充分体现。持续完善全域旅游供给体系，推进中医药与旅游融合发展，打造了中医药康养旅游街。丰富多样的产品供给体系，让中外游客流连忘返，平遥县以“古城为核心”创建国家全域旅游示范区的生动实践，对国内古城镇类人文景区所在地发展全域旅游具有较高的示范带动意义，走出了一条平遥特色的全域旅游发展之路。

## 第四节 特殊资源驱动型

以区域内普遍存在的高品质自然及人文旅游资源为基础，以特色鲜明的民族、民俗文化为灵魂，以旅游综合开发为路径，推动自然资源与民族文化资源相结合，与大众健康、文化、科技、体育等相关产业共生共荣，谋划一批健康养生、避暑休闲、度假疗养、山地体育、汽车露营等旅游新业态，带动区域旅游业发展，形成特色旅游目的地。其典型代表有避暑休闲、度假疗养、山地体育、汽车露营等旅游新业态，带动区域旅游业发展，形成特色旅游目的地，如酒泉敦煌、重庆武隆等。

### 一、酒泉敦煌

#### （一）敦煌市情概况

敦煌市为甘肃省县级市，由酒泉市代管，位于河西走廊的最西端，地处甘肃、青海、新疆三省（区）的交会处。敦煌是丝绸之路的节点城市，以敦煌石窟、敦煌壁画闻名天下，是世界遗产莫高窟和汉长城边陲玉门关、阳关的所在地，为甘肃省四大绿洲之一。自 2100 多年前汉武帝“列四郡、据两关”① 起，敦煌作为丝绸之路中西交通中转站和西域门户，曾有“使者相望于道，商旅不绝于途”的盛景，更有《旧唐书·地理志》记载“天宝年间元宵灯会，长安第一，敦煌第二，扬州第三”的辉煌。敦煌南枕气势雄伟的祁连山，西接浩瀚无垠的塔克拉玛干沙漠，北靠嶙峋蛇曲的北塞山，东峙峰岩突兀的三危山。敦煌历经岁月的洗礼，文化灿烂，古迹遍布，有莫高窟、榆林窟、西千佛洞等主要景观。莫高窟又名敦煌石窟，素有“东方艺术明珠”

① 四郡即武威、张掖、酒泉、敦煌；两关即玉门关、阳关。

之称，是中国现存规模最大的石窟，保留了10个朝代、历经千年的洞窟492个，壁画45000多平方米，彩塑2000多座。题材多取自佛教故事，也有反映当时的民俗、耕织、狩猎、婚丧、节日欢乐等的壁画。这些壁画彩塑技艺精湛无双，被公认为“人类文明的曙光”、世界佛教艺术的宝库。2013年以来，敦煌市旅游接待人数每年以百万人次增长，以旅游业为主的第三产业在国民经济中的占比超过70%，直接带动就业超4万人，先后获“中国国际特色旅游目的地”“中国研学旅游目的地”“东亚文化之都城市”等荣誉称号。

### （二）敦煌市全域旅游建设成效

近年来，敦煌市积极抢抓“一带一路”建设机遇，借助举办敦煌文博会有利时机，以建设敦煌国际文化旅游名城为目标，以加快全域旅游发展为重点，深入挖掘文化旅游资源，完善文化旅游配套服务功能，加快文化旅游融合发展，进一步推进大敦煌文化旅游经济圈建设。敦煌市把文化旅游作为引领高质量发展的首位产业，优先配置旅游资源，全力促进文旅融合，实现文化产业与旅游业高质量发展。成立文化产业园区管委会、敦煌大景区管委会、文博会展事务中心和敦煌文旅集团等国有企业，旅游资源管理实现由多头管理、粗放开发向统筹整合、集约开发的华丽转变。加快便捷、立体交通体系建设，高速路网不断完善，敦格铁路全线通车，敦煌国际航空口岸正式对外开放。旅游城市功能设施持续完善，智慧旅游Wi-Fi全城覆盖，5G视频融合景区示范项目建成投用，宜居宜业宜游的公共服务体系更加完备。

1. 文旅融合优势凸显

把文化旅游作为引领发展的首位产业，依托文化资源优势，积极发展旅游产业，全力促进文化与旅游融合高质量发展。按照“保护第一、内容为王、有限容量、田园城市”的原则，以国际文化旅游名城建设规划纲要为总蓝图，编制全域旅游示范区发展规划、大敦煌文化旅游经济圈规划等30余项旅游规划，并与产业、交通、土地、环保等规划多规衔接，形成“多规合一”的规划体系。目前，敦煌市属景区所有权、管理权与经营权“三权”分离，旅游资源管理实现了由多头管理、粗放开发向统筹整合、集约开发的华丽转变。

2. 接待能力逐步加强

不断加强文旅基础设施建设，建成具有敦煌文化元素的党河风情线、飞天公园、国际会展中心、敦煌大剧院等公共场所；高标准打造莫高窟数字展示中心，实施鸣沙山·月牙泉景区和雅丹、玉门关等景点景区基础设施配套建设工程；积极推动悬泉置遗址保护开发、玉门关展示利用等重大项目建设。加强城乡住宿接待设施建设，建成华夏国际大酒店、天河大酒店、东驿—敦煌艺术城等一批高品质酒店，引进锦江之星、如家等10多个品牌连锁酒店；引进精品民宿品牌打造民宿集群，创建国家级乡村旅游重点村（镇），完善沙漠露营基地基础设施，城乡住宿接待单位达800余家。加强交通基础设施建设，着力构建立体式、便捷化交通网络体系，动车组开进敦煌，敦煌铁路全线贯通；完成机场扩建、开通航空口岸、引入国际包机；柳敦高速、敦当高速通车运营，景观大道、飞天大道内联外通，大敦煌文化旅游经济圈交通网络日臻完善。

3. 文旅业态不断丰富

不断丰富文旅发展业态，全方位打造文旅融合产品。实施“文化”“旅游”发展战略，成立了敦煌文化学院，传承弘扬敦煌文化的同时聚力扩展文化旅游新业态开发。充分发挥文博会效应，成功举办或承办中国长城论坛、首届知识“一带一路”论坛等节会活动。推进“文化旅游+体育”战略，成功举办玄奘之路戈壁挑战赛、双遗马拉松、沙滩排球赛等多项品牌赛事活动，形成独具特色的户外运动项目品牌，年接待户外活动超300场次，参与人数超过3万人。全面推进“文化旅游+研学”战略，建立莫高研学基地，开发文博体验、乡村休闲、户外运动等新兴业态，打造壁画临摹、彩塑创作、钻燧取火等研学旅游产品，深受青少年游客的青睐。

### （三）敦煌市全域旅游发展经验借鉴

1. 坚持全维度拓宽发展空间

编制完成了“多规合一”总体规划、敦煌大景区建设规划等30多项规划，建立了旅游发展与城乡发展、产业聚集、生态保护等多规衔接、相互融合的规划体系。先后完成了敦格铁路、敦煌机场扩建、G215 线过境段、景观大道等 20 多个内联外通项目，开通重点城市航线 21 条，动车开进敦煌，增开省内外旅游列车 9 对，柳敦客专、柳敦高速、敦当高速加快建设，敦煌航空口岸对外开放通过国家验收，成为甘肃省继兰州中川国际机场后第二个国际航空口岸，不断打造城市休闲场所，提升城市文化品位，建成敦煌国际会展中心、敦煌大剧院、党河风情线等文化旅游景区。

2. 坚持全要素完善旅游功能

敦煌旅游集散中心及玉门关、雅丹景区游客服务中心建成投运，改造提升敦煌夜市和党河风情线，新建月牙泉小镇、敦煌小镇、大唐文化街等特色街区，公园广场、旅游厕所等市政设施提档升级，一系列强筋壮骨的措施使得全市文化旅游功能更加完备，旅游业进入了全新发展时期。高标准打造莫高窟数字展示中心，实施鸣沙山·月牙泉景区和雅丹、玉门关等景点景区基础设施配套建设工程，莫高窟数字展示中心（二期）、莫高窟电网改造和莫高窟供水工程开工建设；敦煌市世界遗产廊道旅游标志系统项目顺利完工；敦煌国际会展中心 C 馆一层改造为鸣沙山·月牙泉景区游客中心，设置售票、咨询、导游、便民服务等功能区，打造“甘味”农特产品体验销售中心，配套设置了敦煌书局、敦煌文创、敦煌 1900 咖啡旗舰店。积极推动敦煌宿集、悬泉置遗址保护开发、玉门关展示利用等重大项目建设。新开发月牙泉小镇、敦煌小镇、莫高里工匠村等一批特色文旅产业项目。完善景点景区、旅游道路沿线、交通集散点、乡村旅游示范村旅游厕所，在重要旅游活动场所建设第三卫生间和第五空间，完善书吧、音乐吧、自动存取款机、免费 Wi-Fi、自动售水机等功能。

3. 坚持扩大对外宣传营销

积极与阿克塞、肃北、瓜州等周边县（市）开展联合宣传推介活动，促进西四县旅游一体化发展。先后赴香港、澳门、台湾等地成功举办旅游专场推介会，策划举办“丝路敦煌·幸福生存”（上海）展览，“诗与远方·如梦敦煌”文旅品牌登上中央电视台黄金档，敦煌旅游的品牌影响力进一步提升。积极与丝路沿线50多个地市、国内70多个景区（点）建立了旅游产业联盟，与4个国家的6个城市缔结了友好城市关系，敦煌旅游的“朋友圈”不断扩大。敦煌市致力弘扬传承敦煌文化使命，聚力拓展文化旅游新业态开发，成功举办五届丝绸之路（敦煌）国际文化博览会，使敦煌在丝绸之路沿线城市中的地位和影响力大大提升。发挥文博会效应，举办敦煌国际设计周、“朝圣敦煌”全国美术作品展、中国长城论坛等国内外商业活动，承接中国社会科学论坛、中国绿公司年会、华为企业年会等大型专业性会议。

4. 坚持丰富旅游业态

依托丰富的文化旅游资源优势，培育引进了《敦煌盛典》《又见敦煌》《丝路花雨》等文化演艺项目驻地演出，争取并策划举办了朝圣敦煌、大漠音乐节、文博冰雪节等系列国际性节会活动。培育开发了文博体验、乡村休闲、户外运动等新兴业态，研发丝绸制品、临摹绘画等特色产品，旅游产品丰富。成功举办玄奘之路戈壁挑战赛、国际双遗马拉松等品牌活动，年接待户外活动300多场次，参与人数超过3万人。通过对莫高窟、鸣沙山·月牙泉、阳关等景区文化内涵提升和项目策划，打造壁画临摹、彩塑创作、钻燧取火等研学旅游产品。成功培育引进《又见敦煌》《丝路花雨》《敦煌盛典》等经典演艺剧目。发展壮大敦煌礼物、敦煌故事等微小文创企业，“念念敦煌”等千余款敦煌系列文创产品相继推出。敦煌书局建成运营，展陈从全国500余家出版机构采购的2100类16688部敦煌题材书籍，整体布局融入敦煌文化元素，是敦煌市首家集敦煌书籍、敦煌字画、敦煌文创等于一身的高颜值复合型现代生活美学空间。

5. 坚持全面提升文化旅游质量

完善行业监管机制，组建成立导游协会、户外运动协会、旅行社协会、星级酒店协会，建立行业内部管控制度，加强市场自我管理能力。公安、市场监管、应急管理等多部门常态化开展联合执法，保障市场安全平稳有序。加强行业监管，严厉打击欺诈、宰客、强制消费等各类违法违规行为，建立旅游“红黑榜”制度，实行旅游消费维权机构先行赔付和旅游企业、经营户先行赔付的旅游消费侵权先行赔付机制。加强行业素养培育，每年组织开展各类业务培训、技能大赛，加强旅游从业人员素质培养；以敦煌文化旅游艺术中专、西北师范大学敦煌学院为载体，不断加大专业人才培育引进力度。

## 二、重庆武隆

### （一）武隆区情概况

重庆武隆区始建于唐武德二年（619 年），寓“威武兴隆”之意，于 2016 年 12 月撤县设区。全区有汉族、苗族、土家族、仡佬族等 13 个民族。武隆区位突出，潜力较大，地处重庆市东南部乌江下游，境内公路、铁路、水路等交通便捷。武隆生态优良，旅游资源非常富集，全区现存旅游资源单体 650 余处，被誉为“世界喀斯特生态博物馆”，是“中国优秀旅游城区”，更是全国同时拥有“世界自然遗产”“国家 5A 级旅游景区”“国家级旅游度假区”“国家全域旅游示范区”四块金字招牌的重要旅游目的地。目前已开发的主要景区有仙女山国家森林公园、天生三桥、龙水峡地缝、芙蓉洞、芙蓉江、白马山天尺情缘、懒坝国际艺术度假区、归原小镇等多个各具特色的景点。武隆被中央电视台、《人民日报》等誉为“绿色崛起”的典型地区，2015 年荣获联合国颁发的“可持续发展城市范例奖”；2019 年被《环球时报》评为“中国最具投资价值十区县”，获评“中国最具投资潜力特色魅力示范区县 200 强”。

### （二）武隆区全域旅游建设成效

2021 年，武隆接待游客 4070 万人次，是 2008 年的 20 倍；综合收入 197.3 亿元，是 2008 年的 19.6 倍。2020 年，旅游业增加值占 GDP 比重的 7.3%，旅游业已成为武隆主导性产业之一。近年来，全区把乡村旅游作为打赢脱贫攻坚战的重要抓手，作为推动大众创业、万众创新的重要平台，作为抓好“三农”工作的重要载体，作为创建全域旅游的有效补给，真抓实干、加快推进，乡村旅游取得较快发展。2015 年，武隆区被原农业部、原国家旅游局命名为“全国休闲农业与乡村旅游示范县”。

1. 加快文化产业转型升级

做大优势文化产业，升级文化影视传媒产业，推进媒体融合发展，推动广播影视产业数字化转型。强化文化演艺夜游产业，提升夜间经济。扶持特色文化产业，健全特色文创体系，建设文化产业集群，打造文化产业平台，发展文化产业聚集区。培育文化市场主体，鼓励各类企业有序进入武隆文化市场，健全文化市场监管体系。

2. 推动文化遗产保护开发

科学保护利用文化遗产，加强不可移动文物、可移动文物保护，做好文物保护和活化利用。加强非物质文化遗产保护传承，以“保护为主、抢救第一、合理利用、传承发展”的方针，建设一批非遗文化场馆设施，培养一批非遗文化传承人。

3. 优化全域旅游空间格局

积极融入重庆市世界知名旅游目的地建设，持续优化武隆区“一心一堡一带四区一网”的全域旅游发展格局，“一心突破、一堡崛起、一带升级、四区带动、一网串联”，引导空间协调发展，推进各板块特色化和差异化发展，加快建设世界知名旅游目的地的步伐。

### （三）武隆区全域旅游发展经验借鉴

1. 探索廊道带动型增收模式

武隆区委、区政府高度重视乡村旅游工作，出台了《加快乡村旅游发展的意见》，提出了以点带面发展乡村旅游，打造全国最美乡村旅游目的地的宏伟目标，成立了高规格的乡村旅游发展工作领导小组，区委书记亲自任组长、亲自统筹，并在区旅发委内设乡村旅游管理科，负责全区乡村旅游日常工作的管理、考核以及各项评定。区级各相关部门及各乡镇也相应地成立了领导机构，落实分管领导和工作人员，抓好工作落实。确立了仙女山、白马山、石桥湖、桐梓山4个旅游扶贫带，建成融交通组织、空间整合、产业集聚、形象展示为一体的扶贫开发示范区。仙女山、白马山片区成为全市旅游扶贫的典型，仙女山片区7个乡镇、50个行政村、近5万名农民人均纯收入1.2万元以上。例如，白马镇豹岩村通过整合高山生态扶贫搬迁、有机茶叶种植加工、特色效益农业、乡村旅游等各类扶贫项目资金近亿元，融合打造了全市知名红茶品牌“仙女红”，全村85%的农户实现了产业带动稳定脱贫，其中张国生、程阳联等建卡贫困户年均收入均达到7万元而一举实现脱贫致富。

2. 探索集镇带动型增收模式

《武隆区乡村旅游发展规划》规划了“一心八片百点”的乡村旅游格局。全区规划布局了100个乡村旅游示范（村）点，涵盖了26个乡镇74个行政村，实现全区乡村旅游规划全覆盖、旅游全域化。目前，全区有18个乡镇已完成乡村旅游以及乡村旅游示范（村）点规划编制，整合资金5.9亿元，大力推进高山生态扶贫搬迁，依托旅游集镇建成移民新村169个，搬迁安置10951户、38331人。引导高山移民和集镇居民大力发展家庭公寓、快捷酒店、商品销售、特色美食等旅游商贸服务，如双河镇木根村地处仙女山贫困片区，平均海拔1350米，是全市首批乡村旅游扶贫示范村。近年来，该村依托良好的生态资源和全市高山蔬菜示范基地的带动作用，大力发展休闲农业和乡村旅游扶贫，成为全区首批脱贫和首个基本实现小康的行政村。截至目前，该村95%以上的农户均直接或间接参与乡村旅游发展，其中365户农户开办了农家乐或乡村旅馆，床位数达到8500余张，年接待游客近21.6万人次，旅游收入达到1.2亿元。

3. 探索景区带动型增收模式

结合全区农业与扶贫示范基地6条产业示范带，全区打造了乡村避暑游、慢享时光游、采摘农趣游、小镇探秘游、梦里水乡游、古寨风情游、户外运动游7条乡村旅游精品线路。按照避暑纳凉、休闲观光、农事体验、瓜果采摘等旅游活动类型，差异化启动了50余个乡村旅游示范点建设，仙女山镇归原项目、白马天尺坪、双河木根铺、火炉凉水井、赵家白院子、土地犀牛寨、大洞河穆杨沟、庙垭蒲坪、和顺打蕨等一批乡村旅游示范村（点）逐渐成形并日趋成熟；后坪天池坝、白马老凉水寨、仙女山镇寻梦园、土坎清水龙湾、鸭江青龙嘴、石桥蔡兴坝、风来三圣堂等乡村旅游示范村（点）也初具雏形。武隆高度重视景区居民的生产生活，在景区进出通道等区域建设专门的创业区和农特产品销售一条街，引导景区周边农民发展特色小吃、特色农家、农产品销售、旅游商品销售等商业，景区及周边 2 万农民通过旅游实现了直接或间接就业。仙女山镇石梁子社区 401 户中有 391 户从事旅游相关产业，资产 500 万元以上的 17 户、100 万~500 万元的 285 户；土坎镇关滩村在仙女山环线建成后，全村发展农家乐 21 户，以家庭作坊生产“土坎苕粉”48 户，全村年收入达 4000 万元以上，90%的农户年均收入 5 万元以上；据统计，仅芙蓉洞、仙女山景区从事涉旅“第二职业”的农民达 1500 余人，年收入都在 5 万元以上。

## 第五节　产业深度融合型

以“旅游+”和“+旅游”为途径，大力推进旅游业与一二三产业的融合，以及旅游业与文化、商贸、科教、体育、宗教、养生、教育、科研等行业的深度融合，规划开发出一批文化休闲、生态观光、商务会展、休闲度假、乡村旅游等跨界产品，推动全域旅游要素深度整合，进一步提升区域旅游业整体实力和竞争力。其典型代表为福建武夷山。

### 一、武夷山市情概况

武夷山位于江西与福建两省交界处，是中国著名的风景旅游区和避暑胜地，拥有典型的丹霞地貌，是首批国家级重点风景名胜区之一。武夷山是三教名山，儒释道昌盛：自秦汉以来，武夷山就为羽流禅家栖息之地，留下了不少宫观、道院和庵堂故址；武夷山曾是儒家学者倡道讲学之地。武夷山自然保护区是地球同纬度地区保护最好、物种最丰富的生态系统，拥有 2527 种植物物种，近 5000 种野生动物。武夷山是世界文化与自然双重遗产、世界生物圈保护区、全国重点文物保护单位（武夷山崖墓群）、国家重点风景名胜区、国家 5A 级旅游景区、国家级自然保护区、国家水利风景区、国家生态旅游示范区、全国文明风景旅游区示范点。1999 年 12 月，根据世界遗产遴选标准，武夷山被联合国教科文组织列入《世界文化与自然遗产名录》的世界文化与自然双重遗产，成为中国世界遗产之一。2021 年 10 月，武夷山成为全国第一批国家公园。近年来，武夷山充分发挥独特的文化资源优势，开启文旅、茶旅融合的全域旅游发展新路子。

## 二、武夷山市全域旅游建设成效

自 2015 年申报"国家全域旅游示范区"创建工作以来，武夷山市立足资源禀赋，挖掘自身优势，不断完善旅游配套服务设施建设，推动文化、生态农业等资源与旅游产业发展的深度融合，逐步实现从景区旅游向全域旅游的转变。作为世界文化与自然遗产地、全国首批国家公园体制试点、全国十佳魅力城市、"万里茶道"起点，武夷山以旅游、茶业为主的现代农业、健康养生、文化创意四大优势产业为主导，把茶产品开发成旅游产品，将茶文化打造成旅游品牌，实现茶文旅品牌、产品一体化发展，成为游客们慢生活的首选体验地。

### （一）创新推动特色旅游建设

创新体制机制，充分发挥市委旅游工作委员会把方向、抓大事、做决策、保落实的作用，统筹景区、度假区和文旅部门的资源力量，形成凝心聚力抓旅游的合力，把文旅经济作为绿色发展的重中之重。加快推进与龙头央企合作，推进旅游企业上市。实施重大文旅标杆项目，带动文旅经济行稳向好，创新产品业态，武夷山深挖"双世遗""山水茶"等内涵，融入网红、时尚、民俗等元素，对接年轻群体和市场“新、奇、特”消费需求，创新消费场景、消费模式，培育酒吧街、相声茶馆、沉浸式体验等业态。针对情侣、闺蜜等客群喜好，与三亚、厦门等地联合推出“山盟海誓”婚拍旅拍产品。创新服务提升。武夷山以游客为中心，为游客营造舒心畅游的旅游环境。出台《武夷山市民宿服务六规范》《武夷山市酒店服务规范八要点》等。向云南等地学习借鉴民宿、半山酒店经验，引导培育有茶香、花香、地暖，有绝佳观景体验、主题鲜明的特色酒店民宿。推进“十佳民宿”等评选活动，提升旅游服务水平。创新人才支撑。武夷山将制定出台《“智荟武夷”行动计划》，加大人才引进，形成专家库、人才池，持续提升文旅产业高质量建设水平。

### （二）茶旅融合打造全产业链

武夷山作为“万里茶道”起点城市，近年来，完成了下梅古村落修复、城市雕塑及广场、景隆码头、邹氏家祠等工程建设，重现昔日茶埠辉煌。行走在万里茶道起点的下梅村，虽已不见昔日舟来楫往的热闹与喧嚣，但古朴的村落景观和浓郁的茶文化遗存却吸引着五湖四海的游客。这条通往恰克图、深入俄罗斯的古茶道，还被列入世界非遗预备名单。游客在下梅老街、镇国庙、邹氏家祠等地，用心感受着这里波澜壮阔的茶道历史、古色古香的民居、淳朴勤劳的村民和地道的武夷茶。在九曲溪畔的中华武夷茶博园，园区内设置茶魂广场、大红袍广场、5D 茶体验馆、“御茶迎宾”茶艺秀等丰富的茶文化体验。整个园区以“浓缩武夷茶史，展示岩韵风姿”为设计主题，通过历代名人的记叙、历史画面的再现、茶艺的互动表演，让游客领略武夷茶深厚的文化底蕴和诱人的岩骨花香。

### （三）借力品牌营销走向世界

虽有“双世遗”金字招牌，但酒香也怕巷子深，而品牌营销正是打通旅游需求和供给之间的通道。武夷山作为福建首个亮相中央电视台《魅力中国城》（第二季）的城市，“书记化身代言人，观众变身游客侠”的互动创意，让全国观众领略到武夷山文化和自然的魅力。武夷山“五个一百”活动正如火如荼地进行，让百名作家、百名音乐家、百名书法家、百名画家和百名摄影家说出、唱出、写出、画出、拍出心中的武夷山，换个角度打品牌、扩知名度。武夷山国际马拉松赛、武夷山国际轮滑节、武夷山国际骑游大会等赛事的举办，通过“旅游+体育”深度融合营销模式，让金秋武夷越发迷人。这些在国际上有影响的体育赛事显著地提高了武夷山的知名度和美誉度。

### （四）“旅游+”模式推动旅游创新发展

“旅游+文化”让古镇重焕生机。五夫镇兴贤古街已成为当地的网红打卡点。利用朱熹文化、柳永文化等丰富的文化资源来推动旅游产业转型升级。核心景区提质升级，古镇文化游、乡村红色游、研学游等旅游形式显山露水，让武夷山旅游迸发新的活力。此外，纪念朱熹诞辰 888 周年系列活动、欢乐茶节、食品博览会、五夫荷花节、吴屯稻花鱼节等活动亮点纷呈，让武夷山全域旅游高潮迭起。

“旅游+红色”激发老区新活力。武夷山依托闽赣革命根据地、闽北红色首府及一大批革命历史遗址，打造红色记忆之旅，吸引海内外大批学者、院校师生到此开展茶学、理学、国学、禅学、科普学、养生学等研学和交流研讨。

“旅游+教育”为学习提供新平台。以极地海洋公园为代表的室内旅游项目则掀起武夷山研学热潮，学生们漫步海底隧道，观看海豚表演，参观标本科普展示区、精品鱼类展示区等，共同感受来自深海的生命力量。

“旅游+体育”扩大品牌知名度。武夷山国际马拉松赛、武夷山国际轮滑节、武夷山国际骑游大会等有影响力的体育赛事的举办，通过“旅游+体育”深度融合营销模式，扩大了武夷山的知名度和美誉度，除实现体育旅游客源增加外，通过媒体传播的潜在影响力更是惊人。

### （五）酒店、民宿等基础设施加速提档升级

武夷山市旅游业发展较快，酒店、民宿作为吃、住、行、游、购、娱中的重要一环，吸引越来越多的游客前往体验。为了让游客有更好的旅游体验，

近年来，武夷山市提升住宿级配水平，合理发展高端商务酒店，规范发展经济型酒店，鼓励发展特色主题酒店。结合度假区现代旅游服务业集聚区的发展定位，推进5个片区的改造提升工程，切实发挥好度假区旅游服务接待窗口的“客厅”作用。“世茂御榕庄—仙凡福第片区”重点打造特色主题酒店和民宿集聚区，“武夷汉城—紫阳古城片区”重点打造温泉度假养生酒店和生态民宿集聚区，“万枫酒店—水庄片区”重点打造亲水高端精品民宿集聚区，“高尔夫—云清、世茂国风、壹号院片区”重点打造博物馆文化展示与健康养生集聚区，“隐屏峰路、玉女峰路片区”重点打造咖啡、酒吧等休闲集聚区。2022年3月，当代茶圣吴觉农纪念馆全国首家分馆（武夷山分馆）落户福莲嘉叶就是最好的证明。福莲嘉叶将青山绿水、茶文化、茶旅游、茶体验、民宿巧妙地融合在一起。前来住宿的游客既能亲身体验古法手工制茶技艺，还能认识、了解当代茶圣吴觉农事迹、思想与精神，让客人尽享武夷山、水、茶及茶文化的妙趣。

## 三、武夷山市全域旅游发展经验借鉴

### （一）创新体制机制，打造全域化旅游产品

精心编制实施《武夷山市全域旅游示范区规划》，推动旅游和生态共生共享。强化旅游项目有力支撑，集中力量，加大投入，高起点规划、高水平建设全域化旅游精品项目。培育全域旅游主打产品，通过“点、线、面”结合引导全域旅游差异化和特色化发展。

### （二）加快旅游品牌创建，促进旅游产业融合

以文化引领旅游繁荣，以旅游增进文化自信。武夷山市以加快培育突破空间限制、资源充分整合的文旅经济产业，促进跨区域、跨行业、跨领域资源相互烘托、优势互补，打造独具特色、便捷优质、山海相连的旅游精品线路。加快培育数字科技赋能、业态更加多元的文旅经济产业，主动适应新业

态、新方式、新模式，大力推进“旅游+”“+旅游”，应用数字化技术，打造数字化景区，丰富旅游业态，推动跨界融合，提供更多沉浸式、个性化、高品质的旅游产品。加快培育龙头企业带动、规模优势突出的文旅经济产业，大力培育本土龙头企业，积极引进省外大型企业，促进文旅企业在良性竞争中做大做强做优。加快培育顺应潮流趋势、品牌价值更高的文旅经济产业，创新宣传理念和推介方式，采取群众喜闻乐见的方式，让福建文旅宣传既高雅有品位，又通俗接地气。

### （三）完善旅游要素，提升旅游惠民水平

完善旅游基础设施。改善交通设施，提高重点景区的通达度。提升住宿级配水平。发展特色餐饮，进一步挖掘具有浓郁地方特色的风味小吃和美食佳肴，培育一批“名店”和“老字号”餐饮品牌，积极举办“地方风味小吃、特色菜烹饪大赛”等形式多样的餐饮节庆活动。创新行业经营服务水平。规范旅行社运营机制，鼓励旅行社做大做强。优化全域旅游人才保障，积极培育更多专业人才和复合型人才。

### （四）加强旅游标准化建设，构建全域旅游公共服务体系

全面实施国家级旅游标准化试点市建设，完善旅游信息服务体系，加强旅游网站、旅游企业网站之间的链接，做好旅游信息的服务与管理工作。完善数字旅游系统，大力发展智慧旅游，探索建立旅游数据中心，提升公共旅游信息服务水平。建立游客新型体验终端，依托数字武夷智慧中心建设旅游咨询中心、呼叫中心平台，实现“一部手机畅游武夷山”“一张网络服务游客”的目标。出台《武夷山市民宿服务六规范》《武夷山市酒店服务规范八要点》等行业规范。

### （五）提升综合管理水平，创新市场营销模式

创新旅游管理体制，成立旅游发展委员会。推动旅游综合治理，完善旅游市场治理机制，加快依法治旅、依法兴旅进程。武夷山市以创建国家全域

旅游示范区为抓手，抢抓国家公园体制试点、国家主体功能区建设试点示范等政策机遇，着力推进旅游规划、旅游项目、旅游服务和行业标准全域化，努力形成处处可旅游、行行加旅游、时时能旅游、人人享旅游的全域生态旅游大格局。大力推进省内省际生态旅游廊道对接合作，打造黄衢南饶旅游联盟花园线路产品。

# 后　记

随着社会经济的快速发展和消费者需求的不断升级，旅游业作为国民经济的重要支柱产业，其发展模式和策略也在不断创新和调整。传统的以景区为中心的旅游模式已无法满足游客多样化、个性化的需求，同时也难以实现旅游业与地区经济、社会、环境协调发展，旅游业的发展更应强调将区域尺度上的自然景观、历史文化、生态环境、城乡建设等各类资源进行系统整合与综合开发，实现旅游资源的最大化利用，全域旅游应运而生。而乡村旅游以其独特的生态、环保、舒适、绿色等特点，吸引了大量游客，作为全域旅游的重要组成部分，为区域经济社会发展注入了新的活力。

作为丝绸之路的重要节点，甘肃省张掖市甘州区因其得天独厚的地理位置、绚丽多彩的自然风光、丰富多样的历史文化资源，旅游业呈现出多元化和持续增长的发展趋势，成为带动当地可持续发展的强劲引擎。在这里，全域旅游的理念得到了完美诠释，从城市到乡村，从山川到河流，从雪山到沙漠，从历史到当下再到未来，每一个角落都绽放出独有的西部风采，成为游客探索的绝佳目的地。

“一带一路”倡议的推进以及区域旅游合作机制的建立，为甘州区旅游业带来了新的发展机遇，旅游基础设施建设不断完善和旅游产品的创新升级，吸引了大量国内外游客。同时，甘州区政府高度重视旅游业的可持续发展，秉承全域发展理念，以打造省级全域旅游示范区为目标，以“旅游+”为发展手段，快速进行产业结构融合，积极推进文化旅游与生态旅游共生，城乡耦合协同发展，已成功创建全国旅游标准化示范城市，正在聚力创建国家全域旅游示范区，未来将努力打造成具有国际影响力的全球化旅游目的地。

回首甘州区全域旅游的发展创建历程，我们看到了无数的努力与付出，政府的大力支持、旅游从业者的辛勤工作、当地居民的热情参与，共同铸就了甘州区旅游业的辉煌成就。未来，甘州区将继续推动文旅产业高质量发展，我们有理由相信，在全体甘州人民的共同努力下，甘州区将成为更多人心中的旅游胜地，吸引世界各地的游客前来领略它的魅力。

书稿由牛瑞雪完成第一章、第二章和第十一章（90 千字），由温倩完成第三章（10 千字），由杨雪梅完成第四章及第七至第十章（150 千字），由王军完成第五章和第六章（70 千字），最后由杨雪梅统稿。本书的写作得到了兰州文理学院旅游学院高亚芳教授的倾心指导，甘州区文体广电和旅游局王瑞和许杰提出了见解独到的建议，赵晨兵提供了素材支持，在此深致谢忱。同时，本书也参考了大量专家、学者的优秀学术成果，参考文献列出难免有所疏漏，敬请见谅。

由于时间仓促，编写水平有限，敬请各位专家、学者及广大读者批评指正，以便不断补充完善。

杨雪梅

# 参考文献


［1］BRAMWELL B，LANE B. Rural tourism and sustainable rural development［M］. BRISTOL：Channel View Publications，1994：34-36.

［2］GILBERT D，TUNG L. Public organizations and rural marketing planning in England and Wales［J］. Tourism Management，1990，11（2）：164-172.

［3］LANE B. What is rural tourism?［J］. Journal of Sustainable Tourism，1994，2（1-2）：7-21.

［4］LONG P. Trends in outdoor recreation，leisure and tourism［J］. CAB International，2002，29（3）：870-878.

［5］MASON P，CHEYNE J. Residents' attitudes to proposed tourism development［J］. Annals of Tourism Research，2000，27（2）：391-411.

［6］THOMPSON C S. Host produced rural tourism：Towa's Tokyo Antenna Shop［J］. Annals of Tourism Research，2004，31（3）：580-600.

［7］安传艳，翟洲燕，李同昇．近10年来国外乡村旅游研究特征及对中国的启示：基于Elsevier ScienceDirect收录文献的分析［J］．资源科学，2020，42（5）：956-968.

［8］郭咏嘉．吉林省乡村旅游地演化研究：过程、格局、机制［D］．长春：东北师范大学，2020．

［9］李剑锋，黄泰圭，屈学书．近30年来我国乡村旅游政策演进与前瞻［J］．资源开发与市场，2019，35（7）：968-972.

［10］麻学锋，刘玉林，谭佳欣．旅游驱动的乡村振兴实践及发展路径：

以张家界市武陵源区为例［J］. 地理科学，2020，40（12）：2019-2026.

［11］宋明轩，谢春山. 国内外乡村旅游发展理念、历程和模式比较分析［J］. 沈阳农业大学学报（社会科学版），2019，21（4）：385-391.

［12］舒伯阳，蒋月华. 新时代乡村旅游高质量发展的理论思考及实践路径［J］. 华中师范大学学报（自然科学版），2022，56（1）：73-82.

［13］孙九霞，黄凯洁，王学基. 基于地方实践的旅游发展与乡村振兴：逻辑与案例［J］. 旅游学刊，2020，35（3）：39-49.

［14］王敏娴，Benjamin FAUNAF. 洋家乐：乡村旅游创新发展的成功实践［J］. 浙江外国语学院学报，2015（4）：100-106.

［15］王云才. 中国乡村旅游发展的新形态和新模式［J］. 旅游学刊，2006（4）：8.

［16］张彩虹，邓芳，杨遥，等. 乡村旅游研究综述［J］. 现代农业科技，2019（2）：202-206.

［17］郑群明，钟林生. 参与式乡村旅游开发模式探讨［J］. 旅游学刊，2004，19（4）：33-37.

# 附　录

## 相关政策文件

甘州区发展全域旅游的相关政策及规划文件如下：

《关于加快发展旅游业的意见》（国发〔2009〕41号）

《国务院关于加快发展养老服务业的若干意见》（国发〔2013〕35号）

《国务院关于加快发展体育产业促进体育消费的若干意见》（国发〔2014〕46号）

《国务院办公厅关于进一步促进旅游投资和消费的若干意见》（国办发〔2015〕62号）

《国务院办公厅关于促进全域旅游发展的指导意见》（国办发〔2018〕15号）

《国土资源部　住房城乡建设部　国家旅游局关于支持旅游业发展用地政策的意见》（国土资规〔2015〕10号）

《国家旅游局关于促进智慧旅游发展的指导意见》（2015）

《关于开展“国家全域旅游示范区”创建工作的通知》（旅发〔2015〕182号）

《甘肃省国民经济和社会发展第十三个五年规划纲要》

《关于进一步促进旅游业投资和消费的实施意见》（甘政办〔2015〕174号）

《张掖市国民经济和社会发展第十三个五年规划纲要》

《张掖旅游文化体育医养融合发展示范区建设规划纲要（2016—2020年）》

《关于印发张掖市“双十双百”乡村旅游示范工程实施方案的通知》（张政办发〔2018〕44号）

《关于坚持农业农村优先发展做好全区“三农”工作的实施意见》（区委发〔2019〕1号）

《关于印发甘州区“共享农庄”支持政策的通知》（区委办发〔2019〕44号）

《关于进一步加快旅游业发展的意见》（市委发〔2010〕32号）

《关于印发张掖市关于鼓励旅行社“引客入张”旅游奖励暂行办法的通知》（张市旅发〔2015〕66号）